東北の民俗歴史論

儀礼・祭礼・芸能

菊地和博

kikuchi kazuhiro

清文堂

まえがき

本書は、東北地方の民俗歴史論として、第一章 東北地方の大黒信仰儀礼の研究、第二章「酒田山王例祭図屏風」三つの図像の民俗学的研究、第三章 黒獅子の芸能とまつりの研究、第四章 東北地方三県の夏祭りの根源、の四章から成り立っている。副題のとおり儀礼・祭礼・芸能の観点から東北地方の民俗歴史上の特徴点を浮かび上がらせてみようと試みたものである。

第一章 東北地方の大黒信仰儀礼の研究では、江戸時代から東北地方では大豆栽培が極めて多かったことを文献資料や明治期以降のデータから明らかにして、そのような農業経済史的背景を踏まえて、日本列島のなかで特に東北地方では大黒神への信仰儀礼が農民のあいだで広範囲に実施されてきたことを論じたものである。

第二章「酒田山王例祭図屏風」三つの図像の民俗学的研究では、屏風に描かれた「山車（立て山鉾）」「傘鉾」「獅子舞（十二段の舞）」の三つの図像を考察の対象とし、京都祇園祭等の祭礼行事との関連を踏まえながら、図像やそれに関する民俗事象にどういう地域性がうかがえるか、またそれが現在においてどのような意味をもっているのか等について論じたものである。

第三章 黒獅子の芸能とまつりの研究では、山形県長井市を流れる置賜野川の治水や利水の歴史を通して三渕（淵）明神の大蛇信仰が生まれ、それが黒獅子発生の根源にあることを明確化した。さらに黒獅子の芸能は特徴的な地域事情を背景として生まれたが、現在では観光と地域の振興に寄与する大きな祭礼行事へと発展していることを述べたものである。

第四章 東北地方三県の夏祭りの根源では、「ヤマセ」が吹き付ける東北の寒冷な気候風土と冷害・飢饉の歴史を背景にして、死者の弔いと鎮魂、さらに豊作祈願等を目的として生み出されたものであることを述べるとともに、現在の盛大で華やかなこれらの祭りの根源には東北の厳しい歴史風土が横たわっていることを論じたものである。

東北の民俗歴史論　―儀礼・祭礼・芸能―

目次

まえがき　i

装幀／寺村隆史

第一章　東北地方の大黒信仰儀礼の研究

はじめに

本章は、東北地方から新潟県の北部に広がる大黒信仰儀礼について論じている。その内容について、一つは各県単位で実態や現況を整理して分析・検討をおこない、その特徴と儀礼構造を明らかにする。二つは日本の他地方との比較から東北固有の儀礼ということが認められ、かつ、いくつかの「東北的変容」がおこなわれたのではないかということを検討する。三つは東北の大黒信仰儀礼の広まる時期について、史・資料と時代的状況を踏まえれば明治以降ではないかとの見解を述べる。四つは儀礼の要因・歴史的背景にあるものとして、「東北と大豆」という農耕事情をあげている。そのほかに、これを補うものとして東北各県の「庭田植」の予祝儀礼における大豆の存在を取りあげた。以上のことを論ずるための手法として、各県の蓄積された地域資料と文献史料や統計データを収集・活用する。

第一節　大黒信仰研究史について

大黒信仰の研究について、よりまとまっているのは『民衆宗教史叢書第二九巻　大黒信仰』である(1)。本稿では、まず大黒信仰の研究経緯という観点から大島建彦の「大黒信仰研究の成果と課題」を引用してみる。[2]それによれば、日本の大黒を含む福の神の研究は、日本史学上で喜田貞吉と長沼賢海の両氏を中心に進められてきた経緯がある。喜田貞吉の研究は、大正七年（一九一八）『歴史地理』三二巻一号「日本大黒信仰考」から始まる連載がある。長沼賢海の場合は、大正五年（一九一六）『史学雑誌』二七巻一号「大黒神考」を始まりとするいくつかの論考がみられる。それらの両氏の研究を通して、インド・中国・日本の大黒信仰がどのように変遷を辿ったかを知ることができる。

喜田・長沼両氏のインド・中国・日本にわたる大黒神の研究では、そもそも大黒神はインドの三面六臂の憤怒相をもった恐ろしい戦闘の神であった。それが中国に入ってからは、食堂を守護する神に変容していく。その後、日本では最初は天台宗において比叡山に大黒天が食堂に祀られ、それがやがて各寺院に食堂の神として広く伝えられていく過程がある。

大黒信仰が民間にまで広まるのは、日本神話に登場する大国主命と習合することによってであると考えられている。その結果、大黒神が大きな布袋を肩にした姿が造形されるようになるが、それは室町時代に入ってから想像されたのだという。喜田貞吉によれば、さらに室町中期になってから同じ福の神のエビスとともに一対の神として祀られていく。そして、江戸時代の初期にかけて大黒とエビスを中心にいわゆる七福神が形成されたという。

江戸時代の天保八年（一八三七）から約三十年間にわたって喜多川守貞が著わした『守貞謾稿』には、「毎月　甲子日ハ大黒天ヲ祭ル　三都トモ　二股大根ヲ供ス（以下略）」と記されている。[3]毎月甲子の日に江戸・京都・大坂の三都では大黒様に二股大根を供物として捧げて祭りを行うことは共通だったようである。これらは本稿が主題とする一二月九日の大黒信仰儀礼そのものではないが、「二股大根」を供物としていることが注目される。大根は東北地方の大黒信仰に伴う供物として必ず登場する作物だからである。

大黒信仰に二股大根が伴うことについては、江戸の事例として天保九年（一八三八）斎藤月岑著の『東都歳時記』にも「甲子日」「今日俗家にも此神を祭り、二また大根・小豆飯・黒豆等を供す」と記されている。(4) そのほか豆類が供えられることも注目しなければならない。二股大根について、宮田登は「江戸のような都市でも、やはり大黒への供物に二股大根が使われていた。明らかに性的要素を持つものである」と述べている。(5) それは大黒さまへ女性を添えることを暗示するものである。一方では、宮田は「この二股大根は、豊穣のシンボルとして、農村部の収穫祭の神供に用いられるもの」として違った内容のことも同時に記している。(6) しかし、東北の農村部でも都市部における性的要素と同じ意味合いがみられ、豊穣のシンボルだけではないことはのちに詳細に記す。

宮城県の調査をもとに論考を著した杉山晃一は、大黒神の依代兼供物が大根以外に一四か所で豆類が供えられることから、この日は「豆の収穫祭」という側面が考えられるとともに、大黒は畑作物の守護神としての性格をもっているのではないかと推測している。また大黒に向かって「良いことをきき、悪いことをきくな」などと唱える際に、豆を入れた桝を神前で振り動かして音をたてたり、「耳あけろ」と大声で叫ぶのは、この神が耳が遠い不具性を備えていることを暗示しているのではないかとも述べている。(7)

杉山晃一と同じく大黒神が畑作の神としてとらえられるとするのは、小野重朗「大黒様」の論考にみられる。(8) 小野は南九州地域の調査を踏まえ、大隅北部の曽於郡志布志町一帯では、家ごとに大黒を畑作の神として旧暦十一月初子の日に大黒祭りを行っている事例を示している。小野はこの南九州での行事が北九州の福岡県と佐賀県の北部、筑紫山地を中心に広くみられ、その期日もまったく同じであることを指摘している。

また、「大黒に大根を供え飾る事例が圏をなしてあることも畑作の神であることを裏付けているだろう」と

写真1
羽黒山伏による「松の勧進」で配布される
大黒天のお札（出羽三山神社発行）

述べ、正月に畑作の代表的作物である二股大根を掛けたり吊したりして大黒に供えるのは、大隅半島の全域から曽於郡までの大隅のほぼ全体に及ぶとしている。

以上、これらの先行研究を踏まえながら東北における大黒信仰儀礼をみていきたい。柳田國男監修『総合日本語彙』には、「大黒様の年夜。十二月九日に大黒様を祀る風習は広く東北地方に行渡っている」「ダイコクサマノメムカエ。東北地方に広く行われる十二月九日の晩の祭である。命迎えと書いている所もあるが、妻迎えの意である」と記している。(9) また、野本寛一編『日本の心を伝える年中行事事典』にも「東北地方では大黒様の信仰が盛んです」とある。(10) いずれも大黒信仰が広範囲にわたり盛んであると記しているが、本書ではこのことについて事例を踏まえて確認したうえで各論を進めていくことにする。

第二節　大黒信仰儀礼の実態

東北の各地では、主に十二月九日（地域によっては十日）に、各家々において大黒に対して豆料理や二股大根を供物として捧げて、いろいろな唱えごとを述べながら祈願して信仰の心を表現してきた。以下に、東北および新潟県においてどのような信仰儀礼がおこなわれてきたのか、その事例を県市町村単位でみていきたい。

筆者は、すでに『村山民俗』に大黒信仰儀礼の文章を掲載している。(11) 本書では重複を避けるために執筆後に新たに知り得たものについてのみ記すことにする。なお、『村山民俗』に掲載した文章の一部については、本章の後半に「補遺・論考その一　東北の大黒信仰儀礼・習俗の事例」として記載している。

一　青森県

(1)　南部地方の全般的傾向

十二月九日。大黒さまに豆料理とマッカ大根を供える風習が県内各地にある。しかも豆料理やマッカ大根を供える由来についても各地に話が伝わっている。佐伊では豆料理は四八種作って上げると果報が授かるといわれているが、四七種まではどうにか作れるものの、残り一つはなかなか作れないという。五戸町ではその一つが手豆であるといっている。豆汁・小豆粥か豆飯・豆シトギ・オダイコク豆腐などすべて豆料理である。(12)

(2)　下北郡佐井村磯谷地区

十二月九日。豆シトギ　神様の耳が聞こえないといってマッカツイテル（二股の）大根で神棚を叩く。(13)

(3)　三戸郡田子町相米明土平地区

十二月九日。大黒様は耳が聞こえないといって、お膳の縁をたたいて拝んだ。大根に山からとってきたハシギで作った箸を刺して槌にした。(14)

(4)　三戸郡名川町剣吉地区

十二月九日。豆シトギを作る。四八種の豆料理を作るともいう。(15)

(5)　上北郡天間林村付田地区

十二月九日。大黒様に豆シトギとお神酒、飯を供えた。[16]

(6)　三沢市岡三沢地区

十二月九日。大黒様に二股大根、オシトギ二個、お神酒を供えた。[17]

二　秋田県

(1)　全般的傾向

大黒天の年越し。恵比須さまとともに福神として祭られ、その年越しは十二月九日である。黒豆を加えた大豆飯を炊き、料理は豆料理を主とする（これを大黒さまの豆つなぎという）。それにお神酒と二股大根を添えて供える。飯は枡に盛ることもあり、料理は恵比須皿を用いている。[18]

(2)　男鹿半島

①わら皿に小豆飯を盛り、二股大根を添えてあげる。(19)

②南秋田郡琴浜村鳥居長根地区（現男鹿市）では、十二月九日「お大黒」。藁にて四二枚作り（エビス皿という）鰰《ハタハタ》と生酢と豆飯を供え、二月九日に大黒皿を流す。(20)

(3)　平鹿郡

①むかし大黒様が餅振舞の帰りに胸が焼けて困り、川で大根を洗う女に大根を所望すると、これは主人の物だからあげられぬが、こうすれば数は減らぬからと、二股大根の片方を折ってくれたという話が伝えられている。(21)

②平鹿郡山内村南郷地区では、十二月九日大黒様。豆料理を供える。縁結びの神様としている。当日夜遅くまで働く。女は裁縫、男は縄綯《なわない》や履き物作りなど。(22)

三　岩手県

(1) 胆沢郡

十二月十日を「お年重ね」という。[23]

(2) 一関市

舞草地区では、一二月十日はダイコクノトシトリ（大黒の年取り）で、股のある大根二本をあげ、枡に煎豆を入れ、揺りながら「御大黒様耳あけろ」と唱え、自分の年の数だけ大豆をつかめば吉という。[24]

(3) 水沢市

「大黒さんの女（め）迎けぁの日」とし、豆をいり、晩その豆を銭および鍵といっしょに大きな枡に入れ、「キンカ（聾）大黒耳あけろ」と唱えて振ってから神棚の前の卓上に供えた。マッカダイコン（ふたまた大根）も供えた。そして「夜豆け（食）ばいい」といって豆を食べた。枡に手を入れて自分の年の数だけつかめば幸

運がくるといわれていた。(25)

(4)　東磐井郡

この日（十二月九日—筆者注）をダイコンノトシトリといっているのだから（大原町）、大根と大黒との関係は深いのである。(26)

(5)　江刺郡

十日がダイコクサマノヨメトリ。(27)

(6)　九戸地方

「大黒様の年とり」で豆料理に二股大根を添えて供えるのは一般的である。特に九戸地方では「九日お大黒」と称して九日に行う。(28)

(7)　気仙郡住田町

お膳には御飯と田楽・炒豆を五升枡に入れ、二股大根と普通の大根を添えて供える。特殊なものとして遠野地方では更に俵団子を供えるが、これは米の粉で俵のように形作り、中に今は砂糖であるが塩味の粒小豆を入れたものである。豆料理の炊事を主とするが、四八種の内、手豆足豆の二種が不足で四六種しかできず、大黒様から、夢でお告げがあったという諺がある。豆製品四八種をお供えすると果報があたる。自分の年の位豆を握れば果報があたる。(29)

(8) 大船渡市

蛸の浦では大黒の年取りは十日に行う。婿大根と嫁大根（二股大根）とを供え、豆と米を煎って枡に入れ、神棚の前で「おん大黒さま　おん大黒さま　よい耳聞かせてけらっせん」と三回唱え、それを家内中で分けて食べる。(30)

(9) 釜石市栗林町上栗林

十二月十日。大黒様の年取り。豆腐田楽二つと大根二本を供える。大根の一本はマタガリ大根（二股大根）である。大国主命が餅をご馳走になり苦しんでいると、ある婆さんが気の毒に思いマタガリ大根をくれ、それを食べて助かったということから、マタガリ大根を供えるのである。煎り豆を一升枡に入れて供え、「お大黒様にあげます。お恵比寿様にあげます」と何回も唱える。大黒さまは耳が聞こえにくいから大声で唱える。この日は手豆・足豆も含めて四八種類の豆料理を作る。(31)

四　宮城県

(1)　全般的傾向一

十二月九日または十日をダイコクサマノメムカエ（大黒さまの嫁むかえ）といって、二股大根をヨメダイコン（嫁御大根）、通常のものをムコダイコンといい、大黒さまに供える。また豆煎りなどを添える。その煎り豆を枡に入れて振りながら「大黒大黒、耳あけ、おかた持ったの知らねえか」「耳あげで良いこと聞くよう悪いごど聞かえよう」「よく耳あけて聞かんせ、この豆の数、米と俵、銭金取らせて」などと唱える。(32)

(2)　全般的傾向二

十二月九日または十日を「大黒さまの嫁迎え《めむかえ》」といい、股大根を「嫁御《よめご》大根」、普通の大根を「婿大根」といい、その一対か股大根だけを、種々の豆料理とともに大黒さまに供える。このときに煎った豆を枡に入れて振りながら、次のように唱える。

お大黒さん　お大黒さん　よく耳あけて聞かんせ　この豆の数　米と俵　銭金取らせて下さい

(3) 気仙沼市鹿折

大黒さん　大黒さん　耳あげで　よいこと聞くように　悪いこと聞かないように（栗原郡金成町長根）
大黒　大黒　耳あげ　お方持ったの　知んか　知んか（宮城郡松島町高城）

この日について、次のような昔話が県下に広く語られている。昔、大黒さまが、餅を食べ過ぎて腹痛をおこした。川で下女が大根を洗っているので、その一本を所望すると、これは主人に数えて渡されているのでと、股大根の片方を折って差し上げた。大黒さまはそれを食べて腹痛が治った。それで餅を食べるときは必ず大根を食べるのだ。この行事は稲が籾の状態にある時期の行事であり、股大根は人型であり、田の神の婚姻を象徴するもので、穀霊の増殖を促し、来る年の豊作を願う、性的な祭事の古習を伝えている。(33)

(4) 仙台市泉区福岡蒜但木

十二月九日。「大黒様の妻迎え」。この日は大黒様に二股大根を供える。夜には一升枡に煎った大豆を入れてザクザクと振りながら、「大黒さん　大黒さん　いい耳　聞かえん」と唱える。(34)

(5)　栗原郡

「大黒の芽迎い」は十日の夕方で、白飯を炊いて豆粉を振りかけて食べ、二股大根を供え、一升桝に炒り豆を入れ、「大黒大黒耳をあけ、よい事を聞いて悪い事を聞き給うな」と唱えて振り鳴らす。[35]

(6)　宮城郡

①二股大根を供え、豆炒の枡に入れて振りながら「お大黒様　お大黒さま耳をあけていますから　よい耳を聴かせて下さい」と三度唱える（郡誌）。或いは炒豆の外に豆飯、豆汁、豆膾など、四八種の豆料理を供えるのが本式だといい、またダイコクサマノカカサンと称して、必ず二股になった大根を上げるという者もある。[36]

②豆炒りを桝に入れて振りながら「お大黒さまお大黒さま、耳をあけていますから、よい事をきかせて下さい」と三度唱える。大黒様はつんぼの神様だという伝承が各地にあって、それで祈願するのに大きな声で耳をあけて下さいといったのが、人間の方が耳をあけて待つような唱え言に変わったものである。[37]

五　山形県

(1)　村山地方

(一)　山形市山寺地区

耳あけ・大黒祭、十二月九日に枡に炒った豆（一緒に銭を入れる場合も）を入れ、ふたをして上下に振りながら「お大黒様　お大黒様　今年もいい耳聞こえましたが、来年もいい耳聞かせてください」と三回繰り返して言う。(38)

(二)　東村山郡山辺町中村・作谷沢地区

旧十二月九日、大黒様に尾頭付きの魚（鮒や秋刀魚）と「まった大根（二股大根）」を供える。一升枡に炒豆と家族の人数分だけのお賽銭の硬貨（一円とか一十円等）をいれて用意する。大黒様の前で「お大黒様　おえべっす（恵比寿）様　耳を開けて進ぜます。どうか来年も良い耳きかせてください」と唱えてお願いする。終わると炒豆は家族で分け合って食べた。中に入っている硬貨は唱えた人が全部使うのが習わしであった。(39)

(三)　東根市

①耳あけ

お大黒様の年越日（十二月九日）に実施。来る年の豊作祈願と耳がよく聞こえるように祈る（福耳願望）。供え物はその日の食材に活用する。枡の中にお金や豆を入れザラザラと音を立てて「お大黒様　お大黒様　今年より来年　いい耳聞かせてけらっしゃい。まったん大根に豆あがれ」と大声で話し掛ける。酒・とうふ・豆・大根を神棚に直接あげる。(40)

②耳あけ

長瀞・小田島・大富地区。九日夜、大黒さまに二叉の大根と炒豆を一升枡に入れて供える。炒豆のほかに小銭を入れるところもある。唱え言として一般的には枡をガシャガシャ振りながら「お大黒さま　今年よりは来年どうか良い耳きかせてけらっしゃい」と唱える。「聞かず大黒様　股大根でむね開けて豆あがれ　来年一年、作、たくさんできるように（小田島地区）」。唱え言は地域により、或いは戸毎によって多少異なる。(41)

③神町地区

旧十二月九日夜大黒柱の神棚に大黒様を安置したのに二股の大根を供えて一升枡に煎豆、小銭を入れ蓋をしてガチャガチャと振りながら、唱えごととして「お大黒様、お大黒様　今年より来年、どうか良い耳聞かせでけらっこや」、最後に「股たん大根で豆あがれ」と三回唱える（農家の主人が豊作を願って）。一方、一般庶民は「お大黒様、お大黒様　耳をあけなされ、来年はいっそう耳が聞こえるようにしてくだされ」、最後に「股たん大根で豆あがれ」と唱える家もあった。年を取れば耳が遠くなる。何とか大黒様の大きな福耳にあやからんと願った。唱えは地域、戸毎（職業により）異なるが、実施家は、今は全戸で一割程度と考えられる。(42)

(四)　村山市大字富並大高根

旧十二月九日。大黒様の年越し(耳開け)。今年よりも来年は良いことを聞かせていただくよう恵比寿、大黒に祈る。葉付き二股大根を大黒様のお嫁さんにして供え、七種類の豆料理にして、ご飯、お汁、おかずすべてに豆を入れて供え、またみんなで食べる。夜には豆煎りを一升枡に入れて「大黒　大黒　聞かず大黒　耳あげて豆あがらせ」と三回言う。米俵の霊として大黒の神の信仰である大黒様に二股大根を供え、一升枡と豆煎りとお金(七銭)を入れ、動かしながら「大黒　大黒　股大根　今年もエエ耳聞かせでけらっしゃい」とお願いする。大国主命にかかわる故事として伝えられているが、股大根は子孫繁栄を意味するものである。二股大根をお供えするのは、大黒様は女性が大変好きな神様なので、女性と似ている二股大根をお供えすれば、喜んで願いを聞いてくれる信じられていたからだ。大黒様は、出来るだけ艶の良い、両方同じ太さの二股大根を喜んだといわれている。豆づくしを食べ、良い事があるよう健康延命、家内安全を願った行事である。一升枡に五合の豆を入れたのは「枡々《ますます》半升《繁盛》するように、ますます幸せになれますように」との意味があるという。(43)

(五)　寒河江市平塩地区

十二月九日。耳あけ。大黒さまの祭りでマッタ大根と豆煎りを供え「大黒さま　大黒さま　耳の穴を開けて進ぜますから　来年はよい耳を聞かせて下されといって祈る。そのあいだ子どもたちは背後で、鉄瓶の蓋・皿・火箸・十能・灰ならしなどを持ってきて、楽器の代わりに鳴らし、終わってから豆煎りとお金を掴み取りする。(44)

(2)　置賜地方

大黒様の耳明け。米沢市とその近辺で十二月八日をこういう。この日は二股大根と黒豆の飯でお祭をする(民俗学二ノ三)。この神が聾だということも各地の伝承で、大きな声で唱えごとをしたりする。この日をダイコクサマノゴシュウギともいう。(45)

(一)　米沢市付近

十二月八日を大黒様の「耳明け《みみあけ》」という風がある。別に御祝儀ともいうから、メムカエと同じ行事である。茶の間の恵比須棚とともに祭ってある大黒様に、二股大根に柏の葉をあてがってわらで結わえたのを供える。お嫁に着物を着せる意味だという。大豆飯を供え、家内の者も食べた後で、炒り大豆を桝に入れて、それをがらがら振りながら、「お大黒さまお大黒さま、耳をあけておりますから、いいこと聞かせておくやい」と唱えつつ、神棚めがけて三度豆を投げる。家によっては桝を動かしながら「ぜにかね、ざっくもっく(沢山)はいるようにしておくやい」とも唱える。(46)

(二)　東置賜郡川西町

①吉島地区　耳あけ

神棚に大黒様の妻となる二股大根をあげ、「大黒様　大黒様　耳をあけていますから　ええごど聞かせておごやえ」と唱え三度神棚に向け枡に入れた炒り豆をまく。(47)

②西大塚地区　耳あけ

恵比寿・大黒・御田の神を祀る神棚に、二股大根・猫なます・お頭付き魚・酒・御飯を供え、耳あけの唱え言葉（お大黒様、お大黒様、耳をあけ申すから良いこと聞かせとごいや）を三回繰り返す。五升枡か一升枡から炒り豆を神棚に三回投げて終わる。俗説に大黒様は「つんぼ」であるという説があり、耳が聞こえなければ良いことも聞こえず良いことも教えることができない。そこで耳あけという行事が生じたという。一年のうち良いことばかりではないので耳あけの行事はだいぶ残っている(48)。

㈢　西置賜郡白鷹町

耳あけ

高山・十王地区では各家庭で行われていたが、現在ではほとんどみられなくなった（二股大根・煎大豆(49)）。

(3)　最上地方

㈠　最上郡大蔵村

肘折地区では、マッカ大根を神棚にあげ、できるだけの料理を供える。昔は百品供えたというが最近は四七品供える。納豆は十品、豆腐は十品と数える。また好きな人は大黒の服装をして「明きの方から大黒が来ました」と唱え、舞って歩く。御祝儀を出す(50)。

㈡　最上郡鮭川村庭月地区

十二月九日が大黒様の日で、黒豆を煎って枡に入れ、「大黒　大黒　聞かず大黒」と唱えながら供えた。(51)

㈢　最上郡最上町向町地区

大黒様の年取りで、二股大根と赤ナマス（打豆を大根オロシのしぼり汁で煮て、それを大根オロシのかすに注ぎ、塩と酢を合わせる）、煮物（ササゲ豆を台として田作り、芋カラ、大根、牛蒡、里芋、油揚など七品）を作り供える。夜、豆を一升桝に入れ盆でフタをして、大黒大黒聞っかず大黒、耳開けでマメ聞げと唱えて振り、逆にしてそのまま大黒棚にあげ、七枚の皿にナマスを盛り七福神に供える。(52)豆を達者のマメにかけた祝いである。

写真２　大黒信仰儀礼　2017年12月９日
山形県大蔵村合海地区（裃着用の当主）

(4)　庄内地方

㈠　全般的傾向一

十二月九日を「大黒様の年夜（としや）」という。庄内地方では朝のうちから子供たちが「大黒様の豆腐を買って下さいや」といって売り歩く。[53]

(二) 全般的傾向二

十二月九日が大黒様の年夜で、その日は朝のうちから少年たちが、大黒様の豆腐を買って下せいやといって幾人も売りにきた。それを煩わしいと思う家では戸口に雪花菜（きらず）を丸めておく。そうすれば家で豆腐は作っているということになって、豆腐売りは入って来なかった（風書一八二）。これも豆腐によって十二月八日との関係を想像せしめる。甲子の日を祀る習わしは他の地方にもあり、古くは子の月、すなわち十一月の七日に、ネマツリといって大黒を祭ったこともある（運歩色葉集）。十二月の上弦の日の祭を、大黒様にした根源はまだ明らかになっていない。[54]

写真3　同
山形県西置賜郡白鷹町　守谷英一氏提供

(三) 鶴岡市

十二月九日、大黒様のお年夜。二股（マッカ）大根・いり豆・ハタハタ・豆料理。大黒様は働くことの大好きな神様で、豆づくしの供物が主である。これはマメ（丈夫）で人達が働くことができるようにとの信心からである。神体はエビスと対に木造または金物の大黒様を床の間か神棚に安置する。その家によっては掛け軸もかける。なお、古いしきたりを守っている家では台所に祀っている（元来厨房の神）。昔、大黒様が餅を食べ過ぎ腹痛の折、親切な嫁から大根をもらって食べたら治ったという説話も伝えられている。そういうことからこの大根を大黒様の嫁とも呼んでいる。また山間部の集落の中には大黒様は耳が遠い神様なので一升枡に豆を入れてがらがらとならして「大黒様よいこと聞かせ、悪いことは聞かせんな」と唱えごとをする。地域差はほとんどなく共通の伝承行事があるのは珍しい。(55)

(四)　酒田市

①生石地区では各家庭で大黒様にお膳をしつらえて、まっか大根・小豆飯・ハタハタの味噌田楽などを供えた。(56)
②本楯地区では、七福神の一つに数えられている大黒天は福徳や財宝をもたらすめでたい神として知られている。十二月九日が年夜にあたり、ご馳走をつくって神様にお供えする風習で、一般的に行われていることである。近海で水揚げされた頭付きのハタハタの田楽、マッカ大根を供える。(57)

六　福島県会津地方

大黒さまの年とりは九日。エビスは十五日のことが多い。菜飯や豆飯をつくる。(58)

七　新潟県

(1)　北蒲原郡

(一)　全般的傾向一

二股大根のことを「嫁大根」などという。嫁大根を供える時には「嫁々」または「嫁やい嫁やい」と唱える。この日を大黒様のメムカエ・ヨメトリ・オカタムカエ・ゴシュウギなどという所が各地にある。焼き鮒二つ、ほしこ・炒り豆をエビスザラというわら皿にのせて供え、「耳あけて豆つまっしゃい」と三度唱えて豆をまく。懸鮒《かけふな》といって鮒を供えることは中部以東の夷講の祭に見られる風習である。(59)

(二)　全般的傾向二

九日の夜をダイコクサマノヨメトリといっている。この祭にはエビスザラという藁の皿に、焼鮒二つとほしこと炒豆とを供えて「耳あけて豆つまっしゃい」と三度唱え、またその豆を撒く。二股大根をヨメダイコンともいう。これを神棚に上げて「嫁々」もしくは「嫁やい　嫁やい」と三度唱えるのも、人間の嫁迎の式を模したものであろう。そうして翌十日にはこの大根を煮て供えまた食べる（郷研一ノ二）。(60)

(2)　東蒲原郡

(一)　全般的傾向一

恵比須と大黒が同じ棚に同居しているところから、その両方の祭のように思っている所があり、十二月九日を大黒様のおかた迎え、またはえべすの祝言という。二股大根を一本ずつ供え、夜になってから「恵比須大黒祝います」といって豆を投げつけることは山形県の米沢などと同じであるが、よいこと聞くようにとは言わない。(61)

(二)　全般的傾向二

九日を大黒様のおかた迎、またはエベスの祝言とも、ただ祝言ともいっている。恵比須・大黒に二股大根と普通のとを二本供え、暗くなってから恵比須・大黒祝いますといって豆を投げつける。二神を共に祝う例は他ではまだ聞かないが、ここでは恵比須様は毎年離縁なされるといい、婚礼にはかえってこの日を避けている。(62)

(3)　高石地区（現五泉市笹目高石）

九日を大黒さまの嫁どりといい、股大根と一本大根とを大黒さまに供え、あずき飯を食べる。(63)

(4)　上大谷地区（現加茂市上大谷）

大黒さまの正月で銭さしを火に焚くと金持ちになるといって焚く。(64)

第三節　大黒信仰に関わる全国状況比較

ここまで、東北・新潟方面の大黒信仰儀礼はじつに広域的で盛んにおこわれていることがわかった。それでは日本各地ではどうであるのかをみていきたい。

一　『日本の民俗』にみる

『日本の民俗』はかつての四七都道府県ごとに四七冊発行されており、同じ章立てで成り立っている。したがって全県ごとに「年中行事」の章があってその最後に〈秋・冬の行事〉の項目が記載されている。そこで大黒信仰儀礼についてはどう記載されているかすべての都道府県に目を通してみた。その結果は、記載されている内容に多寡はあるものの、東北六県と新潟県のみに説明が見られた。それ以外の北海道から沖縄県には大黒

信仰に関する儀礼をうかがわせる記載はまったくなかった。(65)

二　『日本民俗地図』にみる

文化庁は昭和三十七年（一九六二）から三か年度にわたって「年中行事」一八項目にわたり全国調査をおこなっており、『日本民俗地図Ⅱ』としてまとめている。そのなかで、十二月九日または十日の大黒信仰の儀礼・習俗にかかわる実施地域が明らかにされている。その地域が確認できるのは次のとおりである。(66)

①青森県：調査地域三十四か所　うち実施地域十四か所
②秋田県：調査地域三十か所　うち実施地域十三か所
③岩手県：調査地域三十か所　うち実施地域二十二か所
④宮城県：調査地域三十か所　うち実施地域七か所
⑤山形県：調査地域三十か所　うち実施地域二十か所
⑥福島県：調査地域三十か所　うち実施地域四か所
⑦新潟県：調査地域四十四か所　うち実施地域八か所

右記以外の都道府県（沖縄は対象外）には十二月の大黒信仰儀礼の実施地域はまったく見出せない。また、この年中行事調査結果は、付属資料として行事ごとに図形化して全国地図に落とし込んでいる。大黒信仰については、「神々などの年取り」のテーマで「大黒の年取り」「大黒の嫁迎え（メイムカエ・嫁御大根）」「大黒様の耳あけ」を各県単位で表している。これをみても大黒信仰儀礼は北海道を除いた新潟県を含む北日本に同じ形と色の図形が集中して分布している状況が視覚的にも明確に把握できる。

三　『日本民俗文化大系九　暦と祭事』にみる

田中宣一「年中行事の構造」の調査には、①福島県郡山市湖南町　②神奈川県平塚市神田地区　③長野県木曽郡楢川村川入地区　④三重県熊野市荒坂地区　⑤岡山県備中町旧湯野村　⑥大分県南海部郡米水津村の全国六か所を選定して一月一日から十二月三十一日までの「年中行事の構造」を一覧表にまとめている。[67]それぞれ全国を大きく六つのエリアに分けて、そのなかから代表と考えられる地区を選定したものであろう。

そのなかでは十二月九日（または十日）の欄に大黒信仰儀礼はどの地区にも記されていない。福島県では会津地方に大黒信仰がみられたが、中通り・浜通りには見られなかった。前記郡山市に記載がなかったのは当然といえようか。

以上、前記一～三の資料において大黒信仰儀礼を確認してみた。これまで指摘があったように、十二月の儀礼は全国では東北地方を中心に限られたエリアでしかおこなわれていないことが裏付けられたのではなかろうか。

さらに付言すれば、かつて近畿大学教授で民俗学者の野本寛一氏が開いていた民俗学ゼミナールでは、毎年大阪、三重、奈良、京都、愛知、静岡などを調査して学生の手による詳細な「民俗誌」を作成してきた。しかし、いずれの地域にも大黒信仰の儀礼は見当たらなかったとの証言を得ていたことを記しておく。[68]

第四節　大黒信仰儀礼の分析と特徴

一　ほぼ共通する内容

（1）「お年夜」「年取り」の認識
（2）豆を供える
①炒った豆を枡に入れる
②豆づくし料理をつくる
（3）耳にかかわる伝承
①大黒さまは「耳が遠い・耳が聞こえない」の言い伝え
②大黒さまに「来年はよい耳聞かせて下さい」と唱える
（4）大根を供える
（5）豆・大根という畑作物の豊作と感謝

二　全域にわたる信仰儀礼の特徴

（1）東北と新潟県の広域にわたり、一升枡に煎り豆を入れて唱え言をし、大黒さまに豆料理と二股大根を供える儀礼がみられる。山形県・福島県・新潟県をのぞく地域で、豆料理は「四八種類（品目）」にものぼると伝えられているところがある。

（2）大黒さまは耳が遠い・聞こえないとする伝承がある一方、山形県内陸部の村山地方と置賜地方は「耳あけ」の呼称で、大黒さまに「来年はいい耳聞かせてください」と祈願する事例がみられる。

（3）山形県庄内地方では、大黒さまの「お年（歳）夜」（おとしや）の呼称が多くみられ、豆づくし料理とともにハタハタの味噌田楽・豆なます・納豆汁など地域的特色のあるものが添えられる。

（4）福島県では主として会津地方に「大黒さまの年取り」がみられるが、他地域ではほぼみられない。

（5）十二月九日（または十日）の信仰儀礼は、新潟県中部以北と福島県の会津地方から東北地方全体にかけて広く分布している状況がみられる。

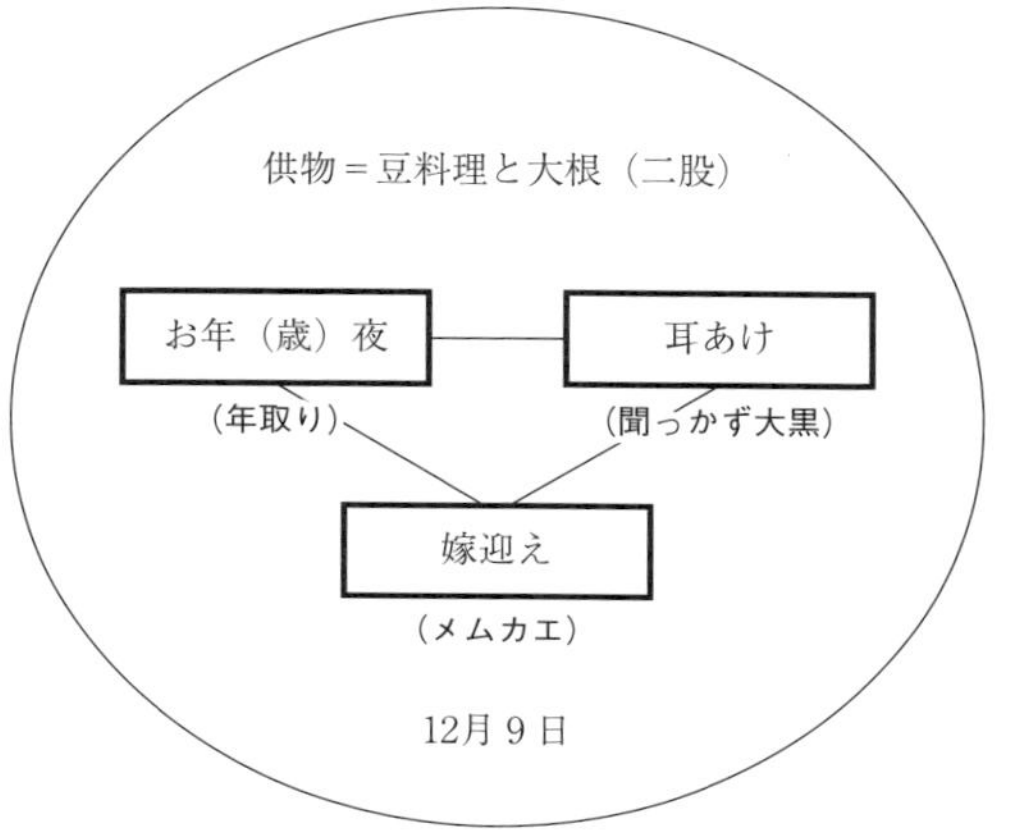

図１　東北の大黒信仰儀礼の呼称

三　信仰儀礼における呼称

(1)「お年（歳）夜」「年取り」

人々は、様々な神仏が十二月に入ると、一年を終える節目の日を迎えると考えたようである。地域やイエではそれぞれの「神祭り」を丁重におこなってきた。そのなかで、東北地方では大黒にとって十二月九日（または十日）が大きな節目の日であり、まさに一年を終える日であるということが強く意識されている。そこで、この儀礼について「お年（歳）夜」「年取り」という呼称を用いる地域は県単位で記すと、青森県・秋田県・岩手県・山形県（庄内地方）・福島県（会津地方）が該当していることがわかり、宮城県と新潟県をのぞいて多数であるといえる。

のちにも記すが、山形県の東郷村・高崎村（現山形県東根市）では、奉公人や職人の弟子たちが新たな一年の雇用契約に調印するのがこの日であったことは、人々にとって新年を迎えるに等しい一日であったことを物語っている。

(2)「嫁迎え」

「嫁迎え」以外にメムカエ・ヨメトリ・オカタ（お方）ムカエなどという地域もあり、この呼称は新潟県までも含んでいて広範囲である。この日に大黒に二股大根を供えるのは、この儀礼の実施地域すべておこなわれているといっても過言ではない。この慣習は前述の『守貞謾稿』や『東都歳時記』をみても江戸時代までさかのぼることがわかる。宮田登は二股大根とは性的要素を持つものであり、それは大黒さまへ女性を添えることであると述べていた。杉山晃一は宮城県の調査地一九か所が「嫁迎え」と称し、多くが大黒さまに対する「嫁迎え」の行事であることを紹介していることもすでに触れている。

以上のことを考え合わせれば、二股大根を供えるのは大根収穫への感謝という側面はありつつ、それ以上にやはり「二股」であることに重きがおかれた儀礼であると考えられる。何よりも、「嫁迎え」をはじめメムカエ・ヨメトリ・オカタ（お方）ムカエの呼称の多さこそその本質を表している。

(3)「耳あけ」

「耳あけ」とは、山形県内陸部にみられる極めて限定的な呼称である。『山形県民俗地図』を見れば、山形県の内陸地方で北部最上地方をのぞく村山地方と置賜地方に「耳あけ」が圧倒的に多い(69)。それに対して庄内地方のすべてと最上地方の一部では「お年（歳）夜」「お年越し」の呼称で共通しており、ほぼ県内が二分化されている。このことは大黒信仰にとどまらず、内陸・庄内における言語・食・祭礼行事・芸能などの民俗文化の相違のなかに位置付けて捉えることが可能である。本稿ではそこに言及することは本題とかけ離れることになるので別の機会に述べたい。

さて、「耳あけ」の呼称とともに注目されるのは、大黒信仰儀礼に関して「耳」にかかわる伝承が二つみられることである。それは、大黒は「耳が遠い」または「耳が聞こえない」とする場合と、「よい耳を聞かせて下さい」と大黒に何ごとかを願う場合と大きく二つがみられることである。このことは、煎り豆を一升枡に入れて振りながら大黒に向かって唱えごとをおこなう際にその違いが現れる。一つは「耳が聞こえないので大きな声や音を出す（青森県三戸郡田子町）」とか、新潟県北蒲原郡では「耳あけて豆つまっしゃい」、「耳あけて豆あがれ（山形県最上郡大蔵村）」などと唱える。

他方、「よい耳を聞かせて下さい」と唱えるのは、「耳あけ」の呼称が多い山形県村山地方と置賜地方である。「今年よりも来年ええ耳を聞かせでけろ（上山市小穴）」「来年はよい耳聞かせてけらっしゃい（西村山郡朝日町大沼）」「耳をあけていますから　ええごど聞かせておごやえ（東置賜郡川西町吉島）」などである。

前者について、大黒は「耳が聞こえない」という認識が主である。大黒に向かって煎り豆を入れた一升枡を振ってガラガラと音を出すこと、大きな声を出して三度唱えごとをおこなうこと、これらの行為は大黒に対して大豆や大根の畑作物の豊作祈願を願う切実さをきちんと表現し伝えるためであり、人々が必死さを主張するための「方便」として、「大黒さまは耳が聞こえない」からという理由が代々伝えられてきたのかも知れない。

後者は「大黒さまは耳が聞こえない」ということは理由ではなくなっており、むしろ人々が大黒に「よい耳を聞かせて下さい」と切に願う言葉に変化している。これは川西町吉川の「耳をあけていますから　ええごど聞かせておごやえ」という唱えことばのとおり、人間側が「いいことを聞くように」お願いするという意味で

写真４　豆料理と二股大根（右下）

はなかろうか。「いい耳」とは「良い出来事が耳に入る」というふうに捉えられる。このことを「耳塞ぎ餅」が全国的にみられる習俗としてかつて筆者は『村山民俗』にも引用して「いい耳」事例に通底すると説明した。大黒への「いい耳を聞かせて下さい」とは、それを唱える農民や人々の豊作や幸福への願望の言葉として真剣なものではなかったろうか。なお、「耳が聞こえない」と「いい耳聞かせて下さい」の二通りに関しては、あらためて後段で述べたい。

四　「四八種類」の豆料理

東北および新潟県では、多少の差はあれ「豆づくし料理」を作る傾向が顕著である。多い地域では「四八種類」を作って供えるという伝承が残っており、これを県単位でみると青森県・秋田県・岩手県・宮城県にみられる。面白いことに「手豆」「足豆」を入れて四八種類を作ればよいとも伝えられている地域もみられ、豆料理の多さを競った様子をうかがわせる。おそらく「四八」という数字は相撲の四八手に代表されるように多種多様性を表すものであり、質量的に多いことの象徴的なものと思われる。のちにも記すが『奥州秋田風俗問状答』の「大黒天祭り」にも「四八種」の大豆料理が供物としてあったことが記されており、江戸後期から伝えられていることがわかる。

山形県庄内地方では、現在も「豆づくし料理」といわれておよそ九種類が作られている。スーパーや個人商店などでは、「大黒さまの年夜」に必要な食材の売り出しがおこなわれており、その夜は地域経済を巻き込んで盛んな実態がみられる。豆料理四八種類などと伝えられてきたことは、それだけ大豆栽培と収穫への農民のこだわりを示すものであり、実際に四八種類かどうかは別にして、大黒神への供物として大量に「豆づくし料理」を捧げる行為が生まれたものと考えられる。

第五節　「庭田植」（雪中田植）と豊作祈願

大豆が東北を中心とした他の儀礼でも重要視されている事例を、以下にみていきたい。一月十五日の小正月、東北地方を主として積雪の時期に「庭田植（雪中田植）」という行事がおこなわれている。これは、雪におおわれた農家の敷地で田植えのしぐさ（模擬行為）をおこない五穀豊穣を祈願するものである。終われば「あき」の方（歳徳神がいる方角）を向いて手を合わせ「祝い　祝い　作の祝い」と声を出して祈願する（山形県東根市六田地区）。秋の豊作を期待してお祝の言葉を唱えて神に約束をしていただく切実な願いがこめられている。つまり、各地の庭田植は「予祝《よしゅく》」の儀礼であるといえる。このときに雪に植えられるのが稲藁であるが、注目されるのは稲藁とともにきまって豆殻が植えられる。本稿の主題に関連してこの行事に豆殻が登場することに注目したい。稲作とともに畑作である大豆の豊穣を心より期待する農民の心情がここに表れていると考えられる。

ところで、庭田植は江戸時代中頃の東北ですでにおこなわれていた。それは、菅江真澄は「かすむこまがた」の一月十五日の項に庭田植の様子について、「田う〻るとて門田の雪に、わらひしひしとさしわたし、また豆う〻るとて豆茎（ガラ）をさしぬ」と記していることからわかる。(70) この記録は天明六年（一七八六）正月、仙台領胆沢郡徳岡（現岩手県胆沢郡胆沢村）での出来事である。真澄は稲藁と一緒に豆を植える所作として豆殻を雪にさしていることを見逃さず描写しているのである。次に東北各県の状況をみてみよう。

一　青森県

(1)　県全般

庭田植え。小正月の晩、年取りの前に、女たちが十一日に肥出しをしておいたところを田に見立てて田植えの真似をする。中志（六ヶ所村）ではこれをシズケといって、稲の幹を一坪、豆の幹と栗の幹を混ぜたものを一坪ぐらい雪に畝を作って畑のようにして植える。(71)

(2) 津軽半島

一月十五日の年とりの日に、家の前の雪を鍬で掘り起こして田打ちのまねをし、イナカズの藁と普通の藁をまぜて苗に見立て、大株を刈るようにと一株で二十本くらい束ねる。これを四列にして一六株植える。夜の間に雪がかかると、翌朝に稲の花が咲いたといって喜ぶ。豆殻に藁をまぜて植えたり、植えたあと田の草取りから刈り入れまでの模擬作業もする。(72)

二 秋田県

(1) 鹿角郡

鹿角郡十和田町毛馬内地区(現鹿角市)では、小正月一月十五日に「田植え」と称して藁と豆がらを雪の上一間四方ぐらいの所にバラバラにさす。(73)

(2) 中仙町鶯野（現大仙市）

庭田植え。柴木のなかにひときわ目立つのは、暮れの大掃除に使った「ススハキボウ」。この場所は新しい年のよい方角をいう「あけの方角」である。雪の庭が田なら、苗はわら、それだけではなく、豆殻を野菜、柴木を果樹としてさし、それらの豊作もあわせ祈る。（こうして田植えのさまを真似ることで、神さまが農家の人の豊作を願う気持ちをくみ取ってくれる、と考えている）(74)。

三　岩手県

(1) 県全般

豊作予祝の模擬行事の一つで、一般には十五日の朝、苧ガラ・豆ガラ・新藁の三種を植えた(75)。植えるといっても実は根雪に差すのである。このほか栗ガラ・稗ガラ・麦藁も植えたという部落もある。

(2)　江刺市伊手地区（現奥州市江刺伊手）

一月十五日「モノマネ」と称して、「田植のモノマネ」と「豆畑のモノマネ」などの豊作祈願がある。「田植のモノマネ」は一家の主人が自分の田に藁で田植えのモノマネをする。「豆畑のモノマネ」では同じく畑に豆カラを差し植えるものである。これらは七株、五株、三株の順にしつらえ七五三と称したという。(76)

(3)　胆沢郡金ケ崎町

一月十五日の年取り　十一日に肥を運んだ水田に、わら束・ごま殻・あわ殻・大豆殻等を雪に立てて田植えの真似ごとをする。(77)

四　宮城県

(1)　県全般

一月十四日に年男が屋敷内のアキの方に、藁・豆殻・麻殻などを苗にみたてて雪の上に田植えをする。栗駒町文字では、植えた場所に竿を立て、縄を張ってカツヌキ（ぬるで）を削り掛けにした花と実を交互に下げる。宮城町赤生木では、近くにある果樹に木で作った臼と杵をかたどったものを下げる。七ヶ宿町湯ノ原では、その傍らに竿にアワノホといって棒を下げて立てる。(78)

(2)　仙台市青葉区上愛子

石垣家における小正月の庭田植え。一月十四日に豆がら・麻がら・藁を束にして、屋敷内のアキの方（恵方）に七五三に並べてさす。春の田植えに似せて豊作を祈願する小正月の行事。(79)

五　山形県

(1)　東根市

(一)　その一

六田地区。旧暦一月十五日か十六日、昼前、水田もしくは畑（家から最も近いところ）に行き、一坪くらいの雪の中に稲わらを数か所、豆からを数本たてる。鳥追い行事とセットでおこなった。つまり日中は雪中田植

写真５　「庭田植」東根市六田地区　2005年１月15日

え、夜間は鳥追い行事だった。(80)

(二)　その二

旧暦一月十五日、早朝、農家の戸主が蓑笠をつけて明けの方（歳徳神のいる方向）、または前年の最初に雷の鳴った方に向かって雪の中に藁と豆殻を植える。旧暦一月十四日の夜は観音寺地区で子供たち拍子木を叩きながら「ホッラホーホ」と地区巡りをした。(81)

(2)　尾花沢市

旧正月行事として一月十一日の朝、堆肥を運んだ場所に藁・大豆がらなどを一株として二五株を植える（一間四方の雪の上に植える）。夜明け前に田植えを終えると田の神に供え物をして今年の豊作を祈願する。(82)

(3)　寒河江《さがえ》市

一月十五日田植え。肥料（こい）を曳き、早朝厩の肥料をクスキベラに載せ、男子二人で馬を曳く真似をして馬方節などを歌い、屋敷周辺の田植えをする空き地に行き、肥料を撒き、素足になってアキ（歳徳神）の方に向き、一坪の場所に藁や豆殻を植える（平塩・中郷地区）[83]。

(4) 東村山郡中山町

雪の田植え。宅地の片すみの雪の上に稲藁や豆殻などを約一坪くらいの面積に一二株（閏年は一三株）を植える。植える場所はなるべくアキの方（歳徳神のいる方角）にするので毎年違うのである[84]。

(5) 南陽市

一月十五日、雪の水田上に藁と豆殻を用いて七株、五株、三株を南の方角を向いて植えた。翌十六日朝、子供たちは「トリ追い」に行って焼いた餅をいただいた[85]。

(6) 米沢市

旧暦一月十一日、稼ぎ初めと言って雪中田植えを各戸でおこなった。その家の戸長が雪の上（新雪になり雪渡りできるところ）に稲苗に見立てた苗（藁と豆の木と萱を束ねたもの）を約二十束植える。装束はミノを着てほっかぶりして笠をかぶる[86]。

(7) 庄内地方

平田町（現酒田市）、藤島町・羽黒町・櫛引町（現鶴岡市）の調査地八地域で、雪中田植（さつき・雪の田植）がおこなわれている。[87]

六　福島県会津地方

一月十四日朝に家の前に藁苞を下げ、豆がらを雪の上に田植えをするように挿す。この行事も、雪の多い会津地方では各部落がおこなっていてサツキ（五月・田植えのことである）といっている。十五日の朝で正月さまを送ってからのところもある。[88]

耶麻郡熱塩加納村（現喜多方市）では、ワラや豆殻などを苗に見立てて植え、豊作を祈願する。[89]

以上であるが、先に述べたように文化庁は『日本民俗地図Ⅱ』に「年中行事」を掲載している。そこでは「庭田植」は東北地方六県と新潟県（四地域）および富山県（二地域）にみられるのみである。「雪中田植」とも呼ばれるので、降雪地域に限定されるのはある意味当然かもしれない。しかし、大豆の豊作祈願の小正月予祝行事・儀礼として他地域には見出せないということを明確に把握しておく必要がある。

本書では、大黒信仰儀礼が行われるエリアと「庭田植（雪中田植）」実施エリアを重ね合わせて考えてみることが一つのポイントであると捉えている。繰り返しになるが、この擬似田植えの行為において、どの地域も藁とともに「豆殻」が決まって植えられることを見逃してはならないだろう。それだけ畑作の代表である大豆の生産と豊穣が農家の人々にとって大変重要であり、稲作とともに一年の始めにあたり「予祝」作物として神への祈りは切実だったと考えられる。

第六節　江戸時代からの大豆栽培

本書では、大黒信仰儀礼は大豆の豊作祈願と畑作の神である大黒への感謝を表しており、それは東北の大豆栽培の歴史性を背景にしているとの仮説に立ち、江戸時代までさかのぼって検討してみる必要があると考えた。それを根拠づけるには、江戸時代以来の大豆の栽培・生産・消費に関する史・資料や統計データ等を踏まえて考証する必要がある。直接に論拠としうる適切な文献史料や統計データを見出すことはなかなか困難であるが、まず江戸時代の藩政における他国への農作物移出や大豆は年貢作物であったという観点から検討してみたい。歴史の一時期のデータとはいえ、東北地方における大豆生産状況の一端が理解できるものと思われる。

写真６　大黒信仰儀礼で使用される一升枡と大豆
（イエによっては枡にお金を入れる場合もある）

一　江戸期の青森・岩手・宮城の大豆移出

諸富大・遠藤匡俊による論文「北上川舟運による盛岡藩の江戸廻米輸送」には、「盛岡藩の北上川舟運による江戸廻米では、米と大豆がとくに重要な輸送品目であり、米は春と冬に輸送され、大豆は春にのみ輸送されていた」と記され、さらに「盛岡藩の北上川舟運による輸送品目と蔵割」には、江戸時代後半の明和二年（一七六五）から安政、文久にわたる約百年間の大豆移出量（単位：俵）が明らかにされている。(90)

一般に、盛岡藩は大豆生産を奨励して大豆特産地化を進めて年貢の増収をはかり、また藩の交易として江戸、大坂方面に盛んに移出して「南部大豆」としての銘柄を確立していったことが知られている。菊池勇夫の次の文は、このことをあらためて物語るものである。(91)

表１　盛岡藩の北上川舟運による輸送品目と大豆

（「北上川舟運による盛岡藩の江戸廻米輸送」より引用）

年	為御登米	大豆	籾	小豆	餅米	石巻御用米	その他	蔵割
明和２年(1765)		1854						盛岡本御蔵
春	11251	322						郡山御蔵
	2642	365						花巻本御蔵
	5372	482						花巻新御蔵
	14235	477				80	御初尾米　2	黒沢尻御蔵
	2068							大迫御蔵
	3786							盛岡両御蔵
計	39354	3500				80	＊　2	
文化13年(1816)	11000							花巻西御蔵
冬	11500							花巻南御蔵
	12500			6	30	15	御側為御登米1720	黒沢尻御蔵
計	35000			6	30	15	1720	
嘉永元年(1848)			150					盛岡新御蔵
冬	10000							花巻西御蔵
	10000							花巻南御蔵
	23000			7	60	30		黒沢尻御蔵
計	43000		150	7	60	30		
安政元年(1854)		1000						盛岡新御蔵
春		570	200					盛岡本御蔵
	4000	230						日詰御蔵
	12000	370						花巻西御蔵
	11000	380						花巻南御蔵
	13000	450					伊勢御初穂米　2	黒沢尻御蔵
計	40000	3000	200				2	
安政元年(1854)			150					盛岡本御蔵
冬	7000							花巻西御蔵
	7000							花巻南御蔵
	16000			7	60			黒沢尻御蔵
計	30000		150	7	60			
文久元(1861)年	4000							花巻西御蔵
冬	2500							花巻南御蔵
	18169							黒沢尻御蔵
計	24669							
文久２年(1862)		520						盛岡新御蔵
春		590						盛岡本御蔵
		310						日詰御蔵
	2000	480						花巻西御蔵
	2000	550						花巻南御蔵
	14500	350				50	伊勢御初穂米　2	黒沢尻御蔵
							別段為御登米 300	
計	18500	2800	200			50	302	

明和２年は「黒沢尻御艜所勘定帳」、文化13年は「和賀御役所書留」、嘉永元年は「黒沢尻御艜所御定目控」、安政元年は「江戸為御登穀諸御用調」、文久元・２年は「御蔵・御艜所書留」により作成。
＊このほかに、蔵割は不明だが、別段為御登米として41,883俵が川下げされた。

盛岡藩・八戸藩の台地や山地の村々で、大豆がたくさん作られるようになったのはいつぐらいからだろうか。大豆はもともと領主にとっては馬糧としての畑方年貢の意味を持っていたが、八戸藩では一七世紀後期になると、領主による公定値段での大豆の買い上げが開始されており、江戸の商人も入り込んで江戸方面に売却されていたことが、藩日記からもうかがうことができる。藩の家臣たちも自分の知行地の大豆を領外にさかんに移出し始めている。隣接する盛岡藩領の奥通（岩手県北部・青森県東部）からも大豆が買い集められ、八戸領を経由して津出しされていた事例も知られる。（中略）盛岡藩奥通の大豆は一七世紀後期にも陸奥湾沿いの野辺地から海峡を越えて松前に売られたり、前述のように八戸領を経由して江戸方面に売られていた。一八世紀に入ると大坂市場とのパイプががぜん強くなった。

このほかに、菊池は大坂市場に向けて集荷された南部大豆は、特に「大坂為御登（おんのぼせ）大豆」と呼ばれていたと記している。

次は、岸本誠司の南部大豆についての論文の概要である。すなわち、南部藩にはかつて「御買上大豆」という言葉があった。「御買上大豆」とは、藩から強制的に作付けが割り当てられた大豆のことである。元禄・宝永（一六八八～一七一二）の頃、江戸・大坂などの大都市近郊の農村で養蚕や綿花栽培といった商品作物が普及するにしたがい、その肥料として、南部藩から大量の干鰯が江戸・大坂に運ばれるようになった。これによって、関東、関西と東北を結ぶ海船（千石船級）による流通が確立した。さらに、銚子、野田を中心に醤油生産が発達するようになると、都市および醤油生産地の大豆の需要を満たす供給源を南部藩に求めるようになったという。(92)

一方、『近世の北上川水運』では、仙台藩の大豆について「文化頃（一八〇四～一八一七）の留書（中目覚文書）に仙台藩の江戸廻米量は年によって多少の差はあるが、平年は米・大豆合わせて一六万石から二〇万石前後であった。時には三〇万石を超えることもあった」としている。(93)

仙台藩でも大豆生産は盛んであり「仙台味噌」の原料としても積極的に栽培され、大豆は「本石米（仙台米）」とともに石巻湊から江戸方面へ向けて大量に移出されていたことが知られている。仙台味噌は東日本の「赤味噌」の代表格として全国に知れわたっていくのである。

二　江戸期の秋田・山形の大豆移出

秋田藩の大豆の移出について、敦賀の「打沱家記録」をみると、寛文七年（一六六七）ごろの敦賀着秋田荷として「米・大豆・小豆・そば・油草類、このほか杉木・蠟・漆・たばこ・土朱・干わらび」などの商品があげられている。これらが藩初にさかのぼる商品であったかどうかは明確でないが、当初から木材・金銀などとともに、米・大小豆などの農産物が領主的商品の主要なものとして移出されていたことはまちがいないようである。(94)やはり大豆は藩領主による商品作物化されていたことがわかる。

次に出羽山形の大豆についてては、横山昭男の論考に大石田の商人である二藤部兵右衛門家が正徳元年（一七一一）から享保二年（一七一七）に酒田商人へ売却した荷物に関する文書が掲載されている。(95)そこには、売り荷物として新庄米・最上大豆・小麦・荏草・たばこなどがみられ一覧表に詳細に記されている。これらは、日本海海運を経て上方方面に運ばれている。本書では、一覧表の一部を抜粋して「表2」として紹介する。横山によれば当時二藤部家は新庄藩の御用商人の役目をはたしていたという。なお筆者は、「最上大豆」とはおそらく村山地方産の大豆のことであり、たんに「大豆」と記されているのは新庄藩領内の大豆のことではないかと推察している。

さらに山形周辺の農産物の事例であるが、大蕨村（現山辺町）の豪商稲村七郎左衛門家が所蔵する享保二十年（一七三五）の「万福帳」には村山郡西部方面から集荷した特産物が次のように記されている。(96)

大豆　二四五〇俵と四二四両　米　一五〇俵　小麦　一一三五俵　蝋　三駄　二九〆三〇〇匁
漆　一二七〆一〇〇匁　青苧　六四駄四分　紅花　一七〇両代　萱　一三五五把　荏油　一七樽

このように、稲村家によって大豆が重要作物として村々から二四五〇俵（代金四二四両か）ほどが集荷されており、最上川舟運・酒田湊・日本海海運を通して京都・大坂方面に移出されていったものとみられる。

表２
二藤部兵右衛門家の酒田商人への売却荷物

年　次	商　品　量	代　金
正徳元年（1711）	６月新庄米400俵	100両
	６月新庄米809俵	216両１分
２年	７月最上大豆140俵	27両１分
	８月新庄米25俵	７両３分
	大豆10俵	
４年	３月荏草121箇	84両余
	11月大豆241俵	100両
５年	７月大豆215俵	89両２分
享保２年（1717）	８月新庄米785俵	322両余
	最上大豆735俵	354両
	同小豆183俵	74両

三　年貢としての大豆

(1)『会津農書』にみる

『会津農書』は、江戸時代前期の貞享元年（一六八四）佐瀬与次右衛門が著した会津藩政下の農業技術書として知られている。そこでは大豆に関連して次のように記されている。[97]「穀物の大小麦、粟、大豆、ごま、えごま、小豆、ささげ、きび、そば、ひえ等は後述のように自給的である。特に大豆は貢納後の食糧として、大小麦と共に自給の比重が大きい」「畑方の大豆とえごまは年貢に納入しなければならない。藩は上納の余り大豆は味噌に煮候外、此外雑穀は塩代或いは夏冬の衣類代、農具調代、養代、品々に払う」。このように大豆は会津地方において年貢として納められていることが確認できる。一般的には江戸中期以降年貢はほぼ米と貨幣に統一され、田畑の本年貢（本途物成）は石高に応じて主として米で納めたようであるが、会津地方に限らず大豆も本途物成に組みこまれて年貢として納める場合も少なくなかったようだ。

なお、会津地方では、年貢として納める大豆のことを「蔵大豆」、一般に販売される大豆のことを「平大豆」という名称で使い分けしている。先にみたように、会津地方は福島県内でも大黒さまの信仰儀礼が明確におこなわれているエリアとして認められる。

(2) 長瀞村役場文書にみる

長瀞村（現山形県東根市長瀞）には、役場文書として明治八年（一八七五）に記された地主名簿が残されている。「表3」にみるとおり、そこには米年貢とともに「大豆年貢」が記されていて、明治に入ってからも地域事情によって大豆が年貢の一端を担っていたことが確認できる。(98)

これまでも触れたように、大豆は江戸時代に多くの地域で年貢や小作料の対象となって稲につぐ「社会的価値」をもっていたことが指摘されている。したがって、この事例は長瀞村に限ったことではなかったことは記すまでもないが、米に対して大豆の年貢割合がどのぐらいかを米俵の多寡で具体的に示された事例として参考となるものである。

表3
明治8年の長瀞村の地主名簿にみる大豆年貢

米　年　貢	大　豆　年　貢	氏　　名
490俵1斗6升	3斗9升	堀江左之助
438俵3斗3升	8俵8升	寒河江茂吉
350俵1斗4升	29俵3斗7升	鈴木左近
346俵7升		齋藤吉五郎
211俵2斗4升	135俵1斗5升	佐藤大麟
203俵3斗3升7合		奥山令勇
190俵1斗6升	2俵	長瀬長作
	（中略）	
351俵2斗4升	225俵4斗5合	齋藤庄蔵
262俵4斗1升7合	111俵4斗1升4合	阿部龍太郎
114俵2斗6升7合	37俵6升	村田利平次
81俵3斗6升5合	43俵4斗	齋藤小太郎

四　近代以降の大豆作付面積と収穫量

(1)　山形県の大豆収穫量

山形県の大豆収穫量はどうであったろうか。統計は近代に入ってからであるが『山形県農業基礎統計―基礎資料編Ⅱ―』には、明治六年（一八七三）から昭和四十四年（一九六九）までのじつに九十七年間にわたる状況が統計データとして示されている。[99] 農作物の「作付面積」「反当収量」「収穫量」の三点についての詳細な記録である。本書では、このなかから(1)稲～(5)まめ類の箇所の稲（水陸合計）・小麦・大麦・大豆・小豆・エンドウの六種の「収穫量」について、比較しやすいように明治十年（一八七七）からほぼ十年おきに数字を抜き出し「表4」として、一覧表を作成してみたものである。

この『山形県農業基礎統計―基礎資料編Ⅱ―』には、大豆・小豆・エンドウのほかにまめ類としてササゲ・落花生・そら豆・いんげん豆が載っている。その中で、本書で一覧表に加えるまでもなく大豆の収穫量の多さは他を圧倒している。大豆はこの一覧表においてどの年代でも小麦・大麦よりも多いのは一目瞭然である。

表4　山形県主要農作物の「収穫量」推移（単位：石）

	稲（水稲合計）	小麦	大麦	大豆	小豆	エンドウ
	石	石	石	石	石	石
明治10年	857,341.6	8,813.2	27,824.6	57,083.1		
20年	1,155,163	14,831	40,002	100,385	16,830	
30年	906,462	16,637	39,989	74,070	13,410	
40年	1,588,664	16,593	62,307	98,099	15,932	3,990
大正元年	1,546,612	13,667	42,445	97,715	18,264	4,562
10年	1,879,190	11,552	40,569	72,386	13,952	3,069
昭和元年	1,935,621	9,747	24,720	57,905	11,543	24,477
10年	2,107,199	22,525	28,886	50,454	10,100	3,081
20年	1,671,116	16,613	17,367	25,586	4,942	254
30年	2,998,000	96,000	56,700	104,100	13,300	10
40年	506,200	3,460	1,080	7,800	1,690	1
44年	574,310	399	89	4,250	727	

(2) 東北の大豆作付面積と収穫量

東北地方の大豆状況について「大豆のある生活　大豆の民俗学的考察」（『大豆の研究』農林省農政局編　一九五〇年）に次のような引用文がある。[100]「一九三〇年代ごろの東北から九州に至る各地の農村に見られたダイズの民俗について、早川孝太郎は『豆（マメ）のある生活』のなかで、地域的に関東以東、ことに東北地方が一段と濃厚だが、この現象は文化の地域的傾斜を如実に物語るものかもしれないが、大きな特色である点は否定できないと述べている」。このように、早川が昭和初期の農村で大豆のある生活は東北地方が一段と濃厚であると語っていることは重要である。

このことをさらに考える資料として、「図2」に示されるように、東北六県と新潟県の昭和二十七年度主要作物作付面積の統計がある。[101] この図からは、他の作物と比較して東北および新潟を含んだ地域の大豆の多さが目立っている。

また、「表5」は全国の昭和二十九年度と昭和五十一年度の大豆の統計資料である。[102] この全国地域別統計をみれば、東北地方の多さが一瞥してわかる。このような大豆をめぐる歴史的実態は、

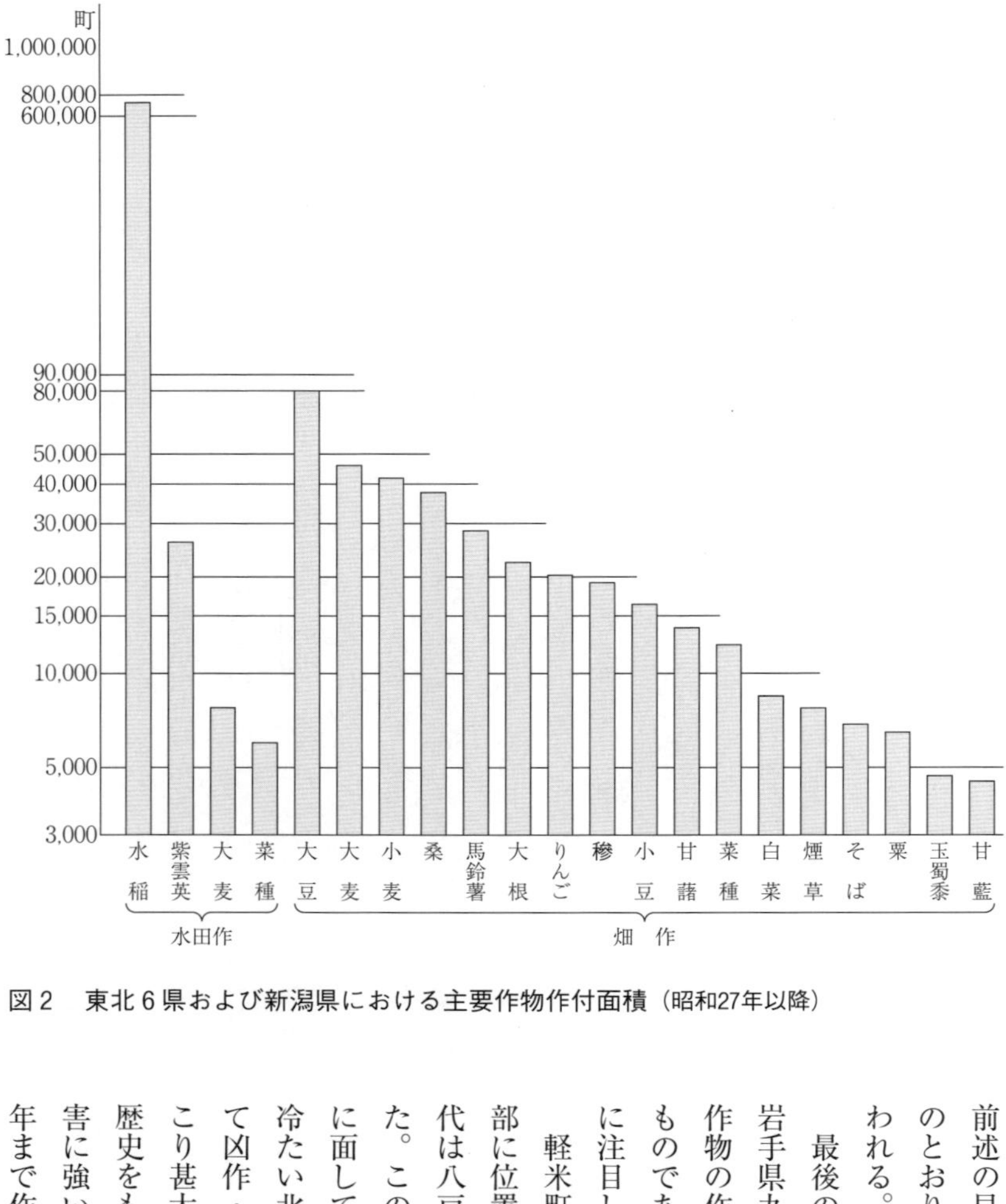

図2　東北6県および新潟県における主要作物作付面積（昭和27年以降）

前述の早川孝太郎の指摘のとおりではないかと思われる。

最後の表6は、戦後の岩手県九戸郡軽米町の農作物の作付面積を記したものであるが、大豆栽培に注目したい。

軽米町は岩手県の最北部に位置するが、江戸時代は八戸藩の一部であった。この地域は太平洋岸に面しており、ヤマセの冷たい北東風が吹き付けて凶作・飢饉が頻繁におこり甚大な被害を受けた歴史をもつ。そのため冷害に強い稗《ひえ》が昭和三十五年まで作付面積の第一位を占めていたことはうなずけるが、大豆も第二位であったことにあらためて気づかされる。ヤマセが直撃する沿岸部一帯から山間部も含めて、大豆は凶作・飢饉の備えにも必要な作物（救荒食物）であったことがわかる。

表5　大豆の地域別作付面積と収穫量

	昭和29年度			昭和51年度		
	作付面積	10アール当たり収量	収穫量	作付面積	10アール当たり収量	収穫量
	ha	kg	t	ha	kg	t
全国	429,900	87	376,000	82,900	132	109,500
北海道	95,400	45	43,000	16,600	182	30,200
都府県	334,500	100	333,000	66,300	120	79,300
東北	114,400	94	108,000	27,100	116	31,460
北陸	24,800	120	29,70	5,320	127	6,750
関東・東山	76,200	111	84,700	10,510	127	13,400
東海	17,800	113	20,100	4,640	122	5,640
近畿	13,100	105	13,700	3,600	115	4,130
中国	24,000	80	19,300	5,130	129	6,620
四国	9,240	110	10,200	2,430	131	3,170
九州	55,000	86	47,300	7,480	107	8,030

(3)「東北と大豆」の歴史性

先にも引用した岸本誠司の論文では、水田稲作や畑作を問わずマメ（大豆・小豆・ササゲなど）は全国の至る所で栽培されており、特に大豆は近世期に多くの地域で年貢や小作料の対象となって稲につぐ「社会的価値」をもっていたことが指摘されている。そしてマメ類を含む諸作物の構成と農耕のありようを知ることは、その地域の文化性を理解するひとつの指標となるとしている。岸本は「東北地方においては、その文化的深度からみても特にマメが大きな意味をもっていたと考えられる。東北地方はわが国の農耕文化のなかでマメの文化的意味がもっとも深い地域のひとつだといえよう」と述べている[103]。

さらに岸本は、東北農耕文化におけるマメの重要性を再確認したうえで、今後の課題として四つを提示しているが、そ

表6　一戸当り作物別作付面積の変遷（『軽米町誌』軽米町誌編さん委員会　一九七五年）

	一位	二位	三位	四位	五位	六位	七位
昭和二八年	ひえ　四七a	大豆　三四a	小麦　二九a	稲　二八a	大麦　七a	小豆　四a	
三〇年	ひえ　四七	大豆　四〇	稲　三一	小麦　二九	大麦　八	小豆　五	
三五年	ひえ　四七	大豆　三四	小麦　三四	稲　三〇	そば　一七	大麦　一〇	あわ　一〇
四〇年	稲　三五	ひえ　三一	小麦　三〇	大豆　三〇	そば　一六	あわ　一一	大麦　八
四五年	稲　四五	小麦　三三	大豆　三二	ひえ　三二	そば　一一	大麦　六	小豆　六

のなかの一つに、「儀礼の問題―大黒の年取り、小正月の庭田植、節分など」をあげていることに大いに着目するものである。このような岸本の課題提起は、大黒信仰儀礼の背景に「東北地方と大豆」の歴史性が横たわっているのはないかとの筆者の問題意識と合致しており、本書を執筆する動機づけともなったことを述べておきたい。

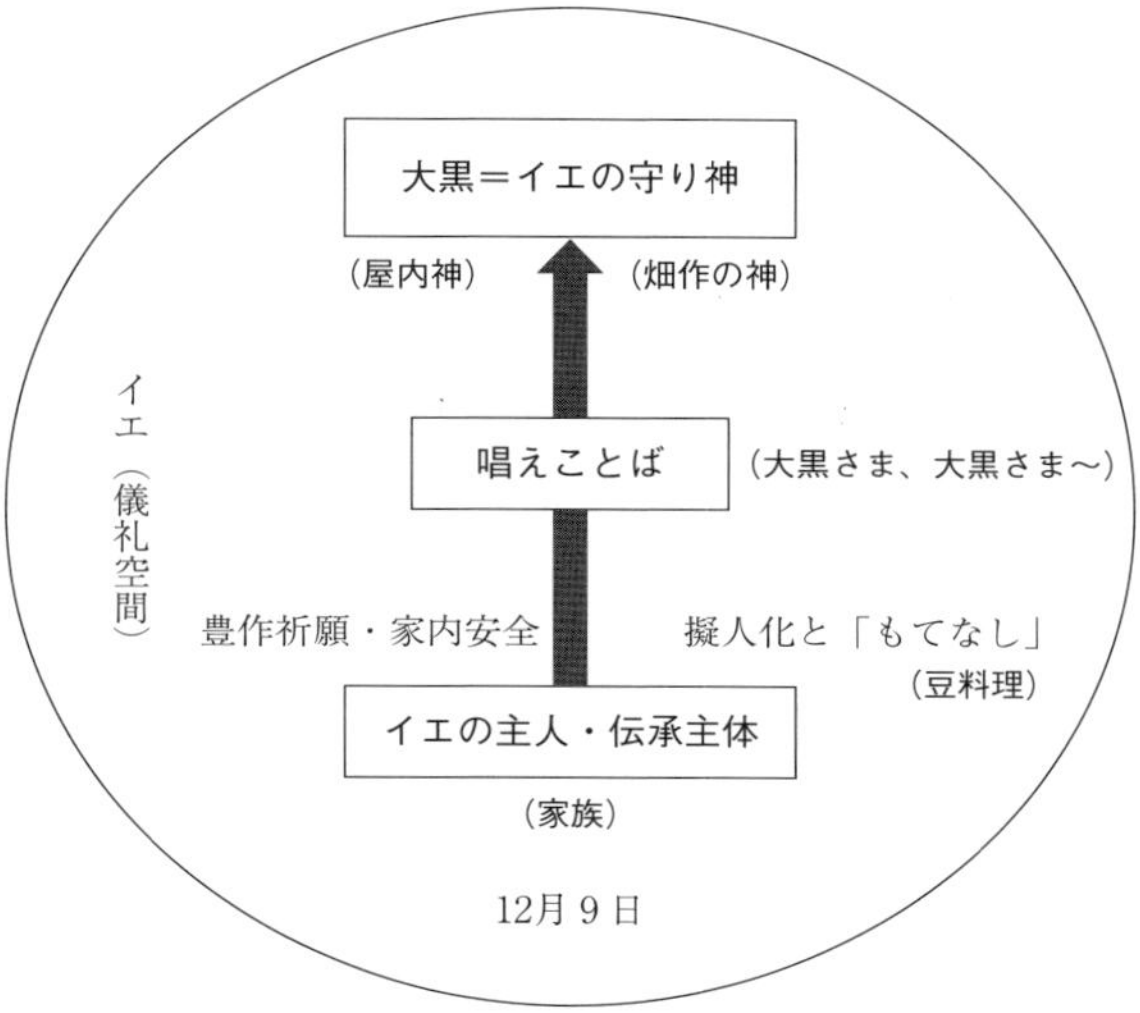

図３　大黒信仰儀礼の構造

第七節　考　察

一　大黒信仰儀礼の構造・構成原理

(1)　イエの信仰

東北および新潟県の大黒信仰儀礼は、イエ単位の「祀り」である。まさに各イエで単独でおこなわれるものであり、集落の人々が一定の場所に集まり、リーダーのもと多人数で信仰行為を遂行するものではない。これに対して、小正月の火祭り「どんと・おさいと（左義長）」「虫送り」「病送り」「神送り」などは、地域共同体に所属する人々がイエを離れて屋外で共通の目的のもとで取り組む儀礼や民俗行事である。また「庚申講」など各種の「講」も信仰を同じくする地域の仲間が集って維持されてきた。これらを通して地域社会の連帯性が保たれてきたといえる。

一方、大黒への信仰心はまさに屋内で表明されるものであり、外からは見えない個的行為として実行される。儀礼に集団性がなく地域の連帯力で維持されてきたものではない。ともすれば消滅も考えられる最小単位であるイエでの単独行為であるが、それを維持してきた儀礼とは何なのか、何を求めての祈願なのかを検討する必要がある。本書ではそれが大豆という畑作物の豊作祈願が主たるものではなかったかという捉え方を根本としている。

ここで、一つの事例をあげたい。東郷村（現山形県東根市東郷地区）の大黒信仰について、「十二月九日は俗に耳あけと称して、昔は九日までは奉公人又は職人の弟子入りがきまり、必ず年期約定証文を認め調印する慣例があった。そして此の日には夷大黒の神棚に二股大根と煎豆を供へて来年の幸福を祈る」と記した文献がある(104)。

ここで注目したいのは、文中に「奉公人又は職人の弟子入りがきまり、必ず年期約定証文を認め調印する慣例があった」というくだりである。農家の奉公人または職人の弟子として、大黒さまの年取りの日にそのイエにおける一年間の雇用契約に調印するのが慣例となっていたということである。「耳あけ」の日にいわば職業上の労働慣行がおこなわれていたことになり、イエや奉公人・弟子にとって調印を済ませ、来たるべき年の幸福を祈る重要な節目の日であったことがわかる。同じことが高崎村（現東根市高崎地区）について述べた文献にもあり、「奉公人や弟子人は今日まできめて契約書に捺印するのである」とある(105)。十二月九日が労働契約確定日とされていたことは重要であり、おそらく両村周辺の農家や職人に広くみられたものと思われる。

(2)　神の機能

(一)　屋内神

大黒さまは、イエに鎮座する神であり屋内神である。農家の神棚には大黒さまのご神像が祀られている場合が多い。ご神像は木製が多くみられ、お社《やしろ》に入っていない場合は、囲炉裏で焚く煙で黒く煤けた姿をさらけ出して人々の目の届く位置に置かれている。容易に姿を表さずに奥まった場所に鎮座する畏れ多い神ではなく、むしろその逆であり、対面が可能な位置関係にあるより身近な神さまという印象が強い。大黒さまの脇には恵比寿（須）さまが置かれていることもしばしばみかける。各種調査報告でも「恵比寿（須）・大黒」と一緒に唱えられて、しばしば信仰を同じくする神々とみられることもある。

(二)　イエの守護神

大黒さまは、農家にとってはイエの「守り神」（守護神）といえよう。前述した江戸後期の『守貞謾稿』『東都歳時記』によれば、三都（江戸・京都・大坂）はすでに大黒さまを祀る「甲子祭（きのねさい）」が盛んで、豆類や二股大根を供えて祈る信仰はすでに盛んであった。このことはのちに再び触れるが、これらの資料によれば、大黒さまは都市部の商人を含めた町民たちの金運・家運をつかさどり幸福をもたらしてくれる神、いわば「福の神」の性格になっていたと考えられている。このことについては、戸部民夫にも関連する記述がみられる。[106]つまり、大黒さまが福の神へと変容する背景に大黒さまと日本神話の大国主命との習合がある。そもそも、大国主命がイエの繁栄をもたらす福の神という性格をもっていた。一方、大国主命のつかいがネズミ(十二支の子)とされることから、ネズミがイエの台所を守ってくれるという民俗信仰が発生し、大国主命とネズミの関係を土台として大黒さまはイエの神であるという信仰が生まれた。戸部民夫はそのように述べている。しかし、都市部での「甲子祭」での大黒信仰と東北の大黒信仰とはどう結びつくのだろうか。このことに関しては大変重要な問題をはらんでいるので、後にまた論じたい。

さて、本題として東北の大黒はイエの守り神(守護神)として何を守ってくれるのか、また何から守ってくれる神と考えられているのか。結論をいえば、農作物の豊穣(の約束)を守ってくれる神、あるいは農作物が受ける災害・被害から守ってくれる神という認識ではなかろうか。家内安全・身体堅固あるいは「福の神」というような全般的なものもあるだろうが、それ以上に、農作業に従事する人々の米・大豆を中心とした豊作への切なる祈りの心が根本にあるのではなかろうか。いうまでもなく、東北は冷害による凶作・飢饉で大量の犠牲者を生み出してきた土地柄であった。

ところで、東北地方にはカマガミサマシやオシラサマのような固有のイエの守り神もみられる。カマガミサマは、竈《かまど》の神さまであり竈や台所の近くの柱や壁に祀られる火防の神・家内安全等の神である。およそ旧仙台藩地域の宮城県北東部から岩手県東磐井郡にかけてと、宮城県北西部の古川市以西と奥羽山脈沿いの地帯にかけての分布密度が高い[107]。東北地方ではカマガミサマは、これら以外の地域にはみられない限定された火災除けの神であるが、にらみつける憤怒の顔つきでイエの盛衰を厳しく見守り続けてくれるありがたい神さまと捉えられている。

次に、オシラサマについて、筆者の調査を踏まえて述べてみたい[108]。オシラサマは青森県・岩手県・宮城県北部沿岸・秋田県の一部、オコナイサマは山形県庄内地方、オトウカサマは山形県置賜地方、オシンメイサマは福島県に分布している。地域によって呼称は異なるものの、それらの守り神は神棚の中のお社に鎮座していたり、床の間で立派なガラスケースに納まっていたり、天井近くの一角に作られた棚などにも鎮座している。ご神像は多色の布きれや無色の和紙などで体全体をおおっていて多様な姿を示している。特徴的なことに、巫女（みこ）が関与して決まった祭日に布を着せ替え、遊ばせたり、オシラ祭文を唱えたりする場合が多い。その際に巫女を通した神のお告げもある。オシラサマなどは必ず巫女や神主が関与することで祈願が成立するものであり、外部との関係性があってこれが維持されるのであるが、大黒信仰は外部から遮断されたイエという空間での信仰行為であるところが決定的に異なる。また、オシラサマなどの守り神は、養蚕の神・田の神・福の神・火伏の神・目の神など、イエの職業や個人的願望に応じてじつに多様な姿を示しており、大黒神のような一定性はない。これらの比較から儀礼における大黒の守護神としての特徴がみえてくるのではなかろうか。

㈢　畑作の神

先に紹介したとおり、宮城県の大黒信仰についての論考を著した杉山晃一は、この日は「豆の収穫祭」という側面が考えられるとともに、大黒は畑作物の守護神としての性格をもっているのではないかと述べていた。また、南九州地方を調査した小野重朗は、大黒に大根を供え飾る事例が圏をなしてあることも畑作の神であることを裏付けているだろうと述べ、正月に畑作の代表的作物である二股大根を掛けたり吊したりして大黒に供えるのは、大隅半島の全域から曽於郡までの大隅のほぼ全体に及ぶとしていた。豆か大根かの違いはあるが、列島の南北で大黒が畑作の神であろうとの考えが両者によって示されている。

これまでみてきたとおり、新潟を含めた七県の儀礼呼称「お歳夜（年取り）」「大黒さまの嫁とり」「耳あけ」を通して貫くものは、畑作の二大作物の大豆と大根（二股大根）であった。このなかでも大豆が信仰儀礼の中心を担っており、この作物の豊穣を約束してくれるのが大黒さまであるというのが信仰の核心であろう。なお、「大根の年取り」は十月十日に全国的におこなわれてきており、大黒の年取りとはまったく別個のものといえる。

㈣　擬人化された神

①豆づくし料理にみる

先に、東北地方および新潟県では、多少の差はあれ、「豆づくし料理」が顕著であると述べた。青森県・秋田県・岩手県・宮城県などでは、四八種類の豆料理を作って供えるという伝承が残っており、『奥州秋田風俗問状答』の「大黒天祭り」にも江戸時代からその多さを競った様子もうかがえる。山形県庄内地方の「大黒さまのお年（歳）夜」では、豆づくし料理としておよそ九種類が作られており、スーパーや個人商店では、豆づくし料理に必要な食材の売り出しがおこなわれ、各イエではじつに盛大な「お年（歳）夜」が今なお続いている。ちなみに、酒田市では「お年夜祭り」と呼ぶ祭礼化に及んでおり、「山王日枝神社にて神事・奉納演舞」「子ども大黒舞披露」「中心商店街にて大黒舞披露」「講話・松の勧進と大黒様の御年夜　羽黒山伏」などの催し物がポスターで大々的にPRされている。羽黒山伏は現在も「松の勧進」では庄内地方の全戸を回って大黒天のお札を配布している。修験山伏が大黒信仰儀礼の広まりにどのような影響を与えたかどうかは今後の検討課題である。

以上、各地の豆づくし料理の実態は大黒さまへの「食による接待」といえよう。このことで思い出すのは、石川県能登半島の鳳至郡・珠洲郡地方に伝承されるアエノコトと呼ばれる農耕儀礼である。当地方では、稲作の作業が終わった十二月五日に田の神（タノカンサー）を各イエに迎え入れて収穫に感謝する「もてなし」を

写真７　「大黒さまのお歳夜」を掲げた酒田市内スーパーの光景（2017年12月９日）
（岸本誠司氏提供）

おこない、翌年の二月九日に新たな年の豊作を祈願して田の神をイエから送り出すことを繰り返している。そのもてなしは、裃で正装したイエの主人がおこなう。イエの奥座敷に御馳走をもった御膳を据えて田の神に語りかけるようにその料理の説明をする。料理は美味しいかどうか、お腹がいっぱいになったかどうか神に丁寧に問いかける。その後はお風呂に入ってもらうが（イエによっては、食事よりお風呂が先の場合もある）、浴室まで導く途中も足元に気をつけるよう言葉をかけながら案内する。[109]

以上がアエノコトのもてなしぶりであるが、東北の大黒信仰儀礼の「豆づくし料理」も、その「もてなし」（接待ぶり）は劣らず豪勢なものであることが理解できよう。それだけ擬人化された大黒への祈りや感謝の念が大きいと考えなければならないだろう。

②二股大根・嫁迎えにみる

大黒信仰儀礼の呼称は、「嫁迎え」以外にメムカエ・ヨメトリ・オカタ（お方）ムカエなどという地域もあり、この呼称は新潟県までも含んだ広範囲にみられた。この日に大黒さまに二股大根を供えるのは、この儀礼の実施地域のほぼすべてでおこなわれている。前述の『村山民俗』で紹介した十二月九日山形県小国町周辺の事例をここで再び引用する。[110]「朴の葉や生紙（和紙）を大根に巻き付けて水引をかけ、それを着物と帯に見立てて大黒さまに供える。これを大黒さまの「奥方（おかた）」といっている。

「大黒さまは背が低く、頭は大きいが顔は黒くて唇が厚い醜男だったので嫁のきてがなかった。お年越しの日だけは女性に見立てた白くて美しい二股大根を添わせてあげるという」。

以上の事例は、大根の「二股」の意味するところを的確に表している。ここでは大根は視覚的にも奥方（花嫁）そのものの姿となる。坂本要は、この二股大根について「道祖神や歓喜天に供える儀礼からみてもわかるように、大根に性的象徴を託しているのである」と述べている。[11]また、宮田登もすでに二股大根は明らかに性的要素を持つものであり、大黒さまへ女性を添えることを暗示するものだと述べていた。背が低く頭は大きいが、顔は黒くて唇が厚い醜男なので嫁のきてがなかったとじつに単刀直入である。イエの神をここまで卑近なたとえで言い表している。人々は、「モテない大黒さま」を身近な男性に同情を寄せるかのごとく、じつに親しみをこめて擬人化したのである。

なお、大黒さまを背後から見ると頭部が男根と同じかたちをしているということから、大黒さまは性神であるという俗信も生まれたことを付記しておく。

③耳が遠い・聞こえないにみる

大黒さまは、「耳が遠い・聞こえない」という言い伝えが各地に残っている。先に筆者はこう述べた。ガラガラと音を出す、大きな声を出して三度唱え言を発するなどは、大黒さまに対して大豆などの豊作祈願を必死に伝えるための「方便」であり、「大黒さまは耳が聞こえない」からという理由が代々伝えられてきたのはそのためかも知れないと。

その妥当性はともかく、神は人に対して元来「全能の姿」を示すものなのであろうが、イエの守り神が「耳が聞こえない」となぞらえることこそ、大黒さまを擬人化していることになるだろう。まさに「不具性」を付与することによって、より親近さが湧き出ることを求めたのかも知れない。前述したアエノコトにも同じ不具性がみられた。この儀礼の田の神は盲目がゆえにイエの主人は声を出して供え物の品々を一つずつ二回にわたり丁寧に説明する必要があったのである。この田の神は不具性を背負っているのであり、目と耳の違いはあれ不完全な神の姿は大黒信仰儀礼に通じるものがある。身体的負担を抱えこんだ神はより人らしくなり、人と同等の親和性を醸し出しながら飲食のもてなしを受け、嫁のきてを心配してもらうことが可能となる。これは東北の農民が生んだ知恵とでもいうべきものであろうか。

(3)　伝承主体・儀礼主宰者

(一)　イエの主人の役割

東北の大黒信仰儀礼の伝承主体はだれか。それはイエを代表する者であり、ふつうは一家の主人、かつては戸主・家長であった男性である。主人が儀礼の主宰者となり、神棚に向かって「大黒さま　大黒さま（以下略）」の唱えごとや一升枡に入った煎り豆の揺り動かしなど、一連の儀礼を主導する。家族は大黒に捧げる豆料理やお頭つきの魚などを準備して神棚の前に供える。儀礼終了後は枡に入った煎り豆を年齢の数だけ家族でそれぞれ食べ合うなどの場面もみられる。当夜は主人を中心に家族内で協力し合いながら儀礼をとりおこなう。大黒の儀礼はこのように主人を伝承主体として家族という最小単位で維持してきたものである。

一例として、「写真2」のように山形県最上郡大蔵村では、代々主人が使用した裃を着用して儀礼に臨んでおり、その厳格性の一端を知ることができる。[112]同じように、東根市の事例では、「正装した家長」が大黒に向かって大声で唱えごとを発し、豆の入った枡を揺り動かす様子が語られている。[113]また庄内地方では、大黒にお供えしたものは下げてからいただく。しかし、いただくのはその家の主人だけである。他の人たちは食べてはいけないことになっているとされ、大黒さまの儀礼における主人の存在感が注目される。(114)「大黒柱」とは、家の支柱ともいうべき存在を言い表す。この点からも大黒さまはその家の盛衰・消長と大いに関わりをもつ神であり、東北のこの儀礼の伝承者・主宰者は一家の大黒柱＝イエの主人であることがある意味当然なのかも知れない。

一方、先にみたオシラサマ・オコナイサマなどの信仰の伝承主体はイエに暮らす者であることに変わりはないが、主人に代わり「家刀自《いえとじ》」つまりイエの主婦であることが圧倒的に多い。女性どうしがオシラ遊ばせの機会にイエの中で交流し合う場もみられることから、主体はイエの女性単独でありながら、信仰を維持するにあたって何らか互いに影響を受けあっていることが考えられる。それに比して大黒信仰儀礼の場合、主宰者どうしの儀礼をめぐる交流や協力し合うことなどは一切ないものとみられる。そういう面においてこの儀礼は主人によるほぼ単独行為といっていいだろう。

(二)　東西比較にみる特徴

ところで、岩井宏實は大黒が何の神様かについて、次のように述べている。(115)

東日本では恵比須が田の神とされているように、西日本では大黒が田の神として祀られ、四国・九州では秋の収穫後、親類・縁者が集まって祝宴をはるが、この祝いを「大黒祝い」というなど、その例は多い。また、大黒は台所の戸棚や柱の上に恵比須と並べて祀られ、ふつう主婦がそれを司祭する。毎日のお茶とご飯を供えるところがあるし、味噌の神さんだといって、味噌作りの日に神酒や焼酎を供えたり、あるいは女の神さんだといって、機を織るときにオリタテを供えるところもある。

このように、大黒の信仰について西日本と東日本に大別して捉えられており、かなり異なった様相がそこに生まれている。「西日本では大黒が田の神として祀られる」ことについては、すでに触れたように南九州の大黒信仰を調査した小野重朗の「元来は畑作の神だったのが、時代の流れでしだいに水田稲作の神に変わっていった」という指摘があることを繰り返しておく。

ここでは、伝承主体にからんで、大黒信仰は「ふつう主婦が司祭する」という点に注目しておきたい。儀礼の伝承主体が一般的に男性である東北とは逆である。また西日本では大黒さまを「女の神さん」という地域もあるというが、東日本の大黒さまが「嫁迎え・ヨメトリ」することとはまったく逆の観念である。このことは、東西日本の文化比較において数多くある差異の一つとして捉えることができよう。大黒信仰儀礼の伝承主体における東北の特徴点が浮かび上がってくる。

二　伝承の変化についての空間差・時間差

(1)　伝承の入り組み状況

大黒は「耳が遠い・聞こえない」と伝えられている地域があったことはすでに述べた。青森県三戸郡田子町では、大黒は耳が聞こえないので、大根に箸をさしてこしらえた槌で膳の縁をたたく。新潟県北蒲原郡では「耳あけて豆つまっしゃい」の唱えことばも、大黒は耳が聞こえないけれどもどうぞ豆を召し上がって下さいとのことであろう。しかし、他方では大黒に向かって「来年はいい耳聞かせて下さい」という願いを唱える地域もあった。この地域は信仰儀礼を「耳あけ」と呼称する山形県内陸部の村山地方と置賜地方であり県内三分の二に近い大きなエリアを形成している。

ただし、岩手県大船渡市蛸の浦地区のように「よい耳聞かせてけらっせん」と「耳あけ」地域と同じように唱えるところもある。宮城県宮城郡の「お大黒様　お大黒さま耳をあけていますから　よい耳を聴かせて下さい」も同様に「来年はいい耳聞かせて下さい」に通ずる。

また逆の事例として、山形県最上郡大蔵村合海地区のように「大黒　大黒　福大黒　耳あけて豆あがれ」といい、耳が遠い・聞こえない地域と似たような唱えごとが述べられている。この地域では「耳あけ」ではなく「聞かず大黒（聞っかず大黒）」の呼称が比較的多い。「聞っかず」とはやはり「つんぼ」の意味だという。[116]

さらに山形県東置賜郡川西町西大塚地区では「耳あけ」と呼称しているが、大黒は「つんぼ」であるという説があり、耳が聞こえなければ良いことも聞こえず、良いことも教えることができない。そこで耳あけという行事が生じたと伝えられている。どっちつかずのまぎらわしい事例もある。宮城県金成町長根（現栗原市）の「耳あげで良いこと聞くよう　悪いごど聞かえよう」は、耳をあけてよいことを聞くように　悪いことを聞かないように、という唱えである。大黒に耳をあけて良いことを聞いてもらうのか、あるいは人間が耳をあけてよいことを聞き、悪いことを聞かないようにするのか。どちらか判別し難く中間形態といえようか。このように、唱えことばや言い伝えは伝承地でいささか複雑に入り組んでいるのが現状である。

(2) 変化した伝承

全体を俯瞰してみた場合、統計的に実数をあげて比較することは困難であるが、大黒が「耳が遠く・聞こえない」地域のほうがエリアとして多いように見受けられる。ここでは概して大黒への唱えことばは少なく、まったくない場合もみられる。大まかにいうならば、この地域は山形県村山地方と置賜地方をのぞいたエリアと指摘できようか。以下は柳田國男の方言周圏論を意識して述べるわけではないが、民俗信仰における言語伝承の変化の観点からこの問題を考えてみたい。

つまり、本来は大黒自身が「耳が遠い・聞こえない」のであるが、いつしか大黒に「来年はよい耳を聞かせて下さい」と願う言葉に変化していったと考えられないだろうか。これは川西町吉川地区の「耳をあけていますから　ええごど聞かせておごやえ」のとおり、人間側が「いいことを聞かせてくれるよう」お願いするかたちに伝承が変化していったことが考えられる。「いい耳」とは、たぶん「良い出来事・良い知らせが耳に入る」という意味に解釈できるのではなかろうか。そうであれば、それは農民側への豊作の知らせであり、信仰儀礼はいわゆる「予祝」（来年の豊作を前もって祝う）という意味合いをもってくることになる。そう考えると、お膳に並べられた豆づくし料理等は豊作感謝への事前もてなしという色合いが濃くなる。

いったい、この違いや変化は何を意味するのであろうか。まったくの推論になるが、東北の大黒信仰儀礼は、主として「耳が遠い・聞こえない」地域により早く伝承が広がり、時間的な古さをもつのではなかろうか。このことは、アエノコト儀礼における田の神が盲目であるという「不具性」をヒントにしてのことである。それから、「耳が遠い・聞こえない」ことの意味は明解であるが、「いい耳聞かせて下さい」の意味・表現

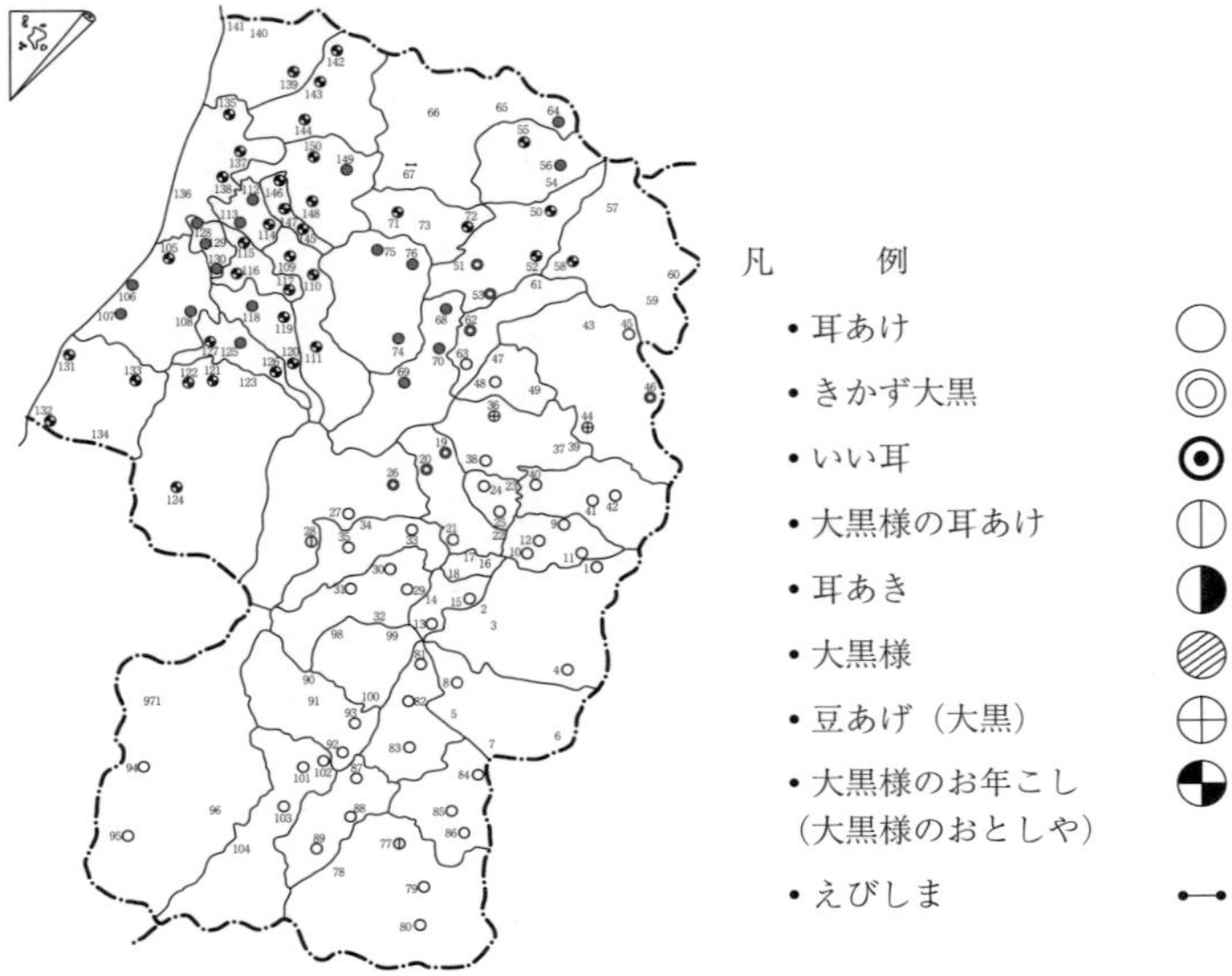

図４　山形県の「耳あけ」分布地

出典：『山形県民俗地図』（山形県文化財保護協会　1980年）

はわかりにくい。言葉が曖昧になり、やや崩れているといえる。長い時間空間の伝承過程において言語表現に変化が生じ、本来の言葉の曖昧化が進むことはありえるだろう。そういう見方に立てば、「耳が遠く・聞こえない」の伝えがもともとあったものであり、時間的にも先立って流布されたものと考えることも可能である。かつて置賜民俗学会副会長だった奥村幸雄の論考でも同じような見解がみられる(117)。

そうすると、「耳あけ」呼称地域はその後に大黒の儀礼伝承がなされたエリアとみることができ、山形県の村山地方と置賜地方がおおよそそれに相当する。結果として、唱えことばは「来年はいい耳聞かせて下さい」に置きかわり、「耳あけ」の耳は大黒のものではなく人間の耳に変わったのである。このことが一定のエリアに集中していることを踏まえれば、この変化はあまり時間をおかずに広がったことも考えられる。唱えことばが「来年の良い知らせ」を求める内容に変化したことによって、先に述べた「予祝」の意味も含めて、大黒への願望がより具体的に強まったとも捉えられる。このように東北の大黒信仰儀礼は、空間差と時間差を経ながら、新潟県を含むじつに広域的な固有の民俗文化現象として今日まで継承されてきたのではないかと思われる。

三　「甲子祭（きのえねさい）」または「甲子待（きのえねまち）」

(1)　三都「甲子祭」の信仰儀礼

江戸後期の『守貞謾稿』と『東都歳時記』にみるように、江戸・京都・大坂の三都では六十日に一回訪れる甲子の日に大黒天を祭る甲子祭があった。特に重要なのは、十一月の甲子祭であった。『東都歳時記』の「甲子日」の項では、「毎月　大国神参」として人々が参詣する大黒天を祀る江戸の神社仏閣十二か所が記載されていて、いわば当時の流行神であった一面を伝えている。また、「俗家にも此の神を祭り」とあって、一般宅でも二股大根や豆類を供物として捧げて祈りをおこなうことがおこなわれていたことを伝えている。大黒は少なくとも江戸期から三都の都市部で、商人を含んだ町人たちの金運・家運、庶民生活の幸福を願う「福の神」信仰の対象となっていたことは前に述べたとおりである。

先に紹介したように、小野重朗は南九州地域では家ごとに大黒を畑作の神として旧暦十一月初子の日に大黒祭りをおこなっているとあったが、それはまさに江戸期「甲子祭」の現代版ともいうべきものであろうか。日本列島の広範囲にわたって大黒祭りがおこなわれていた可能性が考えられる。

(2)　「甲子待」・「子待（ねまち）」・「子待講」

(一)　全国の状況

中世の公家の日記によれば、室町時代の京都で「甲子待《きのえねまち》」といわれる講がおこなわれていて、当番宿には大黒の神像を描いた掛け軸をかけ二股大根や大豆・黒豆などを供えて祈ったとある。その夜は子の刻（夜の十二時頃）まで寝ないで起きていたという。(118) この「甲子待」という講は、じつは三都の「甲子祭」とほぼ同じ信仰内容だったとみられているのである。(119) そうなれば「甲子祭」の根源は、少なくとも室町時代までさかのぼることが可能となる。

「甲子待」は「子待（ねまち）」または「甲子講」（「子待講」）ともいわれ、集団による講がおこなわれたことを示す石造建立もおこなわれている。『日本石仏辞典』によれば、その碑文は正面に「甲子塔」「子待塔」「大黒天」などと刻印されている。石造碑は主に農村部にみられて農民十人前後の講中によって建立されたものが多く全国的に分布している。なかでも特に東日本と関東・甲信越に多い。東北では青森県津軽地方二〇基、宮城県仙台より北部地域二七基、宮城県南部白石市三三基、山形市九基が明らかにされているが、ほとんどの講は現在では廃絶しているという。全国的にみて建立年代は江戸時代後期が多い。最古は「日本最初　甲子大黒天　天和元年」（一六八一）の銘があり埼玉県富士見市にある石造碑とされる。講で出される料理は、小豆飯・大豆や黒豆の入った食事が多く二股大根を供える所もある。ご利益として作が良くなる、金がたまるなどといわれている。[120]

(二)　山形県の状況

ここで、「甲子待」と同種の「子待講」が山形県に多数存在することについて触れたい。以下は加藤和徳の調査研究に基づいて記す。加藤は石造碑「甲子塔」「子待塔」「大黒天」などの石造碑は大黒信仰を表すもので、市町村単位でみれば以下のような事例がみられるという。その内訳は、置賜地方では米沢市十五基、南陽市九基、長井市・飯豊町・小国町で五基、白鷹町三〇基、高畠町九基、川西町六基である。村山地方では山形市二十九基、上山市二十五基、寒河江市十二基、山辺町十一基、中山町一基の合計一五二基である。建立時期はやはり江戸時代後期の文化・文政頃が多いようである。[121]

他方、加藤は近年に置賜地方の長井市における大黒信仰を表す石造碑を調査し、新たに八基を報告している。内訳は「大黒天」が寛政十年（一七九八）・文化二年（一八〇五）・文化十三年（一八一六）、「甲子」が文化十年（一八一三）・元治元年（一八六四）三月・元治元年四月、「子待塔」が文化元年（一八〇四）四月・同年七月の銘をもつ。建立は三月・四月・八月・六月・十月など一定しておらず、十一月・十二月は一つもない。[122]「講中」と刻まれたものは三基のみで意外に少なく、文化二年銘の「大黒天」は「梅津久兵ェ」とある。講による集団信仰ではなく個別（イエ）の信仰があったことも想定する必要があろう。なお加藤によれば、大黒信仰関連石造碑はこのほかにも蔵王連峰の熊野・刈田岳周辺にも複数存在するという。

さらに石造碑を付け加えると、『新庄の石佛』の記述では一基の「大黒天」が新庄市内泉田八幡神社境内にあり、江戸後期安永八年（一七七九）十月十四日の銘がある。[123]また『田沢郷土誌』（米沢市田口沢）では「子待塔」二基、「甲子待供養塔」二基、「大黒」一基が記載されている。[124]

以上のように、山形県内陸部にじつに多数の大黒信仰を表す石造碑があることは大変興味深い。

写真８
石造碑「甲子塔　元治元年四月二四日　講中」

㈢　講と信仰儀礼との関係

ここで、旧版『長井市史』に掲載された石造碑「大黒天」の説明文を以下に引用しておきたい。「講中が十一月七日の夕刻より集まり子の刻（夜の十二時）に大黒天を祭る行事をおこなったものである。その講中によって造立されたのが子待塔である。現在ではこの行事は全く衰え、『お大黒様の日』として十二月九日に家庭内の行事として形を変えて伝わっている。長井では「耳明け」とも言われ、二股大根といり豆を供える」と記されている。(125)

十一月七日は、全国的に一年間の甲子日のうちでは最大の大黒祭りとされており、この日は江戸時代に講という集団信仰のかたちでおこなわれていた。しかし、現在では山形県も含めてほぼおこなわれていない。そこで疑問が生じるのは「甲子待」や「子待講」に代わるものとして新たに東北の大黒信仰儀礼がおこなわれるようになったのか。あるいは、両者は同時期におこなわれていたが大黒信仰儀礼だけが残ったということであろうか。このことは東北全体の大黒信仰に関わる解明すべき重要な部分である。

四　信仰儀礼の「東北的変容」とその背景

(1)『奥州秋田風俗問状答』にみる「大黒天祭り」

ここで、江戸後期の『奥州秋田風俗問状答』について述べる。執筆者とされる那珂通博の「跋」には文化十一年(一八一四)十二月とあるので、ここではひとまずこの年号を執筆年代としておく。この書では前半を「秋田六郡神佛之部」、後半を「秋田城下之部」と区分けして記載している。注目すべきは、「秋田城下之部」十二月の項に「大黒天祭り」が述べられていることである。以下に、その関係する部分のみ引用してみる。(126)

九日には大黒天祭りなり。これも戸ごとにする。供物は七色菓子とて大豆にて調したる干菓子やうの尤も麁なるもの也。膳菜四十八品といふ　皆大豆にて調す。膾などの大豆ならざるは黒豆を煎りてふりかくるなり。是は大やうの事にて必ず四十八品に限れるものにもあらず。飯はなべて黒豆をかて、炊く也。あるいは其豆飯を升に堆く盛て薬餅を添へて供るなんどもあり。神酒餅二股大根とも備ふるにて候。

このように、秋田城下では十二月九日「大黒天祭り」がおこなわれていたことを確認することができる。それは「戸ごとにする」とあるので各イエでおこなわれるものであった。やはり、講のような集団ではなくイエにおける信仰儀礼であることが示されているのである。「供物は七色菓子」とは、先にみた『守貞謾稿』の甲子祭の供物「七種菓子」に似ており、都市部とほぼ同じことが秋田でもおこなわれていた可能性を示唆している。「四十八品」とは現在の「豆づくし料理　四八品」に通じるものである。また、供物として二股大根も供える。要するに、この「大黒天祭り」は、現在もみられる東北の信仰儀礼と基本はほぼ同じであったといえよう。ただし、一升桝に煎り豆を入れて振ったり、その際に大きな声で唱えごとをするなどは記されていない。それは後世に取り入れられたものだろうか。

ところで、城下外である「秋田六郡神佛之部」には「大黒天祭り」の記述がない。幕府に提出した『諸国風俗問状答』のうち、秋田以外の東北では『陸奥国信夫郡伊達郡風俗問状答』『奥州白河風俗問状答』がある。この二つの十二月の項周辺にも「大黒天祭り」は見当たらない。つまり、北は秋田から南は『肥後国天草郡風俗問状答』までの二十一か所で「大黒祭り」は秋田一か所しかみられないのである。このように、『奥州秋田風俗問状答』の「大黒天祭り」は秋田における一事例ではあるものの、現在と本質を同じくする東北の大黒信仰儀礼は、文化十一年（一八一四）時点では明らかにおこなわれていたといえる。（ただし、本章後半の「補遺・論考その二〔大黒信仰儀礼と菅江真澄日記〕」では、文化十一年より約三十年前に東北では大黒信仰儀礼はすでにおこなわれていたことを記している）。

先に『日本石仏事典』でみたように、「甲子待」「子待講」は山形県のみならず宮城県や青森県でもおこなわれていた。しかし、このような講がおこなわれていた一方で、同じ大黒信仰を表すイエの儀礼はすでにおこなわれていたということである。ただし、それは城下の都市部にほぼ限定されていたのではなかろうか。特に豆づくし料理などのもてなしの豊富さを考えれば、凶作・飢饉で食うに食われぬ江戸期東北農村の零細農民のあいだで現在のような儀礼がおこなわれていたとは考えにくい。先ほど「秋田六郡神佛之部」では「大黒天祭り」は記載されていないと述べたが、六郡とは雄勝郡・平鹿郡・仙北郡・河辺郡・秋田郡・山本郡であり城下から離れた農村部なのである。

このことから、現在のような信仰儀礼が農村部まで広くおこなわれるようになるのは明治時代以降のことではないかと考えられる。なぜなら、「子待講」「大黒天」等の石造碑は江戸後期頃まで建立されているが、明治時代以降に建立されたものはほとんど見出されないからである。このことは、明治に入ると次第に講はおこなわれなくなって現在の信仰形態に代わっていったことを暗示しているのではなかろうか。先に『東郷村史』にみられる「耳あけ」をみたが、この書物の初版本『東郷村誌』は大正四年（一九一五）の発行である。山形県の農村の一部エリアでは、大黒信仰儀礼はおそらく明治時代にはあったであろうことが考えられる。

江戸期の農村部でも、一部の自作農民で富裕層を中心に現在のような大黒信仰儀礼はおこなわれていたかも知れない。しかし大きな流れとしては、江戸後期以降しだいに講からイエの儀礼へと代わっていく。さらに十一月七日から十二月九日へと変容する。このことは他地域にはみられない「東北的変容」といえるのではなかろうか。

では、東北の信仰儀礼が十二月九日になったのはなぜであろうか。『総合日本民俗語彙』では「甲子の日を祀る習わしは他の地方にもあり、古くは子の月、すなわち十一月の七日に、ネマツリといって大黒を祭ったこともある（運歩色葉集）。十二月の上弦の日の祭を、大黒様にした根元はまだ明らかになっていない」と記しており、本書でいう「東北的変容」の理由はわからないとしている。[127]『奥州秋田風俗問状答』には十二月九日と明記されているので、跋文の書かれた文化十一年（一八一四）以前にはこの日取りが確定していることになる。なぜそこに設定されたのか、その解明は今後の課題としなければならない。

(2) 信仰儀礼の背景にある「東北と大豆」

現在の信仰儀礼が、東北および新潟の一部にしかみられない要因・歴史的背景は何か。このことを、以下に仮説として提示したい。

先にみた文献史料や統計データからいえるのは、江戸期以降に東北が大豆生産の比較的盛んなエリアであったことが根本にあるのではなかろうか。江戸期の藩政時代では東北の大豆の他領地への移出が意外に多かった事例をみた。盛岡藩などを中心に農民への大豆栽培への働きかけが大きかった歴史的事実もあった。また、年貢として米以外に大豆がみられることの記録もある。さらに、明治時代以降の大豆の作付面積や収穫量を全国規模や地域単位でみてもその多さが目立っていた。このようなことを踏まえれば、農家の人々にとって米とともに生活に大きく影響する重要作物が大豆だったと考えられる。ゆえに、生活必需作物としての大豆への豊穣祈願がきわめて強かったと思われ、それをもたらす大黒への信仰儀礼は欠かせないと考えたのであろう。

加えて、東北には小正月の庭田植（雪中田植）の儀礼もあった。降雪地域の一帯では稲藁と一緒に豆殻を雪に突き立てて豊作の予祝をおこなってきた。水田稲作の豊作とともに大豆を代表とする畑作の豊作も祈ったものと捉えることができる。それは江戸期の菅江真澄の記録にも見出されるものであり、大豆祈願を根底にもつ大黒信仰儀礼の根強さを根拠づける事例と受けとめられる。

山口弥一郎は「東北と食習」のなかで、陸前・陸中・陸奥（現岩手県）の十二月九日大黒様のメムカエにおいて四十八種の豆料理・二股大根の供物がつくられることを記している。記述は二戸・三戸・北津軽、さらに会津地方の豆料理まで及んで幅広く取りあげているが、それを執筆したのは昭和十九年（一九四四）のことである。[128] 次第に物資が乏しくなる戦争の時代にあっても、東北の大黒信仰儀礼は途切れることなく継承されていたことを示す貴重な記録である。また山口は「東北地方は北海道や、朝鮮、満洲等と共に豆を多く食ふ地方で、（中略）殊に東北の北半にはマメシトギ、ゴ汁等の如き、豆の古い食習の名残と思はれるものがみられる」と記しており、「東北と大豆」の深い関係はここにも見出されるのではなかろうか。

結論として大豆の生産と収穫量の多さ、それが東北の農民生活の一端を支えたものであり、その祈りと感謝が十二月九日の大黒信仰儀礼を生み出したと考えることができる。

まとめ

以下は、これまで述べてきたなかから、要点のみを簡潔に記すことにする。

（1）東北地方では、十二月九日（地域によっては十日）に大黒信仰儀礼がイエ単位でおこなわれていて、守り神に供物として二股大根と豆料理を捧げることが共通している。その伝承は青森県下北半島から福島県会津地方および新潟県中部以北の広範囲にわたる。それらの実施状況を分析してイエ単位の儀礼、イエの主人が伝承主体、擬人化によるもてなしなどの儀礼構造と構成原理を明らかにした。

（2）山形県内の『東郷村史』『高崎村誌』からわかったことは、戦前に十二月九日、大黒信仰儀礼の日は奉公人・弟子たちが年期契約証文に調印する慣例となっていたことである。この日は翌年の労働雇用をめぐってイエの繁栄に関わる重要な日であったことがわかる。同時に「年（歳）夜」「年取り」という一年の大きな節目の日であったことがいっそう浮かび上がる。儀礼がなぜ東北では十二月九日に変容したのか、民俗事象を実生活に結び付けて考える視点から検討の余地はまだまだある。

（3）年中行事で十二月の項の全国の諸資料を比較してみると、大黒信仰儀礼は東北・新潟方面にしか見受けられない固有性のある儀礼であることがわかった。なぜこの儀礼が日本列島の特定地方のみ見受けられるのか、他地方にみられない要因・背景は何かについて見解を述べた。

（4）日本では大黒信仰を表す「甲子祭」が中世から続くとされており、江戸時代には江戸・京都・大坂の三都で盛んであった。これがさらに地方においては「甲子待」「子待講」などの講という集団で信仰がおこなわれていたことが認められた。講がおこなわれた記念に石造碑が建立されて残っているが、それは主として東日本に分布しており、おおよそ江戸時代後期のものが多い。山形県内を含めた東北地方にも講および石造碑が広く分布していることがわかった。

（5）三都の「甲子祭」や各地の「甲子待」「子待講」は、現在ほぼ廃れたといわれている。一方では東北の大黒信仰儀礼は依然として現在まで伝承されている。江戸後期の『奥州秋田風俗問状答』では、城下で十二月九日、「大黒天祭り」がおこなわれており、その儀礼の本質は現在の大黒信仰儀礼につながっていると考えた。しかし、城下や都市部はともかく、寒村であった東北農村部の生活事情からすれば、この信仰儀礼は明治時代以降に広まっていったのではないかと考えた。

（6）本書では、信仰儀礼の供物として共通する大豆に着目して文献史料・統計データを収集・活用して検討した。その結果、東北地方では江戸時代から大豆生産が盛んであり、明治時代以降も作付面積や収穫量が比較的多かった事実を知ることができた。

（7）おおよそ東北のみに現在のような大黒信仰儀礼が定着していったとすれば、そこに「東北的変容」があったのではと考えた。その変容とは、祭りや講という集団信仰からイエの神の信仰に代わるという伝承者主体の変容、唱えごと・豊富な豆づくし料理への変容、十一月七日から十二月九日への変容などである。

（8）現在のかたちの大黒信仰儀礼はなぜほぼ東北だけに伝承されているのか。それは歴史的に東北の大豆生産量の多さが背景としてあったからではないか。農民の大豆の豊作祈願こそ信仰儀礼を確たるものにしていったのではないか。それを仮説「東北と大豆」という象徴的表現で提示した。

（9）「東北と大豆」説を補強するものとして、東北各県の「庭田植」の予祝儀礼を取りあげ、ほぼすべてに豆殻が使用されていることを明らかにした。庭田植は菅江真澄が天明六年（一七八六）に記していることを見い出し、本書には欠かせない事例として掲載した。すでに江戸中期頃から稲（米）に劣らない農民の大豆祈願の強さを示す貴重な記録として重視したい。

（10）山口弥一郎が昭和十九年にまとめた東北の大黒信仰儀礼の実施事例は、戦争のさなかでも岩手県をはじめとする東北の広い地域で儀礼が続けられていたことを示している。イエの守り神の伝承主体者（家長・戸主）が出征しているあいだも、家族が儀礼を守り抜いたものと思われ、この儀礼の根強さがあらためて裏付けられる。また、山口は「東北と大豆」の深い関わりにも言及していた。

［注］

（1）『民衆宗教史叢書第二九巻　大黒信仰』大島建彦編　雄山閣　一九九〇年。
（2）同右　二七五～二八八頁。
（3）喜多川守貞『守貞謾稿』翻刻第四巻　東京堂出版　一九九二年　九三頁。
（4）斎藤月岑・朝倉治彦校注『東都歳時記』一　東洋文庫一五九　平凡社　一九七〇年　三一一頁。

(5)(6)宮田登「恵比須・大黒・福の神」『民衆宗教史叢書第二九巻　大黒信仰』大島建彦編　雄山閣　一九九〇年　二四五頁。
(7)杉山晃一「宮城県の農耕儀礼の一考察―大根をめぐる伝承を中心として―」『民衆宗教史叢書第二九巻　大黒信仰』大島建彦編　雄山閣　一九九〇年　二四七～二五四頁。
(8)小野重朗「大黒様」『民衆宗教史叢書第二九巻　大黒信仰』大島建彦編　雄山閣　一九九〇年　二六一～二六六頁。
(9)柳田國男監修『総合日本語彙』民俗学研究所　平凡社　一九五六年　八三六頁・一五七七頁。
(10)野本寛一編『日本の心を伝える年中行事事典』岩崎書店　二〇一三年　一七五頁。
(11)『村山民俗』第三二号　村山民俗学会　二〇一八年　二三～三七頁。
(12)『東北の歳時習俗』明玄書房　一九七五年　七三頁。
(13)『下北半島北通りの民俗』青森県史叢書　青森県　二〇〇二年　一五〇頁。
(14)(15)『馬淵川流域の民俗』青森県叢書　青森県　二〇〇二年　一七七頁。
(16)(17)『小川原湖周辺と三本木原台地の民俗』青森県叢書　青森県　二〇〇一年　一二五頁。
(18)『東北の歳時習俗』明玄書房　一九七五年　一二九頁。
(19)鈴木棠三『日本年中行事辞典』角川書店　一九七七年　六六九～六七〇頁。
(20)秋田県文化財調査報告書第七集『秋田県の民俗』秋田県教育委員会　一九六六年　一一五頁。
(21)秋田県文化財調査報告書第七集『秋田県の民俗』秋田県教育委員会　一九六六年　一一七頁。
(22)柳田國男監修『総合日本語彙』民俗学研究所　平凡社　一九五六年　一五七七頁。
(23)『日本の民俗　岩手』一九七一年　第一法規出版　二六〇頁。
(24)同右　二六〇頁。
(25)柳田國男監修『総合日本語彙』民俗学研究所　平凡社　一九五六年　一五七七頁。

(26)同右　一五七七頁。
(27)『岩手県史』第一一巻　民俗篇　岩手県　一九六五年　四〇一頁。
(28)同右　四〇一～四〇二頁。
(29)『東北の歳時習俗』明玄書房　一九七五年　一二八～一二九頁。
(30)工藤紘一「聞き書き　岩手の年中行事」『岩手県立博物館研究報告』第二八号　岩手県立博物館　二〇一一年　六四頁。
(31)鈴木棠三『日本年中行事辞典』角川書店　一九七七年　六六九～六七〇頁。
(32)『日本の民俗　宮城』第一法規出版　一九七四年　二四〇頁。
(33)『東北の歳時習俗』明玄書房　一九七五年　一七九～一八〇頁。
(34)『祭礼と年中行事』　仙台市歴史民俗資料館　二〇〇三年　七五頁。
(35)鈴木棠三『日本年中行事辞典』角川書店　一九七七年　六六九～六七〇頁。
(36)柳田國男監修『総合日本語彙』（民俗学研究所　平凡社　一九五六年　一五七七頁。
(37)鈴木棠三『日本年中行事辞典』角川書店　一九七七年　六七〇頁。
(38)～(42)山形県教育委員会「祭り・行事」民俗調査記録票　二〇〇四年。
(43)井上武夫『大高根風土記　生活行事と郷土芸能』かがやきの里大高根推進協議会　二〇一八年　五一頁。
(44)『東北の歳時習俗』明玄書房　一九七五年　二七五頁。
(45)柳田國男監修『総合日本語彙』民俗学研究所　平凡社　一九五六年　八三七頁。
(46)鈴木棠三『日本年中行事辞典』角川書店　一九七七年　六六九～六七〇頁。
(47)～(49)山形県教育委員会「祭り・行事」民俗調査記録票　二〇〇四年。
(50)文化庁『日本民俗地図Ⅱ』年中行事二　一九七一年　一二一頁。
(51)野本寛一編『日本の心を伝える年中行事事典』岩崎書店　二〇一三年　一七五頁。

(52) 佐藤義則『小国郷夜話』山形県郷土文化研究所　一九六四年　一六五頁。
(53) 鈴木棠三『日本年中行事辞典』角川書店　一九七七年　六六九〜六七〇頁。
(54) 柳田國男監修『総合日本語彙』民俗学研究所　一九五六年　八三六〜八三七頁。
(55)〜(57) 山形県教育委員会「祭り・行事」民俗調査記録票　二〇〇四年。
(58)『日本の民俗　福島』第一法規出版　一九七三年　二六七頁。
(59) 鈴木棠三『日本年中行事辞典』角川書店　一九七七年　六六九〜六七〇頁。
(60) 柳田國男監修『総合日本語彙』民俗学研究所　平凡社　一九五六年　一五七七頁。
(61) 鈴木棠三『日本年中行事辞典』角川書店　一九七七年　六六九〜六七〇頁。
(62) 前掲　柳田國男監修『総合日本語彙』一五七七頁。
(63)(64)「日本の民俗　新潟」第一法規出版　一九七二年　二五六頁。
(65)『日本の民俗』第一法規出版　一九七一年〜一九七四年　全四七巻。
(66)『日本民俗地図Ⅱ』文化庁編　年中行事二　一九七一年。
(67) 田中宣一「第一章　年中行事の構造」『日本民俗文化大系九　暦と祭事』小学館　一九八四年　七八〜八一頁。
(68) 岸本誠司氏談　二〇二一年七月七日。
(69)『山形県民俗地図』山形県文化財保護協会　一九八〇年　一四六〜一四七頁。
(70) 菅江真澄「かすむこまがた」『菅江真澄全集』第一巻　未来社　一九七一年　三三二頁。
(71)『東北の歳時習俗』明玄書房　一九七五年　三二頁。
(72) 和歌森太郎『津軽』吉川弘文館　一九七〇年　二四五頁。
(73) 秋田県文化財調査報告書第七集『秋田県の民俗』秋田県教育委員会　一九六六年　一一〇頁。
(74) 須藤功『写真ものがたり　昭和のくらし一農村』社団法人　農山漁村文化協会　二〇〇四年　一〇三頁。
(75)『東北の歳時習俗』明玄書房　一九七五年　九四頁。

(76) 文化財調査報告第一〇集『岩手の田植習俗』岩手県教育委員会　一九六三年　六二一～六二三頁。
(77)『金ケ崎町史』岩手県金ケ崎町　二〇〇六年　四四三頁。
(78)『東北の歳時習俗』明玄書房　一九七五年　一四八～一四九頁。
(79)『祭礼と年中行事』仙台市歴史民俗資料館　二〇〇三年　八五頁。
(80)(81) 山形県教育委員会「祭り・行事」民俗調査記録　二〇〇四年。
(82) 渡部昇龍『尾花沢の信仰と民俗』私家版　一九八八年　七頁。
(83)(84)『東北の歳時習俗』明玄書房　二〇七五年　二四六頁。
(85)(86) 山形県教育委員会「祭り・行事」民俗調査記録　二〇〇四年。
(87)『山形県民俗地図』山形県文化財保護協会　一九八〇年　一一八～一一九頁。
(88)『東北の歳時習俗』明玄書房　一九七五年　二九八～二九九頁。
(89)『会津の年中行事』会津若松市史二三　民俗編　会津若松市　一一頁。
(90) 諸富　大・遠藤匡俊「北上川舟運による盛岡藩の江戸廻米輸送」『歴史地理学』第四〇巻　一九九八年　一～一八頁。
(91) 菊池勇夫『飢饉』二〇〇〇年　集英社新書　一一二～一一三頁・一一九頁。
(92) 岸本誠司「東北農耕文化とマメ—岩手県北地方を中心として—」『民俗文化』第一一号　近畿大学民俗学研究所　一九九九年　一七五頁。
(93)『近世の北上川水運』東北歴史資料館　一九八二年　四二頁。
(94)『秋田県の歴史』山川出版社　二〇一〇年　九六頁。
(95) 横山昭男『最上川舟運と山形文化』東北出版企画　二〇〇六年　一三六～一三七頁。
(96)『山形県史』第二巻　近世編上　山形県　一九八五年　七七三～七七四頁。
(97) 佐瀬与次右衛門『会津農書』「会津農書・解題」(『日本農書全集』第一九巻) 農山漁村文化協会　一九八二年

二五七頁・二六一頁。
(98)『今と昔ながとろ』長瀞郷土史研究会編一九八九年　二二一～二二二頁。
(99)『山形県農業基礎統計―基礎資料編Ⅱ―』一九七〇年（昭和四五）山形県農林部農政課「五　農作物」。
(100)前川和美『ものと人間の文化史一七四　豆』法政大学出版局　二〇一五年　八六頁。
(101)『畑作付方式の分布と動向―東北六県及び新潟県における―』農業技術協会　一九五八年　三六頁。
(102)『日本の大豆』地球社　監修　農林省農蚕園芸局畑作振興課・食品流通局食品油脂課　一九七七年　四頁。
(103)前掲　岸本誠司「東北農耕文化とマメ―岩手県北地方を中心として―」一九〇頁。
(104)名和季蔵『東郷村史』一九五四年　私家版　二四一頁。
(105)早坂昇『高崎村誌』高崎村誌編集委員会　一九五八年　一八七頁。
(106)『日本の神々　多彩な民俗神たち』新紀元社　一九九八年　一八～二三頁。
(107)『祭礼と年中行事』仙台市歴史民族資料館　二〇〇三年　一〇三頁。
(108)菊地和博「オコナイサマとオシラサマ」『研究紀要』第二号　東北芸術工科大学東北文化研究センター　二〇〇三年　一六一～一八八頁。
(109)『日本の心を伝える年中行事事典』岩崎書店　二〇一三年　一六九頁、および『日本民俗大辞典』吉川弘文館　一九九九年　八頁。
(110)菊地和博「東北地方の大黒さま行事・習俗を考える」『村山民俗』第三二号　村山民俗学会　二〇一八年　二六頁。
(111)坂本要「仏教と年中行事」『日本民俗文化体系九　暦と祭事』小学館　一九八四年　二七六頁。
(112)山形県最上郡大蔵村合海地区・松田与市家　二〇一九年一二月九日実施。
(113)『ひがしねの祭り・行事』生涯学習東根地区民会議・東根の歴史と民俗を語る会　二〇一三年　二八七頁。
(114)阿部襄『庄内の四季』農山漁村文化協会　一九七九年　一八四頁。

(115) 岩井宏實『暮らしのなかの神さん仏さん』慶友社 二〇一二年 五〇頁。
(116)『山形県大百科事典』山形放送株式会社 一九八三年 八九二~八九三頁。
(117) 奥村幸雄『小国の民俗風土記』(財)農村文化研究所 一九八二年 三七~三八頁。
(118) 加藤友康・高埜利彦・長沢利明・山田邦明編『年中行事大辞典』吉川弘文館 二〇〇九年。
(119)『日本民俗大辞典 上』吉川弘文館 一九九九年 四七三~四七四頁・一二三九頁。
(120)『日本石仏辞典』庚申懇話会一九八〇年 二〇六~二〇九頁。
(121) 加藤和徳「山形県内陸の甲子(大黒天)信仰」『日本の石仏』二〇〇七年日本石仏協会 一二三号 三六~四二頁。
(122) 加藤和徳「石造文化財編」『長井市史』各論第一巻 長井市 二〇二〇年 三七七~四六五頁。
(123) 大友義助『新庄の石佛』新庄市教育委員会一九七四年 一二四。
(124) 清野春樹『田沢郷土誌』二〇二一年 田沢郷土誌編集委員会 七二四~七五〇頁。
(125)『長井市史』第四巻 風土文化民俗編 長井市 一九八五年 五六七頁。
(126)「奥州秋田風俗問状答」中山太郎編『校註諸国風俗問状答』東洋堂 一九四二年 一一五~一一六頁。
「出羽国秋田領風俗問状答」(『日本庶民生活史料集成』第九巻 風俗 三一書房 一九六九年)には「秋田城下之部」および「秋田六郡神佛之部」のタイトルはなく、「六郡祭事記」のみある。

大黒祭りが「秋田城下之部」に記載されていることの重要性を考えて、本稿では中山太郎編『校註諸国風俗問状答』の「奥州秋田風俗問状答」を引用した。
(127) 前掲『総合日本民俗語彙』八三七頁。
(128) 山口弥一郎「東北と食習」『山口弥一郎選集』第七巻 日本の固有生活を求めて 世界文庫 一九七三年 四一〇頁。

［補遺論考・その一］　東北の大黒信仰儀礼・習俗の事例

（『村山民俗』第三十二号所収）

東北地方の大黒さまの行事・習俗は多様な実態を示しており、なかなかその実像や本質をつかむことが難しい。山形県西村山郡西川町岩根沢地区にある岩根沢三山神社（旧「日月寺」）では、台所の大賄部屋には八角柱があり、そこには木造の大黒さま（右）と恵比寿さま（左）が祀られている。それらは台所の神としてであろう。大黒さまと対で恵比寿さまも祈りや感謝の対象となっている事例は、岩根沢三山神社のみならず農家や商家でも少なからずみることができる。農家では主として作神、商家では主として商売の神であろう。本稿では、恵比寿さまの信仰については別の機会に譲ることにして、大黒さまの行事や習俗にのみ焦点を絞ってみていくことにする。

山形県内では、毎年十二月九日大黒さまの一年の節目にあたり、「耳あけ行事」や「豆づくし料理」など、各地区で特色ある行事やもてなしの習俗がみられる。『日本の心を伝える年中行事事典』には、「東北地方では大黒様の信仰が盛んである」という指摘がみられる。(1) そこで、山形県のみならず東北地方ではどのような事例・実態がみられるのか、各県ごと市町村単位に無作為に抽出したものを記していく。

一　山形県

(1)　村山地方

村山地方では、十二月九日に大黒さまの「耳あけ行事」というものがおこなわれている。

(一)　上山市小穴地区

飯台（茶ブダイ）に、マッタ（股）大根と、御酒を盃に入れ、尾頭付の鰯（二匹）、小豆まま（小豆飯）を供えてお参りをする。夕食後、大豆をホーロクで少し炒り、それを一升枡に入れて、神棚に向かい、枡を左右に振りながら『恵比寿様、大黒様、こどし（今年）よりも来年ええ（良い）耳を聞かせで（聞かせて）けろ（呉れる）様に』と、三回ほど繰りかえし唱え、その豆を十粒程、神棚に上げる。(2)

(二)　西村山郡朝日町大沼地区

唱えごと「お大黒さま　お大黒さま　耳をあけて進ぜ申します　来年はよい耳聞かせてけらっしゃい(3)」。

(三)　東村山郡東根市

一升枡に煎り豆と銭を入れて、「お大黒様　お大黒様　今年より来年いい耳聞かせてけらっしゃい」と枡を振りながら三度と唱えると耳が良くなる。大黒さまは耳が遠いとか、つんぼだという伝承もあり、年に一度は大黒様に耳を大きく開けていただき人々の願いごとを聞いてもらおうとするもの。(4)

(四)　東村山郡中山町中地区

尾頭つきの魚（鮒や秋刀魚）と「まった大根（二股大根）」を供える（二股大根で大黒様が命拾いしたとの伝承あり）。一升枡に炒り豆と家族の人数分のお賽銭の硬貨（一円や十円等）を入れて用意する。「お大黒様、おえべっす（恵比寿）様、耳を開けて進ぜます。どうか来年も良い耳を聞かせて下さい」と唱える。終わると、炒り豆は家族で分け合って食べた。中の硬貨は唱えた人が全部使うのが習わしだった。(5)

(2)　最上地方

最上地方では、十二月九日に「聞かず大黒」という名で村山地方の「耳あけ行事」とほぼ同じ行事がおこなわれている。

(一)　新庄市周辺

一升枡に炒り豆を入れて次の唱えごとをする。「大黒大黒　聞かず大黒　まったん大根で耳あけて豆あがれ(6)」。

㈡　最上郡最上町

大黒様に二股になった大根を供え、「大黒さまのお嫁さん」といった。その晩は全部豆料理でご飯にも豆を入れて大黒さまに供え、家の者もそれをいただいた。夕食後、煎り豆を作り、一升枡に入れて「大黒だいこくきっかず大黒　耳あけて豆あがれ」と唱えて枡の豆をざくざく鳴らして拝む。拝み終わると、家の者がみんなでその豆をいただいた。(7)

㈢　最上郡舟形町長沢地区

大黒さまに向かっての唱えごとは「大黒大黒　アッハッハ　まっか大根　アッハッハ　○○○○○　へこたんまりしょ」である（○部分は不明）。一升マスの中には、炒り豆と一緒に五円や十円が入れてあり、唱えごとを言って終わった人はそれを貰える楽しみがあった。(8)

㈣　最上郡大蔵村合海地区

毎年十二月九日、一家の主人が裃を着用して大黒様を祀る神棚に向かって、「大黒　大黒　福大黒　耳あけて豆あがれ」の唱えごとを三度繰り返す。大黒さまには六種類の豆料理と二股大根、鰊《にしん》を供える。親族に不幸があった年はおこなわない。(9)

㈤　主に真室川町木ノ下地区

十二月五日は、えびす大黒の年取りで、豆の料理をする。大豆や黒豆のつぶしたものを煮　たり、切干し大根炒りやぜんまい炒りにもつぶし豆をたっぷり入れたりする。また、豆の煮汁に大根おろしと三杯酢を入れ、つぶした黒豆をあえて色鮮やかななますをつくり、もちを搗いて祝う。[10]

(3) 庄内地方

庄内地方において、十二月九日は「豆づくし料理」を供えることが際立っている。

(一) 平田町（現酒田市）砂越地区

一月九日の、月おくれの大黒さまのお年夜（年取り）には必ず供える料理がある。[11]

(二) 温海町（現鶴岡市）

十二月九日は、大黒様の年夜である。九日の晩に、大黒様の前に豆飯、豆腐汁、豆なます、豆腐のでんがく、豆づくしの御馳走と、マッカ大根（二股、三段大根）を供え、煎り豆を枡に入れて振りながら、「大黒様大黒様、悪いこと聞かねよに、いいこと聞くように」と大声で唱えて拝む。大黒様は耳が遠いとか、キンカだからこのようにするのだという。越沢には「大黒様　豆まいれ」と唱えて茶がまの蓋をガチャガチャいわせながら拝む。五十川では米煎りを供えるところもある。二股大根を供えるいわれについては、「二股大根は大黒様の嫁だ」、また「大黒様が喜ぶ」という。九日の年夜を「大黒様の嫁取り」というところが東北地方には多い。また「大黒様は餅が好きで、あるとき餅をあんまり御馳走になって家に帰る途中に腹痛をおこした。川端で大根洗いをしていた嫁に「一本くれ」と頼むが、嫁は姑から本数を数えて渡されているのでくれることができずに困ったが、さいわい、大根のなかに二股大根があったので、かき取ってあげた。大黒様は貰った大根で腹痛を治すことができたのでたいそう喜ばれた。そこで毎年二股大根を供えることにしたという（越沢ほか）。[12]

(4)　置賜地方

(一)　西置賜郡小国町周辺　十二月九日

朴の葉や生紙（和紙）を大根に巻き付けて水引をかけ、それを着物と帯に見立てて大黒さまに供える。これを大黒さまの「奥方（おかた）」といっている。大黒さまは背が低く、頭は大きいが顔は黒くて唇が厚い醜男だったので嫁のきてがなかった。お年越しの日だけは女性に見立てた白くて美しい二股大根を添わせてあげるという。[13]

(二)　西置賜郡川西町吉島地区

唱えごととして、「大黒様　大黒様　耳をあけていますから　ええごど聞かせておごやえ」[14]という。

二　青森県

(1) 全般的傾向

大黒様の年取り。旧十二月九日は大黒様の年取り。手にも足にも豆が出るほど働けば家が繁盛するといって豆料理をたくさん作り、マタカリ大根を添えてお膳を二つ供える。一つは招待したエビス様の分である。豆シトギ（ジンダシトギ）をはたき、豆腐の田楽、豆の汁など九種類の豆料理とも、手足・足豆も入れて四十八種を供えればよいともいう。マタカリ大根がなければ、股になるあたりに三角に包丁の切れ目を入れたりもした。また、大黒様は耳が遠いからといって、大根に箸をさしてこしらえた槌で膳の縁をたたいたり、一升ますにいり豆を入れ、ガラガ鳴らしてからお供えした(15)。

(2) 南部地方

十二月九日、お神酒と豆料理（田楽豆腐など、五種類または七種類作る）と豆シトギ（豆を煮てはたいて、米の粉を混ぜ、砂糖を加えて作る）を、膳二客に入れて供えた。名川町剣吉では、四八種類の豆料理を作るともいう。三戸町では、槌といって大根を輪切りにして箸を刺したものと、二叉の大根を供えた。これは大黒が腹を空かして道を歩いていたら、大根を洗っている人がいたので譲ってもらおうとしたら、その人は数を数えられているので、あげることができなかったため、二叉大根の一方をもいで大黒にあげたという言い伝えがあることから、供えるようになったといわれる(16)。

(3)　津軽地方

『津軽の民俗』によれば、旧暦十二月に入ると、毎日のように家々の神祭が行われ、収穫物をさまざま供えて感謝する。（中略）十二月九日は大黒様。籾俵の上に年とり膳を供える。豆料理いっさいで、豆飯・豆汁など四十八種類もあるという。それに二股大根を添える。また一升枡に煎り豆を入れ、ガラガラと振って音を聞かせて供える(17)。

三　秋田県

(1)　由利本荘市内越地区

大黒様には、お頭つきのハタハタのほか豆ご飯、豆腐、納豆、豆菓子など豆料理四八品を供える。ある家でどうしても四八品にならず、二品足りなかった。そこで大黒さまに尋ねると「その二品は手足豆足のことだ」

と言った。こんな伝承が地域に残る。忠実に（まめに）働くことにかけ、勤勉さを促したのだろう。[18]

(2)　男鹿市

大黒さまの年取り十二月九日は大黒様の日で、豆ママを炊いたものだ。何でも豆料理を数種類作るものである。これを大黒様の掛軸や神仏に供えた。マッカデコン（二股大根）も供えるものである。[19]

(3)　横手市

大黒様　十二月九日に大黒様のお祭り（年取り）をおこなった。この日は豆料理を食べる日であった。豆ご飯や豆入りの味噌汁・豆なます・豆の天ぷら・豆を煮たつゆでキノコやワラビなどを煮たものを食べた。ナスやダイコンおろしをつけるところもあった。よく大黒様は耳が遠いといわれているが、横手でも大黒様にお膳を供えるときは、耳が聞こえないので大きな声を出して供えるという地区があった。大沢地区では黒豆をつぶしてご飯に入れたり、味噌汁とダイコンおろしに黒豆をいれた。マッカデゴ（二股ダイコン）も供えた。[20]

(4)　角館町（現仙北市）

大黒様の歳取り。旧十二月九日は「大黒様の歳取り」である。大黒様は七福神の一人で、米俵にすわり、大黒頭巾をかぶって大きな袋を背負い、打出の小槌を持ち、福々しい笑顔で愛敬をいっぱいにたたえている。七福神は中国からの伝来のもののようだが、大黒様は大国主命に擬せられていることが多く、土着神が入ったものとも解されている。福をもたらすものとして、農耕のシンボルともなり、海の幸を代表する恵比寿と並べて民間の人たちには人気の高い神でもある。歳取りの日には、豆を主体にした料理がたくさん作られ、二股（マツカ）大根が供えられる。マツカ大根は、秋の終りごろ大根畑から抜いたとき、正常なものは食用や販売用にするが、二股になったものは除外しておき、大黒様の歳取りに供えるため形のよいものを選んで、戸口にぶらさげておく。当日にはこれを供えるわけである。豆料理にはいろいろな種類があるが豆腐や煮豆をはじめ、納豆なども食膳にのぼり、主食にも黒豆を炊きこんだもの、豆の粉をまぶした餅、この餅にも豆をすりつぶしたものが入れてあったりして、正に豆のオンパレードといってもよい。米作りの進歩しなかった時代、凶作はいささかの天候異変でも起きたから、常に備えなければならなかった。

稗や粟という雑穀はもちろん食料として大切に扱われたが、豆は安定した作物だけに頼りにされた。農神である大黒様に救荒食物でもある豆を感謝の気持ちで供え一緒に食べるという習俗が出たものであろうと思われる。マツカ大根については不明の点もあるが、大根を選ぶときに二股に分かれた部分が比較的太くてなめらかなものなどが基準になるところから、女性のシンボリックな表現と思われる。母性は農醸を表わし大地の豊かさ、生産への祈りに通じることなのだから、素朴な願いを表現しているものと考えられる。この行事は広く分布しており、大黒様の嫁迎えとか御祝儀とか、妻迎えなどとも呼ばれている[21]。

四　岩手県

(1)　全般的傾向

福の神として恵比寿とともにまつられており、ネズミを神使いとする。十二月九日は県内各地で大黒さまの年越しが行われる。東和町小山田では、さら詰めといってわらでさらの形を作り、これをダイコンのなますを盛って供える。また、二またダイコンを二本供える。黒大豆を一升ますに入れ、かまのふた二つを供え、ますの中の豆をカラカラと振るい、かまのふた二枚をチッャンチッャンと鳴らしながら、「大黒さまに上げます。恵比寿さまに上げます」といって拝んでいた。現在、県内各地では、おおむね二またダイコンと穀物と豆料理を上げる。大黒さまは一生懸命働いたので、金銀財宝山をなし、裕福に暮らした神である。豆類を上げれば福が授かるというのは、手に豆が出るほど働けとの意味という。(22)

(2)　一関市川崎町神崎地区

十二月十日、五升枡に黒大豆を入れ(23)「お大黒様　お大黒様　耳あいて聞かっしゃれ　金のなる方へござれ」と唱えながら五升枡をゆする。

(3)　紫波郡

十二月九日　お大黒様の年越。江刺郡では十二月十日　大黒様の嫁取。九戸郡では十二月九日　大黒様の年取。(24)

五　宮城県

(1)　仙台市

十二月九日には、大黒様へ二股大根と豆料理などを供える大黒のメムケ（嫁迎え）の行事がある。また、この日に関連して、次のような話が農村各地で伝えられている。「おなかの調子が悪かった大黒さんは、堀で大根を洗っているお嫁さんを見つけた。そこで「大根を一本ください」と頼むと、「大根をあげるとお姑さんに叱られるから」と、マッタ（股）になった大根の片方を大黒さんにくれた。それから十二月九日には大黒さんにマッタ大根（股大根）を供えるのだ。(25)

(2) 登米郡東和町米谷字相川（現登米市）

十二月の十日には、大黒さまの嫁迎えがある。台所の恵比須・大黒をまつった神棚に二股大根（嫁大根）とふつうの大根（婿大根）を供え、さらに五升枡に炒り大豆と銭を入れ、家の跡取りが「大黒さま、大黒さま、お方（嫁）もらったの知らねえが、豆の数ほど俵とらせろ」と唱えて枡をふり、音をたてる。この日は餅を搗いて食べる。(26)

六　福島県

(1) 会津地方

「十二月九日大黒様の年取りとて、またがり大根を供え小豆飯にて祝申候」（「金山谷風俗帳」）。この日、二股の大根に硬貨や紙幣を挟んで大黒様に供えるところが各地にある。また、この日小豆飯とともに尾頭付きの二匹の魚を恵比須、大黒に供える。(27)

(2) 会津若松市

旧暦十二月九日を大黒様の年取りといって、夕飯に大根飯や小豆飯を炊いて、大黒様へ供えて感謝する。（中略）また、農家では田の守護神として、特に生命の誕生と食糧増産をつかさどる。その信仰心を偶像化したのが二股大根である。その姿と形は女性を象徴したものだという。大根を作っている農家では、日にちにとらわれず、二股大根を大黒様に供えた。大根は神への大切な食物であり、大根畑は神様の出現する場所として畏敬の念が受け継がれてきたからだという。このように大根を神聖化するところから、十月十日を「大根の年取り」といって、餅をついて田の神まつりをするところもある。(28)

(3) 喜多方市熊倉町道地地区

十二月九日はえびすさまの年取り。小豆飯、魚、ざく煮（海、山のものを奇数そろえて煮る汁もの）などをお供えする。お神酒かどぶろくをあげ、家族もいただく。十五日は大黒さまの年取り。大根葉を入れた葉飯、魚、ざく煮をお供えする。(29)

七　新潟県

新潟県では、マッカ大根を供える時に〝ヨメやいヨメやい〟と唱え言をしたりする。中部地方より西では大黒様ではなく恵比寿様に変っており、地域によって大黒と恵比寿が区分されているようである。この時に供えたマッカ大根は正月の煮物に入れたりして食べ、捨てるようなことはしない。(30)

[注]

（1）『日本の心を伝える年中行事事典』岩崎書店　二〇一三年。
（2）加藤次郎右エ門『上山市・小穴の年中行事』村山民俗学会　一九九五年。
（3）（6）（14）『山形県民俗地図』山形県教育委員会　一九七九年。
（4）『東根市報』十二月一日　一九八八年。
（5）『山形県の祭り・行事調査報告書』作成のための悉皆調査票　山形県教育委員会　二〇〇八年。
（7）『最上町史』上巻　一九八五年。
（8）平成三十年十一月八日、山形県最上郡最上町長沢地区の伊藤準悦氏（六十八歳）から聞き取り調査をおこなった。
（9）平成三十年十二月一七日、山形県最上郡大蔵村合海地区の松田与市氏（五十八歳）から聞き取り調査をおこなった。
（10）（11）『日本の食生活全集六　聞き書　山形の食事』農山漁村文化協会　一九八八年。
（12）佐藤光民『温海町の民俗』温海町史　別巻　一九八八年。

(13) 奥村幸雄『小国の民俗風土記』農村文化研究所　一九八一年。
(15)『青森県百科事典』東奥日報社　一九八一年。
(16)『青森県史』民俗編　資料　南部　青森県史編さん民俗部会　二〇〇一年。
(17)『青森県史』民俗編　資料　津軽　青森県史編さん民俗部会　二〇一四年。
(18) 齋藤壽胤『あきた風土民俗考』秋田魁新報社　二〇一七年。
(19)『男鹿市史　上巻』男鹿市　一九九五年。
(20)『横手市史』特別編　文化・民俗　横手市　二〇〇六年。
(21)(30)『角館誌』第九巻　民俗行事・個有信仰・童謡編「角館誌」編集委員会　一九八五年。
(22)『岩手県百科事典』岩手放送　一九八八年。
(23)『日本の心を伝える年中行事事典』岩崎書店　一九八八年。
(24)『岩手県史』第十一巻　民俗編　岩手県　一九六五年。
(25)『仙台市史』特別編六　民俗　仙台市史編さん委員会　一九九八年。
(26) 前掲『日本の食生活全集　聞き書　宮城の食事』。
(27)『会津大事典』会津大事典編纂会　一九八五年。
(28)『会津若松市史二三　会津の年中行事』民俗編三　会津若松市　二〇〇四年。
(29) 前掲『日本の食生活全集　聞き書　福島の食事』。

［補遺論考・その二］　大黒信仰儀礼と菅江真澄日記

（『村山民俗』第三十六号所収）

一　大黒信仰儀礼

(1)『粉本稿』写生および説明文について

菅江真澄には、『粉本稿』という絵の下描きを集めた「写生帳」というべきものがある。それは天明二年（一七八二）の木曽路の旅から東北に滞在した天明六年までの写生である。東北に関しては、出羽に滞在した天明四年から陸奥に移動した天明六年までに見聞した知識を総合して描いたと考えられている。[1]『粉本稿』には大黒信仰儀礼についても描かれており、「大黒天」と題している。それに対する説明文は次のように記されている。[2]

霜月の十日に、大黒の妻《め》むかひとて、やことにあかき大根をとゝのへて奉る也。ますにいり豆をいれて、きかす大黒の耳あけと、ふりありりくためし也。

以上のように、霜月十一月十日に、「大黒の妻迎え」と称して家々で赤色の大根を大黒天に供える。枡には煎り豆を入れて「聞かず大黒の耳あけ」といって豆をふりまくとある。この文には二つの絵があり、一つには三宝の上に二股大根とお神酒が入った徳利が載せてある。二つには煎った豆が枡に入っているものが描かれている。これら文と絵は、確かに東北の大黒信仰儀礼を描写したものであると認められる。ただし、真澄が出羽と陸奥の東北にいた天明四年（一七八四）から天明六年のあいだに記したとされるが、描かれた地域は定かでない。

筆者はこれまで、東北の大黒信仰儀礼を記す文献は『奥州秋田風俗問状答』の「秋田城下之部」十二月の項にある「大黒祭り」が最古であり、それは文化十一年（一八一四）に執筆されたものと記した。[3]ところが本稿の菅江真澄の写生はこれよりも三十年前の記録であり、これによって東北の大黒信仰儀礼は江戸時代中期頃まで遡れることが明らかになった。

大黒信仰儀礼を「大黒の妻迎え」と称することについて、「嫁迎え（メムカエ）」「嫁とり」「奥方（オカタ）迎え」などの呼称もあり、それは新潟県も含んだ広域的なものであるが、特に「嫁迎え（メムカエ）」は陸奥宮城で比較的多く使われていることを示した。真澄は天明四年（一七八四）以降に出羽と陸奥の双方を見聞しているので、二つの領域を超えた呼称を知っていたと思われる。

このことは、同説明文の「きかす大黒の耳あけ」とあることからも推測できる。つまり、この儀礼は「聞かず（聞っかず）大黒」と「耳あけ」という二つの呼称があることもすでに前述している。とりわけ「耳あけ」は出羽山形の村山・置賜地方で聞かれるものであった。

なお、文中「あかき大根」をととのえて奉ると記しているが、真澄は特別の色合いをした大根をどこかの地域で目にしたのであろうか。一般には出羽・陸奥ともに二股の白い大根であることが多いことは記すまでもない。

(2) 「霜月の十日」の疑問について

真澄は説明文の冒頭で、大黒信仰儀礼が実施されるのは「霜月の十日」と記している。しかし、これまでみたとおり、東北での儀礼はすべて十二月九日（若干の地域では十日）であった。十一月との一か月の違いは何であろうか。このことについては推論の域を出ないが、次に述べてみたい。

まず、江戸後期の『守貞謾稿』と『東都歳時記』によれば、江戸・京都・大坂の三都において六十日に一回訪れる甲子《きのえね》の日に大黒天を祭る「甲子祭」があり、特に重要なのは十一月の甲子祭であった。大黒天を祀る江戸の神社仏閣のほかに、一般宅でも二股大根や豆類を供物として捧げて祈りをおこなっている(4)。

また、「甲子待」は「子待（ねまち）」または「甲子講」（「子待講」）ともいわれ、集団による講がおこなわれたことを示す石造建立が見られ、それは全国的に分布している。「甲子待」と同種の「子待講」は山形県にも多数存在する。講中は十一月七日の夕刻より集まり子の刻（夜の十二時）に大黒天を祭る行事をおこなったという。その講中によって造立されたのが「子待塔」である。「十一月七日」は全国的に一年間の甲子日のうちでは最大の大黒祭りとされており、この日は江戸時代に講という集団信仰のかたちでおこなわれていた(5)。

これらのことから、古くは大黒に関する祭りや儀礼は日本列島の広い範囲で十一月におこなわれていた可能性が考えられる。したがって、菅江真澄が見聞した天明四年（一七八四）から天明六年頃は、地域によっては大黒信仰儀礼が十一月甲子の日、もしくは七日におこなわれていたことが想定される。それでも真澄は霜月十一月の「十日」に限定して記していることについては説明がつかず、疑問点は解消されない。

先にあげた『奥州秋田風俗問状答』では、「大黒天祭り」はすでに十二月九日に実施されていたので、執筆された文化十一年（一八一四）にはその月日は定まっていたことになる。とすれば、真澄が記した三十年前にはまだ定まっていなかったのであろうか。筆者は東北の大黒儀礼は十二月九日に定められたことを「東北的変容」と名付けたが、なぜその日になったかの理由は今も不明であり依然として課題である。(6)

二　「庭田植え（雪中田植え）」について

(1)「つがろのつと」の描写

筆者は、大黒信仰儀礼に大豆が重要視されていることに着目し、その関連として一月十五日小正月に、東北地方を主として積雪の時期に庭田植（雪中田植）という行事が行われていることを取り上げた。これは、雪に覆われた敷地で田植えの模擬演技を行い、五穀豊穣を祈願するものである。終われば「あき」の方（歳徳神がいる方角）を向いて手を合わせて祈る。このときに雪中に植えられるのが稲藁であるが、注目されるのは稲藁とともにきまって豆殻が植えられる。稲作とともに畑作である大豆の豊穣を心より期待する農民の心情がここに表れていると考えられる。

この庭田植については、菅江真澄が「かすむこまがた」一月十五日の項に記していることも注目される。時期は天明六年（一七八六）のことであり、仙台領胆沢郡徳岡（現岩手県胆沢郡胆沢村）において見聞したものである。そこでは、「田う、るとて門田の雪に、わらひしひしとさしわたし、また豆う、るとて豆茎（ガラ）をさしぬ」と記していた。江戸時代中頃の陸奥岩手で明らかに庭田植えが行われていたことを示すものである。

さらにここでは、真澄が「つがろのつと」においても庭田植えを描写しているので紹介する。(7)

おなし夕つかたやかのほとりの太雪かいならし、田の代をなし、かく長かれとてかやもて稲とし、畔ことに豆からをさし、女かりに早乙女の出たちして、植わたれはやかて男鎌もて刈とるのみちのくふりもありき

以上は寛政十年（一七九八）一月十四日夕方、現青森県東津軽郡平内町にいたときの文であり、絵とともに記されている。

その文面は、積もった雪をかきならして田の代（代掻き）とし、そこに少し長めの萱を植えて稲に見立てる。畔には豆殻をさし、女性は早乙女の出で立ちをして田植えをする。やがて男性は鎌を持って稲を刈り取る、というような内容である。

一方、絵を見てみると、雪に覆われた庭（田んぼ）の畔に沿って豆殻をさして周囲四方をかこい、その中で笠を被った女性一人が早乙女の出で立ちで田植えの模擬演技をしている。鎌を持った男性は描かれていない。

このように絵と文から、苗植えする「田植え」と稲を刈り取る「稲刈り」の二大農作業の所作を小正月に雪

中で演じていたことを読み取ることができる。

(2)「つがろのつと」における「豆殻」

この絵と文は、当時の東津軽地方の庭田植えの特徴を示している。まず、女性一人が早乙女の出で立ちで模擬田植えをすることである。他地方の庭田植えは江戸期も現在も女性は登場せずほぼ男性一人（イエの主人）である。ここには、田植えは早乙女がおこなうという伝統的な発想、考え方がうかがわれる。つまり、実際の田植えは、田んぼに田の神を迎え入れ、神に見守られながら早乙女が田植え作業に従事する。古来、稲の豊かな稔りは女性の妊娠・出産に見立てられた。「田遊び」の芸能に男女の交合の所作があるのも、稲の孕み（豊穣）を女性の孕みになぞらえたことによる。早乙女による田植えは田の神への奉仕であり、それによって稲の豊穣が約束されるという呪術的発想もみられる。実際に田んぼに入って苗植えをするのは主として女性が多かったことは、江戸時代に描かれた「農耕絵図」や「農耕絵巻」などが如実に示している。(8)

話を真澄が描写した平内町の庭田植えに戻すと、まさに古くからある早乙女中心の田植えの発想が反映されているものと捉えることができ、東北北端の地にもそれが濃厚に残存していたといえよう。

そのほかの特徴点として、畔に沿って周囲四方に豆殻をさし立てていること、早乙女が雪中に植えるのが萱であることとである。他地方は豆殻と稲藁を一緒に苗に見立てて植えるのが圧倒的に多いなかで、その違いが際立つ。豆殻の存在が単独で強調されているといえるのではないか。稲藁ではなく萱が用いられているのはなぜなのかはわからない。

しかしながら、大黒信仰儀礼で最も留意すべきことは、稲藁や萱ではなく、常に豆殻が使用されてきた点である。これまでも強調してきたように、大黒信仰儀礼の背景には大豆の豊作祈願があるということがきわめて重要である。ほぼ東北地方にのみ広がるこの儀礼は、少なくとも江戸時代から東北では大豆生産が盛んであったことと大いに関連がある。そういう意味では、ここで取り上げた「つがろのつと」の庭田植えにおいても豆殻の使用が認められ、江戸時代中期の東北地方の大豆栽培おける重要性が改めて確認できる資料である。

まとめ

（1）菅江真澄の『粉本稿』は、出羽に滞在した天明四年（一七八四）から陸奥に移動した天明六年までに得た知識をまとめて描いたものである。そこには「大黒天」と題した大黒信仰儀礼に関する絵と文があり、江戸時代中期の東北大黒信仰の一端が示されていて大変貴重である。

（2）本書「第一章　東北地方の大黒信仰儀礼」では、文化十一年（一八一四）に執筆された『奥州秋田風俗問状答』に秋田城下で「大黒天祭り」がおこなわれていることを取り上げた。しかし、真澄が記した『粉本稿』記載の「大黒天」により、それより三十年前に東北ではすでに大黒信仰はおこなわれていたことが明らかとなった。

（3）大黒信仰儀礼は、『奥州秋田風俗問状答』では「十二月九日」に実施されていた。ところが『粉本稿』では、「大黒天」儀礼は「霜月の十日」と記されている。その月日の違いは何か。それをめぐって大黒信仰の時期を歴史的に検討してみる必要にせまられた。一つの可能性として、「甲子待」「子待（ねまち）」または「甲子講」という集団による講を示す石造建立が多く見られ、「十一月七日」に大黒天を祭る行事がかつて全国的に行われていたことと関係しているのではないかということを提起した。しかし、真澄が霜月十一月の「十日」に限定して記していることについては説明がつかず、真澄の記憶違いなのかどうかを含めて、今後の課題である。

（4）庭田植えについて、菅江真澄は「かすむこまがた」の記述の一方で、「つがろのつと」にも記していたことを明らかにした。それは寛政十年（一七九八）一月十四日夕方、現青森県東津軽郡平内町の庭田植えであり、絵と文で紹介している。この地方の庭田植えの特徴は、女性一人が早乙女に扮して植えることであった。そこには古くからある田植えにおける早乙女の重要な役割を反映した伝統的考え方がうかがわれた。豆殻は畔に沿って周囲四方に突き立てられており、それを忠実に描いているのも特徴的であることを述べた。

（5）大黒信仰儀礼は大豆栽培の豊作祈願が根本にあり、菅江真澄が記録した庭田植えにいずれも豆殻が描かれていることはそれを裏付けるものである。江戸時代中頃の東北地方の大豆栽培の重要性が改めて確認できる。

おわりに

『年中行事大辞典』（二〇〇九年　吉川弘文館）の「だいこくさまのめむかえ」の項（四二一頁）には、「菅江真澄は天明六年（一七八六）の日記に『耳のみこのふるごとあり』と、石巻あたりの嫁迎えのことを記した」とある。天明六年で石巻あたりの記述であれば、「はしわのわか葉　続」に記されたものではないかと考えられる。真澄はその年の七月から九月にかけて、陸奥宮城の気仙沼・石巻・松島・塩竈などを訪問しており、それを「はしわのわか葉　続」にまとめている。そこに記されたものと思われる「嫁迎え」はここでは取り上げることができなかった。東北の大黒信仰儀礼を考察するもう一つの貴重な事例として、今後はこの記録についても取り上げたいと思っている。

［注］

（1）『菅江真澄全集』第九巻　民俗・考古図「粉本稿」解題　未来社　一九七三年　四七四頁。

（2）同右　三八頁・四三二頁。

（3）前掲『紀要』六一〜六二頁。

（4）さらに、『紀要』では、中世の公家の日記によれば、室町時代の京都で「甲子待《きのえねまち》」といわれる講がおこなわれていて、当番宿には大黒の神像を描いた掛け軸をかけ二股大根や大豆・黒豆などを供えて祈ったことを紹介した。この「甲子待」という講は江戸・京都・大坂の「甲子祭」とほぼ同じ信仰内容だったとみられており、大黒祭りの起源は室町時代に遡ることができると考えられていることを記した。

（5）『紀要』では、『大黒信仰』（民衆宗教史叢書第二十九巻　雄山閣　一九九〇年）において小野重朗が南九州地域では家ごとに大黒を畑作の神として旧暦十一月初子の日に「大黒祭り」を行っていたと報告していることを紹介し、十一月中の大黒祭りの広域性を指摘した。

（6）今後のさらなる課題について、『紀要』では東北で信仰儀礼が一般に広まるのは明治以降ではなかろうかと記した。その理由の一つは『奥州秋田風俗問状答』にある文化十一年という江戸後期を起点として考えたことによる。しかし、真澄が描いた大黒天の写生帳が天明四年（一七八四）であることから、儀礼が一般化された時期についてあらためて検討し直さなければならない。

（7）『菅江真澄全集』第三巻　日記Ⅲ「つがろのつと」未来社　一九七二年　二五一〜二六〇頁。

（8）一例をあげれば、「大泉四季農業図」（『絵農書二　日本農業全集』第七十二巻　一九九九年　農山漁村文化協

会　一一頁）は江戸時代の庄内地方の稲作農業を記録して描いたものである。そこでは田植え作業に十人の女性（早乙女）が従事しており、そのうち一人が顔をあげて女性であることがあえてわかるように描いている。一方、田の周縁部で作業をする男性は少人数で描かれ、その姿は蓑を背にしていて明らかに女性と区別していることがわかる。

第二章　「酒田山王例祭図屏風」三つの図像の民俗学的研究

はじめに

本章では、「酒田山王例祭図屏風」に描かれた「山車（立て山鉾）」「傘鉾」「獅子舞（十二段の舞）」の三つの図像を考察の対象としている。まず、それぞれの図像から読み取れるものは何かについて検討している。次に、古今の各地の祭礼を踏まえて、各図像の歴史的系譜やその中での位置づけを試みた。さらに、図像やそれをめぐる民俗事象に酒田もしくは庄内の地域的要素や固有性はどう反映されているかを探ってみた。合わせて、図像がもつ今日的意義についても考察している。

[絵画資料研究概史]

本論に入る前に、絵画資料についての研究史について触れておく。その研究分野は美術史のみならず民俗学、歴史学、地理学など多岐にわたるが、本論の内容に照らして、ここでは祇園祭などの祭礼絵画を中心に、ごく近年の民俗学（一部歴史学も含む）の著書をとおしておおよその研究史を外観してみる。

著書を年代順にあげれば、黒田日出男『謎解き　洛中洛外図』（岩波新書　一九九六年）、植木行宣『山・鉾・屋台の祭り―風流の開花―』（白水社　二〇〇一年）、山路興造『京都　芸能と民俗の文化史』（思文閣出版二〇〇九年）、小島道裕『描かれた戦国の京都—洛中洛外図屏風を読む—』（吉川弘文館　二〇〇九年）、植木行宣「図像にみる祇園祭山鉾とその変遷」（植木行宣・田井竜一『祇園囃子の源流—風流拍子物・鞨鼓稚児舞・シャギリ』岩田書院　二〇一〇年）、河内将芳「戦国期京都の祇園会と絵画史料—初期洛中洛外図を中心に—」（松本郁代・出光佐千子・彬子女王編『風俗絵画の文化学Ⅱ　虚実をうつす機知』思文閣出版　二〇一二年）、福原敏雄・笹原亮二『造り物の文化史—歴史・民俗・多様性—』（勉誠社　二〇一四年）、河内将芳『絵画史料が語る祇園祭』（淡交社　二〇一五年）などがある。

以上は、いずれも屏風などに描かれた絵画・図像を研究対象として分析し、考察をおこなったものである。過去の人々の姿や生活実態を掘り起こす手法としては、いうまでもなく古文書や古記録などの文献史料における文字解読がある。一方では目に見えるもの、つまり視覚的に確認・検証できるものとして屏風・絵巻物などの絵画資料がある。それには絵図（古地図）を含むこともでき、さらに写真等を含めて「視覚資料」として広く活用されてきた。それらの資料研究は、これまで文献史料だけでは捉えきれない庶民の生活・祭礼行事や歴史事象を浮かび上がらせる数々の成果を生んできた。絵画資料の研究としての有効性はすでに明らかにされている。本書は、これまでの研究史およびその成果を踏まえ、祭礼に関する絵画資料（屏風）を研究対象として捉え、江戸後期の酒田山王祭を考察する一つの手法として「酒田山王例祭図屏風」の図像分析を試みたものである。

第一節　「酒田山王例祭図屏風」について

「酒田山王例祭図屏風」（酒田市・小野太右ェ門家所蔵）は、嘉永四年（一八五一）に酒田在住の画家五十嵐雲嶺の手によって描かれた。六曲一隻で横二九九・五センチメートル、縦一二一・二センチメートルの屏風で酒田市指定文化財になっている。この屏風は、酒田山王祭（現酒田まつり）の期間中は代々小野家の床の間・仏間に飾られてきており、京都祇園祭前夜の「屏風祭」（屏風飾り）の慣習は、今なお当地において垣間見ることができる。

本屏風の題名となった「酒田山王祭」は、上山王社（現上日枝神社）と下山王社（現下日枝神社）の例大祭である。これを記録し続けたものに下山王社所蔵の「御神宿帳」がある。[1] そこには、慶長十四年（一六〇九）から祭りの担い手である「頭屋《とうや》」の名前が記されていることから、酒田山王祭は江戸時代初期までさかのぼることができる。それ以来今日に至るまで神宿の記録は続いており、酒田山王祭は昭和五十五年（一九八〇）「酒田まつり」と改称して以降も含めて、四〇〇年以上一度も中断していないことになる。この祭りは、江戸時代には四月の「中の申」の日に行われていたが、現在の五月二〇日となったのは明治時代以降である。

本屏風の保存状況は大変良好で、色調は赤（紅）と群青（藍）の二色を基本色としており鮮やかさを保っている。屏風全体に「切り箔」が散りばめられていて、やや角度を変えて眺めれば小さな金色の輝きが今でも失われておらず、気品ある作品に仕上がっている。祭りの担い手や観衆など、一人一人が表情豊かに描かれてお

写真１　「酒田山王例祭図屏風」全体図

り、誰もが祭りに嬉々として関わっている様子が表現されている。人々が着用している衣装も立場や地位にかかわらず丁寧に描かれていて、老若男女誰一人として粗末に扱われていない。江戸期の酒田山王祭の壮大さと賑々しさが十分に伝わってくる絵画資料といえる。

屏風の構図として、左右に伸びる酒田湊町の中心部と思われる道路を基軸にしており、ほぼ中央部（第三扇）に巨大山車が描かれ、それが本屏風の主題といえる。左手側の山車前方は、先頭で山車を引っ張る綱を手にしている子どもや大人たちが配置されている。さらに最先頭部（第六扇）には、二つの傘鉾と囃子屋台および太鼓演奏者が描かれている。一方、右手側の山車後方は、裃・袴で正装した奉行所の役人や商人たちの行列、さらに後方に女性群の行列が続いている。最後方部（第一扇）には、黒色のカシラをもつ獅子舞が緑色の幕の上半身のみのぞかせている。そのわずか手前には三つ叉鉾が屹立しているが下部は傘に隠れて見えない。

天（上方）を見れば、十二棟の商人屋敷（町屋）が左右一列に並んでおり、右手奥には遠近法でややボカシが入っている。屋敷内でおこなわれている「屏風飾り」や酒宴の様子が描かれ、そこから山車を見つめる主人や客人たちがじつに細やかに表現されている。

　他方、地（下方）を見れば、山車の周辺左右にも大勢の観客が描かれており、場所によっては上半身または頭部のみのボカシも入れながら大賑わいの祭礼状況を表現している。

第二節　図像①　山車（立て山鉾）について

一　山車の概況

酒田山王祭を象徴するものとして、神輿渡御行列とともに巡行する山車（地元では、「立て山鉾」と称している）の存在があげられる。「酒田山王例祭図屏風」のほぼ中央部（第三扇）に描かれているのは、高さ十数メートルあると思われる巨大な山車であり、屏風では最も目が注がれる図柄であろう。

酒田山王祭で山車が作られるようになったのは、正徳二年（一七一二）からといわれている。張りぼての山や岩を積み重ねて異様なほどの高さをつくり、所々に家屋や衣装人形を配置する形態が一般的である。電線が張られる明治時代の中頃までは巨大な高さを誇る山車がみられた。天をつくようなその高さは江戸期の天明の

頃から始まったといい、それは本間家三代目の本間光丘の力によるものという。(2)

江戸時代の中期、酒田山王祭の神輿渡御行列を中心に練り歩く頭屋（当屋）の山車（立て山鉾）や町内の練り物の巡行などは、まさに京都祇園祭のように華やかだったことは次の一文がみごとに示している。「頭家より山鉾其外町々により練物等多数出す、東禅寺より大名供揃を出す、其日の行粧華美、洛陽祇園会を見るがごとし」(3)。ここでは山車（立て山鉾）のことを「山鉾」と記している。京都祇園祭で巡行する高い「鉾」と低い「山」の二種にちなんだ名称を、そのまま当地の山車の名称に使用している。

写真２
山車（立て山鉾）「酒田山王例祭図屏風」部分図

明治時代に入ってからの山車については、「お祭り風土記」の中に多くの写真とともに解説がなされている。そこでは、明治三十五年（一九〇二）の本町組の山車は高さ二一メートルあったこと、明治三十九年が巨大な山車の最後であり、翌年から電線が張られたことで酒田名物の天をつくような高い山車は姿を消したこと、などが詳細に記されている。(4)

二 山車に係るこれまでの言説・先行研究

日本各地の祭礼で、神輿渡御行列とともに練り物として巡行する造形物は、一般的に山車（だし）といわれている。植木行宣は、この語源について「江戸山王権現と神田明神の祭りなどで鉾頭の飾り物を指した『出し』の呼称が江戸型山車の完成とともに全体の呼称となり、『山車』と表記したところにはじまる」と述べ、全国の山車は大きく山・鉾・屋台に分類されるとしている。[5] これらの山車の原型は、むろん中世にはじまる京都祇園祭の「山鉾」といわれる山車であることは論をまたない。それが全国に伝播定着するのは江戸時代に入ってからと考えられている。

植木はまた、「北九州と東北に流布する巨大な山笠、江戸の天下祭を中心に広がった江戸型山車、中京圏に濃密な人形からくりの名古屋型山車（やま）はその典型であり、子供たちが見事に歌舞伎を演じて見せる長浜型曳山山車は、移動式舞台が山鉾に見紛う造形物に仕上げられた囃子系の代表に他ならない」と各地の山車の特徴を述べている。[6]

ここで植木の指摘する「北九州と東北に流布する巨大な山笠」とある部分に注目しなければならない。つまり、「酒田山王例祭図屏風」に描かれた巨大な山車（「立て山鉾」）は北九州の山車（山笠）との繋がりを視野に入れる必要性を示唆したものと受け止められる。このことについては後に再び触れる。

全国に山・鉾・屋台に関する重要無形民俗文化財は三十三件あり、それらは一括して二〇一六年十二月に「山・鉾・屋台行事」としてユネスコ無形文化遺産に登録された。その中には山形県新庄市でおこなわれる「新庄まつり山車（やたい）行事」が含まれている。ユネスコ登録を受けて日本民俗学会は、「『山・鉾・屋台行事』というのは、斯学の内外を問わず、誰もが民俗学の研究テーマであると素直に認める素材の一つであることは間違いない」と捉えて、学会（年会）のプレシンポジウムテーマとして「山・鉾・屋台行事」を掲げ、それについて考えを述べ合っている。そこでは、主として折口信夫の山車は依代の意味ありとの説をめぐる「意味論」について積極的な議論が展開されており、今後の山車研究の進展に期待がもてる。(7)

「酒田山王例祭図屏風」の巨大山車について、相原久生は酒田市立資料館が所蔵する嘉永四年の版画に着目して、絵柄や家紋、記された人名等からこの版画こそ屏風に描かれた山車であるとの判断を下している。そのほか相原は、存続の危機を乗り越えた明治初期の山王祭、遷座百年を祝った明治二十二年（一八八九）の山車行列、そして明治三十年代後半から電線敷設までの山車など、酒田山王祭を明治期の視点から考察している。(8)

昭和五十五年（一九八〇）、仙台市博物館は山車の出る祭りとして東北地方の代表的祭礼七つのうち、酒田山王社祭礼を取り上げて展示した。そこでは、山王祭の歴史を示す多くの古文書や祭礼図を展示してわかりやすい解説を試みている。その中には「酒田山王例祭図屏風」も展示されているが、作者や制作年号等の記載以外に特に解説や見解はなく、絵画資料への対応に課題を残している。(9)

『祭りのしつらい　町屋とまち並み』では、「酒田山王例祭図屏風」の写真を掲載している。その解説文は「豪商本間家の三代光丘は、宝暦十二年（一七六二）京都の人形師に『亀鉾』を作らせ、北前船で運んだ。酒田山王祭の盛大さは諸国に知られ、五月二十日の大祭をめざして入湊するほどであったという」と記している。しかし、山車をはじめとする図像の説明やその資料的意義等には一切触れていない。もっと踏み込んだ資料考察がなされて然るべきである。(10)

これまで、「酒田山王例祭図屏風」とそこに描かれた山車等の図像について、学術的あるいは美術的な分析や考察は本格的におこなわれてこなかったのではなかろうか。今後は、もっと研究対象とされて大いに検討されるべき文化財であると考えている。

第三節　図像②　傘鉾について

一　傘鉾の概況

山車（立て山鉾）が多数繰り出した酒田山王祭の中で、傘鉾といわれる造形物が注目される。それは現在の「酒田まつり」では見られなくなったものであるが、本屏風の左端（第六扇）には二基の傘鉾が前後して描かれており、明らかに巡行していたことがわかる。一基目は傘の真ん中の柄（中棒）を含めてほぼ右半分のみ描かれており、左半分は「小縁」によって切れている。柄（中棒）の下方は途中から描かれていない。一基目のすぐ後方に描かれた二基目は、より華やかな傘鉾に仕上げられており、双方の違いが鮮明である。つまり、二基目の傘周縁には真紅の幕が巡らされていて目立つ。さらに幕の下からのぞくものは、宝尽くしといわれる縁起物であり、色鮮やかなたくさんの小物が吊り下げられて賑やかである。また柄（中棒）にも三色の布が巻かれており、一基目が茶色で無地であるのに比較して、一見して大切に扱われているであろう傘鉾であることが

写真３　２基の傘鉾「酒田山王例祭図屏風」部分図

わかる。この傘の頭頂部には三つ叉鉾が載せてあるが、この鉾は酒田山王祭との関連で捉えなければいけない重要なものと考えられる。

これらの傘鉾は左側の隅で上半分のみ描かれていることや、中央部の巨大山車に目を奪われてしまうことで、存在感は稀薄であったといえる。しかし、本書では各地の祭礼における傘鉾とはどんな山車なのかに目を向け、酒田という地域性にどう関わりをもつ造形物なのかという観点も含めながら考察してみる。

二　傘鉾に係るこれまでの言説・先行研究

傘鉾は祭礼研究者によって「傘鉾」と「笠鉾」の二種の表記がなされているが、本章では酒田山王祭を踏まえて「傘鉾」の表記をする。傘鉾の起源について、坂本要と植木行宣がどのような説明をしているかについては、すでに『村山民俗』第三十四号に記している[11・12]ので、ここではそれ以外について述べる。

写真４　京都祇園祭の「綾傘鉾」（左）と「厄除け粽（ちまき）」（右）

一つは、坂本要は、福岡市博多区の「博多どんたくの傘鉾」を解説する中で、古式傘鉾・流れ傘鉾・町傘鉾など合計七本が市内を練り歩き、櫛田神社で「傘鉾御神入」があることに触れている。これはまさに傘鉾が依代であることを意味していて、人々が傘鉾の中に入ると病気にかからないいわれがあると述べている[13]。

二つは、段上達雄は、京都各地の疫神を鎮める「やすらい花（やすらい祭）」にみる花傘の役目を踏まえて、「傘鉾は疫神を神社まで運んで封じ込める依代」と考えている[14]。

三つは、傘鉾の形状に係る問題として、福原敏男は「一般的な傘鉾は、傘の周縁下に幕（だいがくでは天幕と言う）を垂れ巡らした円筒形（短胴でも）となる事例が多い」としながら、「だいがくの基本形は、祭り囃子に囃され、舁かれて移動する傘鉾と考える」と述べている。低い円筒型状が一般の傘鉾以外に、巨大な高さの「だいがく」のような山車（鉾）も本質的には傘鉾と捉えていることが注目される[15]。

以上、傘鉾は祭礼研究者によって様々な見方や説明がなされてきた。ごく一般的にいうならば、傘鉾とは祭りの際に神輿行列とともに巡行する山車の一種で、おおよそ傘型の屋根の上に鉾や長刀、御幣や造花などを付けた種々の祭礼造形物といえよう。江戸中期の『祇園會細記』に、京都祇園祭で巡行する下京区綾小路通の「綾傘鉾」（写真4）、下京区四条通の「四条傘鉾」の図が描かれている[16]。現在も京都祇園祭で巡行している傘鉾は、図に描かれたこの二つである。

なお、「酒田山王例祭図屏風」に描かれた傘鉾について、これまで論考の中で紹介や報告はあったものの、管見の限りでは直接研究対象となって論じられたものは見出せない。

第四節　図像③　獅子舞（十二段の舞）について

一　獅子舞の概況

「酒田山王例祭図屏風」の右端（第一扇）には、黒色のカシラと薄青色の胴体幕の上半身をのぞかせている獅子舞が描かれている。カシラと胴体の一部は、右側「小縁」によって切れていて見えない。小さいこともあ

写真５　「十二段の舞」と称する獅子舞（手前は三つ叉鉾）「酒田山王例祭図屏風」部分図

り、左端の傘鉾と同じく見逃されがちであり、その存在感は薄いといえる。しかし、図像は酒田山王祭では獅子舞が大切な役目をはたしてきたことの再確認を迫るものである。

　現在の酒田まつりの五月二十日は例大祭であり、本祭り当日である。町奉行に挨拶に行くかつてのしきたり「式台の儀」が現在も行われており、この儀式の中で獅子舞が披露されている。この獅子舞を、「十二段の舞」と称している。その後獅子は神輿渡御行列と共に街を巡行する。酒田大火以降の昭和五十四年（一九七九）におこなわれた復興祭「酒田まつり」のシンボル二頭の巨大な獅子をはじめ、今日まで大小の獅子が約五十の山車や囃子屋台とともに市内中心部を練り歩いている。これらの獅子の巡行は大きな特徴である。

　江戸時代の酒田山王祭における獅子舞（十二段の舞）を考える手がかりとして、天明九年（一七八九）松井寿鶴斎が著した「東國旅行談」がある。[17] そこには酒田山王祭の記録とともに獅子舞についての記述がみられるので、次にみてみる。

当日にいたり獅子雌雄一対をはやし立て　大勢ねりあるく　此獅子頭ハ所法則にて家の表に立とどまれバ　其家の亭主庭に下座して　相かハらず御機嫌よろしいといふて　礼拝すこれまた家毎にあらず古来より如斯に立より拝を受る家あり　立よらぬ家もあるとかや

ここでは、酒田山王祭の本祭り（例大祭）では、獅子の雌雄一対を囃し立てて大勢で練り歩くとある。獅子が家の前に立ちとどまれば、その家の主人は庭に下座して「相変わらずご機嫌よろしい」と言って礼拝するという。すでに江戸時代から、酒田山王祭には雄獅子と雌獅子が対となって登場していることがわかる。さらに、家の主人が下座して歓迎の言葉を発するほど獅子に対する崇敬の念が表明されるのである。このような獅子が「酒田山王例祭図屏風」に描かれていることを見逃してはならない。近年の酒田まつりの多数の獅子の存在は、酒田山王祭における獅子の信仰が今に続いているものという観点で考察を進める必要がある。

二　獅子舞（十二段の舞）に係るこれまでの言説・先行研究

これまで、「酒田山王例祭図屏風」に描かれた獅子舞を直接研究対象としたものは見出せない。ただ、獅子舞の中の「十二段の舞」について取り上げたものがある。五十嵐文蔵は「庄内の神楽獅子」として鶴岡市（旧温海町）、遊佐町、酒田市（旧平田町）など、各地の神社で舞われる十二段の獅子舞を比較的詳細に分析している。[18] なかでも酒田市平田にある新山神社の十二段の舞については十二の行程を全て取り上げており、山形県内陸地方に多い大神楽の獅子舞には決して見られない特徴を明示している。また船越行雄は、酒田市内の獅子舞は全民俗芸能の七十五%を占めることを明らかにし、その中でも十二段の舞に注目して、大正五年（一九一六）に記録された十二の行程を細かく写しとってその特色ある芸態を記している。(19)

山形県遊佐町の鳥海山大物忌神社蕨岡口ノ宮では、中世芸能で名高い蕨岡延年の舞が行われ、大御幣振祭では獅子舞が演じられてきた。この舞は「御頭舞（おかしらまい）」と称する十二段の舞である。この獅子舞はかつては門（かど）がけと称して一月二日と三日に上蕨岡全戸を巡行し、その後一月二十日まで酒田や秋田方面など近隣集落を巡行していたということが報告されている。(20)

秋田県にかほ市の鳥海山麓小滝地区にある金峰神社では国重文指定の「チョウクライロ舞」が奉納されているが、その前段で舞われるのが「御宝頭（ごほうとう）の舞」という十二段の獅子舞である。象潟町《きさかた》（現にかほ市）教育委員会では、チョウクライロ舞の詳細報告をおこなっている。(21)そこでは「御宝頭《ごほうとう》の舞」はチョウクライロ舞の舞台を祓って清める役目を担って舞われること、また注目すべきは、明治から昭和十年代までは、新暦一月六日から二十一日まで仁賀保町・金浦町、旧正月二日から十三日までを象潟町と二分してほぼ全域を巡行していたことが明らかにされている。

以上、これまでわかっていることは、獅子舞である十二段の舞は日本海側で鳥海山麓の北麓と南麓に分布している傾向が見られ、修験系寺社が関わっている場合が少なくない芸能であることである。内陸方面の大神楽系獅子舞がもつ大衆性や娯楽性とは異なり、十二行程を何度も繰り返す祈祷色の強い神事芸能の側面をもっている。そして、主として正月の期間に広範囲に各集落を巡って悪魔払いを行ってきたという巡行性を持つ芸能であることである。

第五節　考　察

一　山車について

(1)　図像の読み解き

「酒田山王例祭図屏風」で目に飛び込んでくるのは、高さ十数メートルもあろうかと思われる巨大山車（立て山鉾）である。おそらく、画家五十嵐雲嶺にとってはこの山車が屏風の主題であったと考えられる。祭礼図といえば、一般には神輿渡御行列を中心にしてそれに従って巡行する山車・屋台・飾り物などの一団が描かれる。ところが本屏風には祭礼の中心となる神輿渡御行列は描かれていない。それに代わってほぼ中央部（第三扇）にクローズアップされた山車が主要位置を占めている。五十嵐雲嶺にとって酒田山王祭の主役はまぎれもなくこの山車にあった。作者にとってこの山車こそ祭礼のシンボルと認識されていたと推定される。

山車は、巨大な岩山の群れからなる。そこに松が配置され、岩山のあいだを白色の滝が流れ落ちる雄大な景観が見る者を圧倒させる。岩山の上部には唐風の家屋が築かれており、その中には唐団扇を両手に持ち、豪華な衣裳に身を固めて戴冠する貴人が見える。中段の岩山にはもう一人、沓を履いて帯刀する貴人も立っている。この貴人は岩山下方に波打つ海の方向を見ている風情である。その海には船を漕いで岩山に近づこうとする一人の人物も描かれている。中国の故事を題材にしているものと考えられ、異国の雰囲気を漂わせており、ある物語性が込められていることは容易に想像がつく。

山車の題材は、「蓬萊山」のようにも考えられる。そうであれば、秦の始皇帝の部下の徐福にちなむいわゆる「徐福伝説」を図柄として描いたものであろう。徐福は船で蓬萊山に到着しやがて国の王となるという伝説である。寛政三年（一七九一）の「神田明神祭礼図」には三十六基の山車が紹介されているが、その著名なものとして鍋町が出した「蓬萊」がある。(22) 一例ではあるが、山車の題材に「蓬萊」があったのは神田明神祭である。

酒田市立資料館には、酒田山王祭の山車（立て山鉾）を表現した版画が所蔵されている。それは、今述べた「酒田山王例祭図屏風」に描かれた山車の図柄と全く同じであり、版画は嘉永四年（一八五一）の屏風の山車と同一に違いないと考えられている。(23) この版画の中央部に山車が描かれており、その上部右側に「高さ四丈余」、左側に「舩のむくままの図」、また下部右側に「小柴伝七」と記されている。山車の高さ「四丈余」とはおよそ一二メートル・一二センチ余あったことになる。また「小柴伝七」とは、酒田市立資料館の相原久生によれば、「御神宿帳甲乙全書」（下日枝神社所蔵）に記載されている嘉永四年の酒田山王祭の神宿（頭屋）を務めた人物であるという。(24)

この事実を踏まえれば、版画は本屏風に描かれた巨大山車の存在を裏付けるものとなる。その高さを正確に知ることができ、小柴なる人物が山車の制作者（所有者）という可能性が浮上する。山車下部の垂れ幕に記された家紋は藍色の木瓜紋（丸に木瓜）であるが、これも屏風と版画は同一である。さらに注目すべきものがある。屏風で山車を引っ張る大人たちが着用している祭り半纏の背中にも同じ木瓜紋（丸に木瓜）があるが、すぐ右隣りに屋号が記されている。屋号の右文字がカネであり、その中に七の数字が記されているので「カネ七」と読むのだろう。この七とは「小柴伝七」の七ではなかろうか。それが正しければ屏風の山車は小柴伝七家のものと考えることも可能となる。「小柴」とは何者だろうか。江戸時代初期の貞享三年（一六八六）の酒田三十六人衆の名前には見出せないのは時期的に見て当然かもしれない。山車を制作する財力を考えれば、江戸後期の酒田の豪商や名門の家柄に違いない。

先に述べたように、日本民俗学会では「山・鉾・屋台行事」のシンポジウムをおこなっているが、それをまとめた学会誌の中で、橋本章は山車制作の社会的背景について、次のように述べている。(25)

　全高二十メートルを優に超える巨大な鉾や、豪華な装飾品によって彩られた山を出すには、相応の経済力とこれを稼働させるだけの動員力、そしてなによりも山鉾を飾る壮麗な装飾品を製作する職人技など卓抜した産業基盤を必要とするが、ほかにも山鉾の意匠に込められた多彩な文化的背景を理解できる観衆の教養の高さが求められる。

橋本の指摘は、地方の祭礼山車の全てに該当するものではないだろうが、酒田山王祭における巨大山車を考えるには、地域社会的背景を念頭におくことが大切であろう。江戸時代の酒田山王祭の主要な担い手は、財力を誇示した酒田の豪商三十六人衆が中心であった時期が長く続く。しかし、江戸後期になるにつれ、三十六人衆に代わって日本海海運の拠点として繁栄する酒田湊で財力を蓄えた豪商たちは、巨大山車の制作をはじめ祭礼の積極的な担い手として山王祭に関わっていく。おそらく小柴伝七もその一人だったろう。一方で、祭りを支える財力や産業基盤とともに、橋本のいう「多彩な文化的背景を理解できる観衆の教養の高さ」も欠かせない。それがあったが故に、酒田山王祭の賑わいは明治以降も持続したのであろう。本屏風を通して、山王祭および巨大山車を嬉々として受け入れた酒田の民衆・観衆のレベルのいかほどかを知ることができる。

本屏風に描かれた山車は、先の「お祭り風土記」に掲載されている明治三十年代の中町の山車と構造がきわめて似ている。屏風に見える山車を手本として同形態の山車が後世まで制作された可能性を示唆するものである。

(2) 山車の系譜と文化圏

「酒田山王例祭図屏風」の山車（立て山鉾）は、京都祇園祭の「鉾」の高さを連想させる一方、岩や松、衣装人形などの配置は「山」を連想させる。この種の全国にある山車は、元来は京都祇園祭の山・鉾を原型としたものといわれる。「酒田山王例祭図屏風」の山車も、イメージ的には京都祇園祭の「山」と「鉾」を合体させた姿として捉えることができるだろう。

ここで、酒田山王祭の山車の系譜や位置づけを検討してみたい。酒田山王祭の山車は、形態的には高さを誇る博多祇園山笠（福岡県博多市）にきわめて似ている。また日田祇園祭山鉾（大分県日田市）の山車とも同型である。博多祇園山笠は、明治期に電線がはられたために高さは低くなったものの、高い種類の「飾り山笠」（据え山笠）は現在でも十メートル以上ある。共通するのは巨大な岩の山形を本体として人形等で飾る「作り山」である。博多の場合は岩山のあいだから白布による滝水を流すのが特徴であり、酒田山王祭の山車の形態とほとんど同じである。[26]

北九州に広がる博多祇園祭山笠を中心とする山車の一群は、「山笠文化圏」といわれる。それは、山形・秋田・青森・岩手など日本海沿岸や東北地方に広い分布圏を形成しているという。[27] 確かに秋田県の「角館祭り」、秋田県の「土崎明神社祭」、青森県の「八戸三社祭」などの山車も祇園祭山笠の系譜および類似性が指摘できる。[28]

近世の山車を伴う祭礼は、一般に京都祇園祭にほぼ直結していると考える傾向がある。しかし、日本海海運や最上川舟運による羽州出羽国山形の文化形成を考えた場合、京都を中心とする上方方面からの影響や関連だけを想定するのは狭い見方である。この場合は日本海の西廻り航路に沿った広域的影響を考える必要があるだろう。つまり、瀬戸内地方・九州北部地域、さらに北陸地域等の文化との関連が検討されなければならない。このことは、出羽国産で高級衣料の原料であった青苧が江戸後期に北陸地方と経済社会的交流があったことからもいえる。[29] そればかりではない。その他、出羽国山形で受容した多様な物資・文物は、瀬戸内海・北九州・山陰・北陸など、日本海海運の北前船航路に沿った各地からもたらされている実態がある。[30] こういう歴史を振りかえれば、祭礼山車についても、北九州に広がる山笠文化の流れが日本海沿岸を北上しつつ各地に伝播

写真６　博多祇園山笠（九州国立博物館内）

写真７　酒田まつりで復元された「立て山鉾」

し、湊町酒田もその影響を受けたことは十分にありうる。酒田山王祭の山車（立て山鉾）は、「山笠文化圏」の範疇に位置づけてもよいのではないかと考えられる。

酒田の人々の高い山車への憧れは根強く、平成二十一年（二〇〇九）には酒田青年会議所の手によって約二十メートルの山車（立て山鉾）が復活して「酒田まつり」四百年祭で披露された。翌年は高さ約五メートルの山車三基も新作されて、その後は一緒に巡行している。「新庄まつり」の低い山車（地元では「やたい」と称している）とは対照的に、酒田の高い山車の伝統は今に続いている。

写真８　現在酒田夢の倶楽部「華の館」に展示されている「亀傘鉾」

二　傘鉾について

(1)　図像の読み解き

「酒田山王祭礼図屏風」の左端（第六扇）に、二基の傘鉾が前後して並んでいる。すでに、このことについては『山形民俗』第三四号に詳述している。(31)

(2)　本間家「亀傘鉾」との関連性

「酒田山王祭礼図屏風」では、二基目の傘鉾がとりわけ豪華である。この傘鉾は酒田に固有の本間家の「亀傘鉾」だった可能性も、検討してみる必要がある。本間家の亀傘鉾とは何か。それは明和三年（一七六六）に酒田の本間家三代当主光丘が京都の人形師に二〇七両の大金で作らせたと伝えられており、

写真９
酒田市総合文化センターに保存されていた頃の「亀傘鉾」

海路酒田に運んで酒田山王祭に加わってきた。[32]光丘は、下の山王社祭礼の頭屋（当屋）を務めた人でもある。この亀傘鉾は、明治二十六年（一八九三）に加藤雪窓の手によって描かれた「酒田山王行列図」（酒田市・本間家旧本邸所蔵）の山車行列の中に鮮やかな色合いで見ることができる。それによれば、竜頭型の亀の甲羅には、動物の鹿をはじめ米俵・宝珠・珊瑚などめでたい産物や財宝が満載されている。亀が浮かぶ波の上には二尾の大きな鯛も泳いでいる。まるでそれらを酒田に導くかのように、山王社（日枝神社）の神使である猿が剣先烏帽子を被り、羽織姿で右手に御幣を持ち山車前方に立っている。

目を引くのは、亀の甲羅中央部に赤い傘が立てられ、そこには宝尽くしの品々が数多く吊り下げられていることである。蔵鍵・巻物・宝珠・打ち出の小槌・丁子・巾着（金嚢）・隠れ蓑・七宝などが多数下がっており、傘にいっそうの彩りを添えている。現在、江戸時代の亀傘鉾は山居倉庫・酒田夢の倶楽「華の館」に移転し保存・展示されている。傘や宝尽くしは新しいものに取り替えられているが、吊り下げ物の賑やかさは変わらない。亀を取り巻く財宝類は、「酒田山王行列図」に描かれたものとほとんど変わらず周辺に置かれている。宝尽くしの吊り下げ物は、湊町酒田に繁盛した廻船問屋の鎧屋にも慶応三年（一八六七）に吊り下げられた品々（三角袋・薬玉・毛毬・猿子・這子など）が現在も残っている。

傘鉾の吊り下げ物について、植木行宣に次のような見解がある。「笠鉾には、いろいろな物品が吊り下げられてきた。その吊り物は大きく、密教的な魔除けの護符、身にまとう形代的な細帯の類、福寿のシンボルや農作物の造り物に類別できるが、それは時と場所で遷り変わった笠鉾の帯びる依代性の反映に違いなかった」[33]。また坂本要は、「吊り下げ物は、古くは身守りとして差し傘に始まったと思われるが、祇園祭では厄除け的機能から身祓いとして吊り下げられるようになる」と述べている[34]。吊り下げ物は傘鉾が依代という認識ゆえに以前からあったもので、京都祇園祭では厄除けや身祓いとしての機能をもったということである。

仮に屏風の二基目の傘鉾が亀傘鉾であったとしたら、何故描かれなかったのであろうか。以下にさらに考察を進めていきたい。

(3)　三つ叉鉾と傘との関係

写真10
「華の館」展示（写真８）の亀傘鉾にみる「三つ叉鉾」

本間家の亀傘鉾には、亀の甲羅中央部に長い三つ叉鉾が天を突くように屹立していた。それは、かつて酒田総合文化センターに保存されていた時の写真ではっきりと確認できる。この時は傘は亀の上には立てられておらず、傘の所在は不明である。先にみた現在の亀傘鉾には新しい傘に取って代わられて三つ叉鉾は立てられていない。しかし鉾は亀の前方、猿の右脇に立てかけられているのが確認でき、今も明らかに存在している。三本の

写真11
「酒田亀傘鉾」江戸時代の模型
（酒田あいおい工藤美術館所蔵）

鉾の真ん中は特に長く中央部には溝が彫られている。

この三つ叉鉾は、屏風に描かれた三つ叉鉾と比較すると、現物の鉾の真ん中が長いという違いはあるものの、ほぼ同じ形状である。想像をたくましくすると、屏風の傘鉾の下部には亀傘鉾があったかも知れない。亀傘鉾は、酒田山王祭の巡行の際には三つ叉鉾は取り外して、宝尽くしを吊り下げた傘を立てたことはなかったのだろか。その傘の先端部には別に用意された三つ叉鉾を掲げたということは考えられまいか。酒田山王祭では「鉾立て神事」「鉾打ち神事」「鉾引き神事」が重視されてきたように、神が降臨する依代としての「鉾」が祭礼の象徴物であり、それは今も変わりなく続いている。この実態を踏まえると、宝尽くしを吊り下げた傘に三つ叉鉾を掲げることが重要であったので、屏風に描かれた傘鉾の三つ叉鉾はその表明だったことが考えられる。

亀傘鉾の場合、三つ叉鉾と傘は京都において同時に制作され、祭礼巡行時には観客を楽しませるため宝尽くしの豪華な傘を立てた。そのように想定することは可能かも知れない。

明治二十二年（一八八九）の「酒田日枝神社大祭之図」（酒田市立資料館所蔵）には、多くの山車の行列に傘鉾が描かれている。版画であるために、傘上部には何かしら設置されているが、明瞭には掴めない。傘からは宝尽くしが吊り下げられている様子は捉えられる。この大祭之図と同じ年の山王祭を描いたとされる明治二十六年の「酒田山王行列図」（酒田市・本間家旧本邸所蔵）にも、傘鉾が描かれている。大祭之図とは逆向きに描かれているが、こちらは色鮮やかで祭礼の様子がはっきりとわかる。この傘鉾には、三つ叉鉾はない。この時期になると現物の三つ叉鉾は保管され、祭礼時にあえて傘に取り付けることは省略されたことも考えられる。三つ叉鉾よりもむしろ吊るした宝尽くしの品々の賑やかさ、華やかさが強調されていく傾向が強まったのかも知れない。昭和時代に制作されたと思われる亀傘鉾の祭礼巡行場面の模型が保存されているが[35]、これには大きな傘が取り付けられており三つ叉鉾は見られない。

話は前に戻るが、屏風に描かれた傘鉾は人が持ち歩いたにせよ、支える造形物があったにせよ、はたまた亀傘鉾であったにせよ、なぜ下部を省略したのであろうか。屏風は、三つ叉鉾を実に立派に描いており、また鮮やかな赤色の傘幕を土台にして風鈴や宝尽くしを細やかに描き、柄（中棒）も含めて傘鉾の豪華さを十分に表現している。このようなことで、あえて下部は省いたのかも知れない。さらにいえば、この六曲一隻の主題は何といっても中央部に描いた巨大な山車であり、亀傘鉾を描くことによって焦点がずれることを避けたことも考えられる。今後、このような推論に基づく活発な議論がなされてしかるべきである。

酒田の豪商である三十六人衆は、祭礼には自分たちの傘鉾を出していたことが記録にある[36]。酒田山王祭において、傘鉾は本間家の亀傘鉾のみならず、三十六人衆の傘鉾を含めて複数が巡行していたことを知ることができる。以上、これまで「酒田山王例祭図屏風」にみる傘鉾の存在について検討してきたが、これらは本間家を含めて三十六人衆の傘鉾のいずれかを描いたものであることは疑いない。

(4)　傘鉾の系譜と地域固有性

傘鉾は、京都祇園祭の都市型祭礼が地方へと伝播するなかで祭礼巡行時の山車・造り物として全国的に広まっていく。地方事例として、先に述べた博多どんたくの傘鉾とほぼ同類といわれる「長崎くんち」の傘鉾も毎年五基から七基の傘鉾が巡行することで知られている。他方、都市型祭礼で名高い「江戸山王祭」においても傘鉾の巡行が確認できる。(37) 西日本のみならず関東圏域の祭礼でも傘鉾は受け入れられて広まっていく様子が確認できる。

このように、傘鉾は様々な地域的要素を含んだ新たな造形物になっていったことが考えられる。酒田山王祭における本間家の亀傘鉾はその一つといえる。亀傘鉾は、酒田湊に這い上がってきたという伝承をもつ亀、山王社の神使である猿、さらに山王祭の神の依代を象徴する鉾などの地域題材をモチーフとしていることを考えれば、京都祇園祭の傘鉾を参考としながら、なおも酒田ならではの地域の固有性を盛り込んだ造形物であると捉えることができる。

(5)　傘鉾から「傘福」へ

傘鉾に見られる宝尽くしの吊り下げ物は、各地祭礼で魔除け・厄除けなどの機能を持ちながら、豪華で賑やかな飾り物として伝播していった。酒田山王祭の傘鉾や亀傘鉾も地方に伝播した一形態であると考えられるが、酒田を含む庄内地方では、やがて吊り下げ物は祭礼の傘鉾のみならず、寺社とりわけ観音堂や地蔵堂に納める祈願のための奉納物として作られるようになっていった。それをこの地方では「傘福」と称している。

庄内傘福研究会によれば、傘福は祭礼系傘福と祈願系傘福に分類できる。祭礼系でルーツといえる最も古いものが酒田山王祭で巡行した亀傘鉾であり、さらに明治初期に雛祭り用に段飾りとともに飾られた傘福である。一方、祈願系は明治中期以降に天井から吊るしたものが多く、五穀豊穣、子宝・子どもの健康・成長祈願、病気治癒等の祈願を込めた女性手作りのものである。それは庄内三十三観音札所には必ずといっていいほ

ど奉納されている。(38)

内山大介は東北の日本海方面の傘福の分布や実態を調査し、庄内地方以外にも福島県会津地方・秋田県本荘地区・新潟県佐渡島などの現況を報告し、さらに傘福の歴史的展開について、庄内地方を中心に広範囲な視野のもとで分析している。(39)内山は、とりわけ酒田の傘福について、その端緒が亀傘鉾であるが小型化・模型化したものが室内用として広がり、酒田山王祭の神宿をはじめ各家で飾り付けたり、旧家では雛飾りにも用いられたと述べている。ただし、会津の囃子田行事の傘鉾が江戸初期という事例から、東北における傘福の始まりが祭礼の飾り物だったかは一考を要するとも述べている。これは貴重な指摘であり、傘福が一元的・直線的に発展したのかどうかについて問題提起を行っている。

写真12　酒田市「山王くらぶ」で展示されている「傘福」

ところで酒田傘福研究会は、本来の傘鉾を「祭礼系傘福」と称し、奉納系を含めて包括的に「傘福」と称している。一方、それとは逆に内山は、傘福を一括して「傘鉾」（祭礼傘鉾と奉納傘鉾に区別）としている。どちらにしても、この区分け方に無理があるのではないかと考えられる。祭礼系の「傘鉾」と奉納系の「傘福」について、歴史民俗的に再整理して別途論ずる必要があるのではなかろうか。

特に庄内傘福研究会の捉え方について、酒田山王祭の亀傘鉾を「傘福」という一つの概念で括っているのは問題である。庄内地方における傘福のルーツが亀傘鉾であると考えることに異論はないものの、「祭礼系傘福」として捉えることは再検討すべきである。さらに、雛祭り用に作られた傘鉾（酒田市池田家旧蔵、鶴岡市風間家旧蔵など）も全て一括して「傘福」として良いものか、大いに議論の余地があると考えている。

いずれにしても、江戸時代に酒田山王祭に見られた傘鉾・亀傘鉾は、明治時代に入ってから「傘福」という姿に変化を遂げて地域に根付き人々に伝承されている。傘鉾という祭礼文化がこのようにして地域社会に生き続けていることの意義は再確認すべきであろう。

三　獅子舞について

(1)　図像の読み解き

「酒田山王例祭図屏風」に描かれた獅子舞のカシラは大ぶりであり、恐ろしい形相をしている。邪悪を駆逐する威力を示すに十分である。口元や目の周辺の一部のみ赤色であるが、全体基調は黒色である。黒色のカシラをもつことは十分に注目に値する。獅子の耳は立っているので、雄獅子を表すのであろうか。それから、獅子の頭髪は小幅で短めに切った白色の和紙を大量に取り付けている。頭頂には、金色で平たい「円鏡」が造形されている。この獅子の姿は、鳥海山麓の南側の庄内地域や北側の秋田県にかほ市・由利本荘市の獅子舞に比較的多く見受けられることは後に詳細に触れる。

獅子の胴体の幕は薄青色であるが、所々に紋様として大きめの白丸があしらわれており、込み入った唐草紋様などではないシンプルさを表現している。獅子の胴体は山車巡行を見つめる群衆の頭部で隠れてしまい、途中までしか描かれていない。この人々の背丈からすると、獅子が異様に高く描かれているのに気づく。獅子は中央部の巨大山車からすれば、極端に右端に位置していて小さく、存在価値が薄いように感じられるが、よくよく注視してみると必ずしもそうではない。人々よりも高く聳えるように描いていることで、むしろその存在を強調しているのではないかとさえ感じられる。獅子の前方に掲げられている立派な三つ叉鉾は、傘鉾とほぼ同じ姿で描かれている。傘鉾と異なるのは、三つ叉鉾と柄の接合部に巻かれた鮮やかな赤色の布がたなびいていることである。この三つ叉鉾も下方が描かれておらず、人々が差している藍色の傘から浮上しているかのように見える。この三つ叉鉾は獅子舞巡行の先頭を歩いているような位置関係に描かれており、獅子舞集団と一体のものであったかも知れない。いずれにしても酒田山王祭における鉾が持つ重要性を暗示しており、獅子舞も、伝統的にこの祭礼には不可欠なものであることを物語っている。

前述したように、松井寿鶴斎の「東國旅行談」では、山王祭の本祭りでは、獅子の雌雄一対を囃し立てて大勢で練り歩くとあった。獅子が家の前に立ちとどまれば、その家の主人は庭に下座して「相変わらずご機嫌よろしい」と言って礼拝することも記していた。江戸時代から、酒田山王祭には雄獅子と雌獅子が対となって巡行に加わっているが、この屏風はそのうちの一頭しか表現していないことになる。本来、さらに後方にもう一頭が描かれていたのかどうか気になるところである。

写真13　酒田まつりで巡行する日枝神社の獅子二頭

(2)　江戸期の獅子舞

再び、天明九年（一七八九）に松井寿鶴斎が著した「東國旅行談」の後半部を次に記す。(40)

扨神輿ワたり祭礼すミて其夜五ツ時にいたり来年の御祭の当番を山王大権現の神慮にまかせ奉るとて　所の若イ者中数百人山王の御宮へ参り獅子二頭を供奉し来るこれまた見物の人群集をなす　町々家々には我が当番か　かれも当番ならんと燭台を照して侍うける　中には我等にては有まじと侍うけの心もなき家へ獅子まひこむ　是を来年の当番と定むる家四ヶ所なり

ここに記された「当番」とは、これまで記してきた頭屋（当屋）のことであろう。翌年の山王祭頭屋（当屋）を決めるにあたって、祭礼を終えた午後八時頃から若者数百人がお宮に参勤して、山王大権現の「神慮」に委ねるということで、二頭の獅子の奉納舞をおこなう。このようにして神のご意思を受けた獅子は家に舞い込み、その家が翌年の頭屋（当屋）になったというのである。自分が頭屋（当屋）になるのではないかと燭台を灯して待っている家々もあるなかで、予想していなかった家に獅子が舞い込んで頭屋（当屋）が決まる場合もあったと記している。この記録が書かれた天明九年（一七八九）は頭屋（当屋）は四軒だったこともわかる。

頭屋（当屋）は町年寄や三十六人衆の代表が立会人となり、富裕層の希望者を中心に話し合いを経て選んでいたという実態に照らせば、獅子が神意を受けて頭屋（当屋）が決まったという松井寿鶴斎の記述はどれほど確かなものか疑問である。しかし、『酒田市史』によればこのような現状も見受けられる。「いまでも五月十九日の夜の頭渡しのさい、ある地点に至ると宮司がゴザでまいた鉾をいだいて来頭宿へ一目散に走ってゆくのは、そのなごりである。つまり、宮司が神がかりとなって、神の意思を体現して来頭をきめる形式をとっている」というのである。(41) ということであれば、著者の松井寿鶴斎にとって江戸時代後期の山王祭の獅子は神のご意思を体現するほどの存在であるということを強烈に印象づけられた。それが故に、このような疑わしいほどの記述になったともいえる。あるいは、一時期そのようなことが実際にあったのかも知れない。

いずれにしても、この祭りにおける獅子の雌雄二頭は山王権現の使い、つまり神使としての側面が大きく、人々は篤い信仰を持って祭礼に勤めたといえる。これが現在の「酒田まつり」のシンボルとしての獅子舞巡行につながっているといえる。

(3)　黒色のカシラ

先にもみたように、酒田山王祭に登場する獅子舞は黒色を基調としたカシラを持っている。それは西日本に比較的多いとされる舞楽の獅子舞に多いが、東北地方では主として熊野系の修験山伏が関わった獅子舞文化圏に見られるという特徴をもつ。黒色のカシラをもつ修験系獅子舞は江戸以前の中世から東北の村々で舞われてきた。歴史的には、修験山伏が祈祷や悪魔払いのために、おそらく舞楽で舞われる黒色のカシラの獅子舞を用いたことが発端なのではないかと考えられる(42)。

岩手県では早池峰山系の山伏神楽の獅子舞や黒森山系の山伏神楽の獅子舞が多数存在する。その獅子舞のカシラはほどんど黒色である。同じ山伏神楽系の芸能で秋田県と山形県に分布する番楽で舞われる獅子舞のカシラも黒色が圧倒的である。青森県東通村の山伏神楽である能舞の獅子頭も同じことがいえる。これらの芸能は、中世から江戸時代まで修験山伏たちが芸能集団を構成して、村々を門付興行していた歴史をもつ。

一方、赤色のカシラの獅子舞も数多く見受けられるが、それらは伊勢大神楽や江戸神楽などの影響を受けたものであり、江戸初期以降に全国に伝播して今日まで続いている。山形県では主として内陸地域に「丸一神楽」と称する赤色のカシラをもつ大神楽系獅子舞が多数分布した。他方、庄内地域では内陸地域とは様相を異にしており、黒色のカシラをもつ獅子舞も多く見られる。その獅子舞は「十二段の舞」といわれている。

(4)　十二段の舞

酒田の上・下日枝神社の獅子舞は、里神楽、もしくは四方堅の山王舞といわれて十二段からなっており、一七〇年前の文政年間に酒田の人が作曲と振りつけをしたものと伝承されている(43)。江戸時代以来、酒田山王祭の宵祭りでの「頭渡し」(神宿渡御)では、祭礼神事として鉾を玄関の柱に立てて勇壮な獅子舞、つまり十二段の舞が行われてきた。この十二段の舞は、酒田山王祭のほかに鳥海山を挟んだ秋田県と山形県の修験山伏の

写真14　酒田まつりで「十二段の舞」を演じる獅子舞

影響を受けた寺社と集落で行われてきた芸能である。それは鳥海山修験系獅子舞といえる。

秋田県側では、にかほ市の鳥海山麓小滝地区にある金峰神社の「御宝頭《ごほうとう》の舞」がある。これは国の重文指定のチョウクライロ舞の前段でも舞われる獅子舞として知られている。山形側では、遊佐町の鳥海山大物忌神社吹浦口ノ宮には「御頭舞《おかしらまい》」という十二段の舞があり、同じく鳥海山大物忌神社蕨岡口ノ宮でも「御頭舞」がある。また、酒田市平田地区の新山神社に伝わる鳥海山修験系獅子舞も十二段の舞である。同じ酒田市の亀ケ崎十一面観音堂の祭礼で舞われる亀ケ崎獅子舞は、新山の獅子舞を習ったものと伝えられ、やはり十二段の舞である。この亀ケ崎獅子舞は、上下山王社の獅子舞とともに酒田山王祭で舞われてきたものという。(44) 舞は五穀豊穣と悪を払う祝詞からはじまり、四方堅・八方堅の古式十二段と檀加持からなっている。亀ケ崎十一面観音堂の古い獅子頭は天和二年（一六八二）に作られたものであり、天明四年（一七八四）の「獅子頭由緒書」と同七年の「獅子舞掟」が保存されている。[45] 十二段の舞は、鶴岡市温海地区の熊野神社にも伝承されていて、庄内地域では修験系要素をもつ十二段の舞の獅子舞は一定の広がりをみせている。

先にあげたように、酒田市平田地区の新山神社に伝わる鳥海修験系獅子舞も十二段の舞であった。この集落は新山延年という芸能を伝えることで知られているが、鷹尾修験の一中心をなして栄えた場所であり、文政十一年（一八二八）の「新光山絵図」には修験九坊があって鳥海山修験に属した。かつて、十二段の舞はこの平田郷七十三か村を巡行していた。舞は次の十二の行程からなっている。[46] この獅子舞は、現在も新山延年の舞の同じ舞台上で演じられている。以下、詳細に行程をみてみる。

・四方堅め	五加持ともいうが、北東南西中央と歯食いして回る。
・八方堅め	十方加持ともいう。
・休み	机上にお頭を安置して休む。
・檀加持	歯を鳴らして大きく歯食いして回る。
・いかり	立って幕を噛み、頭をねじるようにして上に振り上げる。
・鬼加持	中央に止まり、前獅子が右足で鬼という字を書く。
・糸米加持	赤い長い布と米のおひねりを食わせる。
・幕送り幕返し	左右加持とか登竜加持ともいう。
・檀加持	同　上
・揆遺加持	頭を上下してから、下を這うようにして各々上下三度うごかす。
・休み	神官が立ち扇の上に上げ眠らせる。

・普礼　　参列者の頭上を噛み、人々を加持する。

この中に「～加持」が五つあるが、これは密教の呪法を示唆する演目名であり、修験の影響を受けた獅子舞であることがわかる。もう一つの事例をあげる。それは、同じ新山神社獅子舞の系統の牧曽根八幡神社（酒田市）の十二段の舞の行程である。[47] 欠落や意味不明の部分もあるが、記されているとおり引用する。

㈠四方堅《かため》の舞

・一段　　（笛の音を待ち始め）机①②③④　頭を二回ふり歯声して①から四方へ廻る。机に休む（頭のふり方、千鳥足で腰を用いて　うで力で振れば人の頭が出る　注意すべし）。

・二段　　机より幕を喰えて立ち　右に廻り歯声（正面）してめぐる。

・三段　　机に向かって字（右足で　の字）を書きかるく三度頭をふりて御礼をくわす　めぐりて二度ふりて神主へ渡す　歯声して廻る

・四段　　幕折（略）幕返し（略）三方歯声して最後に上下して廻り終幕

㈡八方堅の舞

・五段　　四方かためめの続き（一段後）四方へ上下頭をのべて二度頭をふりて歯声して廻り　壱回机に休む

・六段　　　　　　幕折　幕返し（四段）と同じ終幕す

㈢十二段の舞

一段の舞五段の舞で一回休み　三段の舞を過ごして七段に続く

・七段　　　　　　（幕折りの舞）左幕を張って左へ廻り手をはなして頭を三度ふって四度目に戻り二度ふって歯声して　その儘頭を返してめぐり　右幕をはり右に廻り以下同じ　終わって二回休む

・八段　　　　　　幕を張らず　あく迄いかめしく高々と廻り正面で幕をはなし　二段と同礼を喰えて廻り（幕はらずいかめしく）頭を返して神主へ渡し歯声をする

・九段　　　　　　（雲かくれの舞）机　㊧㊨　笛の音で右より始まり頭を面ふり乍ら　下をはう様に延べはい行き三度しっくり上下して頭を一回ふり歯声する　また笛の音で左からくり返す

・十段　　　　　　（狂い獅子の舞）笛の合づに依り幕をはらす　頭を荒々しく狂うがしく歯声しながら四度目に足をけって幕を喰わき廻り　幕を喰えたまま正面で歯声する

・十一段　　　　　（幕返しの舞）外で三度頭をふり幕を返して内で三度ふり次第に頭をふり乍ら四すみで歯声して廻す　最後のすみで頭を上下して歯声　廻って正面に向かって歯声で終わり（後獅子の人は左手に尾木を持ち右手で前獅子の人の身体から幕をふりはなす役目です　注意すること）

・十二段

これら十二段の舞はまさしく十二の小演目から成り立っており、中演目として四方堅・八方堅・十二段を含むという構成である。これらの小中演目は、実際はほぼ途切れなく連続して演じられるので、どこが区切れ目かはわからないまま演技が進行することが多く、獅子舞としてある意味で特殊性を持っている。つまり、多くは神主が座敷手前に正座しており、そこを基点として獅子が左回り（時計と反対回り）に小さく回りながら演ずる形式をとる。獅子は途中大きな口を開けて「歯打ち」（引用文では「歯声」）を数回おこなう。家々で用意した獅子への供物は神主が獅子の口にくわえさせ、一回転した後に神主に戻される。これをほぼ供物の数だけ繰り返すのである。途中獅子のカシラを神主が手に持って疲れを癒すかのような仕草も入る。獅子は単純な動きの繰り返しようにも見えるが、繰り返すほど神威や神霊が強まり、人々の祈りや願いは成就されるとする。そこには、深い祈祷の精神が表現されているものと考えられる。楽器は締め太鼓一人、手平鉦一人、笛一人で構成されており、山伏神楽や番楽と同じである。またリズムやメロディーの楽曲もそれに近いものを感じる。そういうことからも、十二段の舞は東北の修験系芸能であることが理解できる。

この獅子舞は、山王権現の神使として酒田山王祭においては神の依代である鉾を前にして祈祷の舞を繰り返し、江戸時代以来の湊町酒田の繁栄を願ってきたのであろう。

四　祭礼で舞われる獅子舞

酒田山王祭における獅子舞および庄内地域のそれを考えるには、各地の獅子舞を俯瞰しながらその流れや系譜のなかで捉えていくことが必要である。すでに、黒色カシラや楽曲の面で東北の獅子の芸能との関連を見てみた。次に、祭礼の神輿渡御行列において先頭をゆく獅子舞が描かれている事例をみてみよう。(48)正徳五年

写真15　酒田まつりで巡行する多くの「大獅子」

（一七一四）の「都祁水分神社祭礼絵巻」（奈良県都祁村）には、神輿渡御行列を先導する赤青の獅子二頭が確認できる。北九州地域の場合、元禄十二年（一六九九）の「高田若宮八幡宮祭礼絵巻」（大分県豊後高田市）が知られているが、神輿渡御行列の先頭を行く獅子三頭を見ることができる。また、江戸時代の「香春神社祭礼絵巻」（福岡県香春町）にも獅子二頭が描かれている。これら祭礼の中の獅子舞は、古くから神輿渡御行列に伴って悪を祓う重要な役割を担ってきており、畿内からやがて地方の祭礼へと伝播したものとみられる。

　特に御霊会と獅子舞について、平安末期の「年中行事絵巻」巻九祇園御霊会（京都）の神輿渡御行列のなかには、田楽法師集団や王の舞などとともに獅子舞二頭が描かれていることが認められる。[49]いうまでもなく、御霊会とは疫病の源と考えられた御霊（怨霊）が祟りをなすことなく平安京から鎮送するため行われたものである。祇園御霊会において、獅子舞と田楽が深い関係をもって描かれている点に留意したい。柳田國男は、「中世の獅子は常に田楽を伴なうて居た。田楽は少なくとも御霊会に由って大いに起ったものである」と述べている。[50] 御霊会と獅子舞と田楽との関係性は、浅からぬものがあるようだ。獅子舞はそもそも伎楽に伴って悪を祓い供養も担ってきた芸能であり、舞楽系の獅子舞も怨霊供養の役割をもっていた。[51]

先にみた遊佐町鳥海山大物忌神社吹浦口ノ宮には「吹浦田楽」が伝わっており、獅子舞も舞われる。さらに、蕨岡口ノ宮の十二段の舞が、おこなわれる「大御幣振祭」では、田楽法師による演目「高足」が、おこなわれていたことが伝えられている。[52] 大物忌神社においては獅子舞と田楽の繋がりが少し見えている。しかし、柳田のいうように御霊会のもつ怨霊鎮魂との繋がりまでは見えない。十二段の舞が、怨霊鎮魂の役割をもっていたのかどうかは不明である。先にみたように、各地の神輿渡御行列の先頭の獅子舞が悪を払う役割を担っていたように、酒田山王祭の獅子舞も同じ役割をもっていたことは歴史的に確かであろう。

酒田山王祭前夜の宵宮祭で「神宿渡御（とやわたし）」の儀式がある。そこでは、翌年の頭家（当屋）で「鉾打ち神事」として鉾を渡して十二段の獅子舞を舞う。[53] このことについて、記録では「古来は大物忌神社の社家等獅子頭、御鉾をわたらせしとぞ」と伝えている。詳細は不明であるが、この記録は江戸時代中期以前の古い時代に、大物忌神社が酒田山王祭に深く関与しており、獅子舞および鉾の渡しの儀式は同社がおこなっていた時期があったことを示している。それが事実であれば、酒田山王社の十二段の舞は大物忌神社のそれでもあったということであり、獅子舞の役割や性格が両社同類であるが故にそれは可能だったということが指摘できる。酒田の山王社（現日枝神社）と遊佐の大物忌神社（吹浦・蕨岡）が、十二段の舞で結びついている構図が見える。この獅子舞は、山形県遊佐町・酒田市・鶴岡市および秋田県にかほ市など、鳥海山麓の日本海側に限定的に分布している。他にはない地域性の濃い芸能であると考えられる。

最後になったが、かつて酒田山王祭を担った下日枝神社の別当は不動院が務めており、本地仏が安置される北殿の鉾と雌獅子を奉じていたと伝えられる。(54) 御神体が遷座する南殿は社家の斎藤家が雄獅子を奉じていた。別当の不動院とは、これまでの考察から修験寺院ではなかったかとも考えられる。そう考えれば修験系の要素を持つ十二段の舞が日枝神社祭礼で舞われるのもうなずけられるのではなかろうか。

まとめ

(1)「酒田山王例祭図屏風」では、祭礼の中心をなす神輿渡御行列は描かれない。作者五十嵐嶺雲にとって、この山車（立て山鉾）こそ酒田山王祭のシンボルと認識していたと思われる。江戸期の記録に残るほど各地の耳目を集めた湊町酒田の山車は、その系譜は北九州の山車文化圏につながると考えられている。日本海海運や最上川舟運による出羽国山形の文化形成を考えた場合、京都を中心とする上方方面からの影響のみならず、瀬戸内地方・九州北部地域、さらに北陸地方等の沿岸の文化との関連が濃厚にみられる。この歴史を踏まえれば、北九州に広がる博多祇園山笠文化が伝播しその影響を受けた酒田の山車は、日本海沿岸地域に広がる「山笠文化圏」に位置づけられると考えられる。酒田の人々の高い山車への憧れは根強く、近年約二十メートルの山車（立て山鉾）等が復活して伝統は生き続けている。このような山車の復活は、かつての巨大山車の姿を彷彿とさせ、酒田山王祭の歴史やそれを支えた三十三人衆をはじめとする湊町衆の暮らしぶりを改めて考えさせるものである。本屏風を通して、山王祭および巨大山車を嬉々として受け入れた酒田の民衆・観衆の高い文化的理解度もうかがい知ることができる。

（2）傘鉾は、各地祭礼で山車の一種として巡行する造形物である。酒田山王祭においては、「酒田山王例祭図屏風」に描かれた二基、実際に江戸を通じて巡行していた本間家の亀傘鉾、そして江戸期の記録に残る豪商三十六人衆の傘鉾が認められる。亀傘鉾は京都産であり、京都祇園祭を直接意識して制作されたものであろうが、亀や猿などのモチーフに地域の固有性が盛り込まれていることに注目しなければならない。傘鉾に吊り下げられる宝尽くしの縁起物や貴重品などは、当地方のオリジナルなものではなく各地に見られるものである。しかし、庄内地方では亀傘鉾などをルーツにして、明治時代以降に庄内の三十三観音堂などへの奉納物として天井から宝尽くしを吊り下げる傘鉾の類似形が生まれた。それを、「傘福」と名付けている。傘福は、主として女性たちが子宝・子育て・健康・五穀豊穣などの願いで奉納する庄内地方の新しい文化である。傘鉾の祭礼文化は、新たに形を変えながら現在も地域社会に取り込まれて生き続けている。

（3）「酒田山王例祭図屏風」に描かれた獅子舞は、酒田山王祭に伴う必須の芸能である。山王社（山王権現）の神使として崇められ、鉾立て神事や式台の儀など重要場面で必ず舞われてきた。祭礼に伴って悪を払いながら巡行し家々では獅子は礼拝の対象となった。この獅子舞は、日本海側で鳥海山麓の北側の秋田県と南側の庄内地方に比較的多く分布している。歴史的に鳥海山修験の影響のもとで継承されてきた獅子舞と考えられ、東北地方の修験系獅子舞に多い黒色のカシラも共通項としてみられる。この獅子舞は十二段の舞ともいわれ、十二の行程（小演目）からなる独特の動きが特徴である。左回り（ときには右回り）の動作を繰り返す定型的儀礼的な演技は、まさに修験の祈祷色を濃厚に放っている。この獅子舞は、酒田山王祭に欠かせない庄内地域固有の芸能として捉えることができる。現在の「酒田まつり」では、十二段の舞とともに、シンボルとして二頭の巨大な獅子をはじめ大小の獅子が山車や囃子屋台とともに市内を練り歩いている。これは、他の祭礼にはみられない特徴である。今も江戸時代から続く人々の獅子への崇敬の心が祭礼を通してうかがえる。

［注］

（1）「御神宿帳　弐冊ノ内甲部」酒田市・日枝神社所蔵（明治二十八年五月）。

（2）『酒田市史』改訂版・上巻　酒田市史編さん委員会　一九八七年　九二九～九三六頁。

（3）進藤重記『出羽國風土略記』巻五　東京學社　一九二八年　下山王　五ノ八。

（4）「お祭り風土記」『目で見る酒田市史』酒田市　一九七八年　一四四～一四八頁。

（5）植木行宣「山・鉾・屋台の祭りとその展開」『日本の美術　山車』NO．五一六　至文堂　二〇〇九年　八五～九八頁。

（6）植木行宣「山鉾の祭り―その成立と発展―」植木行宣・福原敏男『山・鉾・屋台行事』岩田書院　二〇一六年　一二頁。

（7）「小特集　山・鉾・屋台行事」『日本民俗学』二九六　二〇一八年　五九～一一五頁

（8）相原久生「明治期における酒田山王祭山鉾の変遷」『山形県地域史研究』四十三　山形県地域史研究協議会　二〇一九年　五八～六五頁。

（9）『図録　東北のまつり展』仙台市博物館　一九八〇年　一四～一七頁。

（10）『祭りのしつらい　町屋とまち並み』思文閣出版　二〇〇八年　九頁。

（11）坂本要「傘鉾・差し傘・吊り下げ物」（『まつり』八十一号　二〇一九年　六頁）によれば、逆鉾の期限について、坂本要は次のように述べている。

傘鉾の起源については、鉾祭りとして行われていた祇園祭の鉾と傘が合体したものといわれる。鉾は長刀や真木となって曳き山に立てられ山鉾と称されるようになる。しかし元は御霊神社の鉾祭りのような鉾を先頭に練り歩く行事であったとされる。この鉾が風流化して山鉾となる。すでに南北朝時代頃には風流化された山はあったとされる。

歴史的には、傘鉾は鉾祭りで先頭を練り歩く「鉾」を基本にして、後に傘が合わさって造形されたものとしている。

(12) 植木行宣「笠鉾とその流れ—山・鉾・屋台の祭り研究拾遺I—」(『京都民俗』第三十五号　二〇一七年　一八六頁)によれば、傘鉾の本質について以下のように述べている。

笠鉾とは、囃して送る神霊を表象する笠型のホコであり、ホコは先端に飾り(出し)が付く棒状の部分である。笠鉾が「神霊」の「表象」であるとは、その本質が依代ということである。だが、笠鉾に依り付くのは迎えて祀る神ではなかった。それは災厄として顕れては囃して鎮め遷却されるモノ(疫神など)であり、また、その畏れを秘めた鎮まらざる神霊(初精霊など)であって、そこに笠鉾の重要な特質が認められる。

植木は笠鉾と表記するが、それは神霊の依代の役割がその本質であるという。その神とは疫病をもたらす疫神や、怨霊の恐れがあって鎮魂を必要とする初精霊などであるとみている。

(13)「まつり通信　六〇七」五月号　まつり同好会二〇二〇年　[表紙写真のことば]。

(14) 段上達雄「傘鉾・風流傘の誕生一—神霊の宿る傘—」『別府大学大学院紀要』別府大学　二〇一四年　一三頁。

(15) 福原敏男「折口信夫依代論の原点—髭籠と傘鉾—」植木行宣・福原敏男『山・鉾・屋台行事—祭りを飾る民俗造形—』岩田書院　二〇一六年　一五六頁。

(16) 前掲　坂本要「傘鉾・差し傘・吊り下げ物」『まつり』の中で、「祇園祭の傘鉾と差し傘」と題して『祇園會細記』(江戸中期)が掲載されており、参照させていただいた。

(17) 前掲『酒田市史』改訂版・上巻　九三五〜九三六頁。

(18) 五十嵐文蔵『庄内地方の祭りと民俗芸能』阿部久書店　一九九八年　一二六～一三八頁。
(19) 船越行雄「酒田の獅子舞」『酒田民俗』第四号　一九九七年　一四七～一四八頁。
(20) 『山形県飽海郡遊佐町蕨岡延年』平成二十年度明治大学居駒ゼミ報告書　二〇〇九年　五二二頁。
(21) 『延年チョウクライロ舞』秋田県象潟町教育委員会　一九八三年　四六～四七頁。
(22) 『描かれた祭礼図』国立歴史民俗博物館　一九九四年　八二頁。
(23) 酒田市立資料館に、酒田山王祭の巨大山車を題材とした一枚の版画資料が所蔵されている。その資料の右側には「和歌三神の図」、左側には「船のむくままの図」と題する二つが描かれている。左側の図こそ、「酒田山王例祭図屛風」の巨大山車と酷似していて注目される。
(24) 前掲　相原久生「明治期における酒田山王祭山鉾の変遷」。
(25) 橋下章「戦略としての祇園祭と京都―山・鉾・屋台行事が日本全国に展開する現状と関係性から―」『日本民俗学』二九六　日本民俗学会　二〇一八年　一〇二頁。
(26) 『日本の美術』NO.五一六　ぎょうせい　二〇〇九年　七四頁。
(27) 植木行宣「山・鉾・屋台の祭りとその展開」『日本の美術』NO.五一六　ぎょうせい　二〇〇九年　九六頁。
(28) 『角館祭りのやま行事報告書』（角館町　一九九七年）、『土崎港祭り曳き山行事』（秋田市教育委員会編　土崎明神社社務所　一九九三年）、『青森県山車祭礼調査報告書』（青森県立郷土館　二〇〇三年）などに掲載されている山車の写真や解説からそのように判断することができる。
(29) 菊地和博「最上川を往来した文物考―特に青苧と雛文化について―」『会報　河川文化』七六号　日本河川協会　四～七頁。
(30) 菊地和博『やまがたと最上川文化』（東北出版企画　二〇一三年）では、日本海海運ルートの沿岸各地から運ばれてきた陶器、梵鐘、仏像、石材物、衣料、雛人形、祭礼、言語など多くの物資・文化を紹介しながら、日本海および最上川は「経済の道」であるとともに「文化の道」でもあったことを論じている。

（31）『山形民俗』第三四号（山形県民俗研究協議会　二〇二〇年　四四頁）では、酒田山王祭の傘鉾について以下のように述べた。核心的な部分なので長くなるがそのまま引用する。

「酒田山王祭礼図屏風」の左端（第六扇）に二基の傘鉾が前後して並んでいる。一基目は傘の真ん中の柄（中棒）を含めてほぼ右半分のみ描かれており、左半分は「小縁」によって切れている。傘は薄茶色で饅頭笠のようななだらかな傾斜を持ち、傘周縁には丈の短い青色の傘幕が垂れて周囲に巡らされている。この傘幕には緑色の龍紋のようなものがあしらわれているが、薄くて判別できない。傘の最上部には壺型の竹網籠のようなものを載せている。この網籠の開いた口から何本もの細く切った竹、もしくは草状のものが湾曲に垂れ下がっている。一本一本に小さな飾り花などは付着していない。次に傘の下部について、真ん中の柄（中棒）はやや太めで、茶色の地肌が露出した木製のように見える。この柄（中棒）の途中からボカシが入っており、傘はまるで空中に浮かび上がっているように見え、その下は省略されている。

二基目について、まず傘は一基目よりやや濃い薄茶色であるが、饅頭笠の形状は同じである。傘の周縁部には赤色の傘幕が垂れて周囲に巡らされているが、紋様はなく無地である。また傘周縁部には、見える部分だけでも三体の風鈴が下げられていて風になびいているふうである。傘の最上部には三つ叉鉾が立っており、三本の鉾には中央にそれぞれくっきりと溝らしきものが彫られている。傘と三つ叉鉾の接合部には緑地に青色の雲流が描かれた布が巻かれている。また三つ叉鉾の下部（緑地の布との境界部）には白色の巻毛が付着している。注意を引くのは傘から吊り下げられたものであるが、赤色の傘幕が垂れているため姿全体は見えず下半分しか見えない。それでも蔵鍵や軍配、その他色鮮やかな四つの品々が下げられてあることがわかる。宝尽くしといわれる貴重品や縁起物として象徴的な品々が表現されているものと考えられる。

柄（中棒）には一基目の茶色の木製地肌とは異なって、三種の布が斜め状に巻かれている。三種とは、無地の赤色・緑色の布と、細い黒龍紋があしらわれた薄茶色布であり気品さを醸し出している。しかし柄（中棒）の途中から松の木群が描かれていて、下方は全く描かれていない。ここには傘を支えるどのようなものがあったのであろうか。先に記した『祇園會細記』に下京区綾小路通の「綾傘鉾」及び下京区四条通の「四条傘鉾」が巡行する図が描かれている。そこでは傘鉾は一人ないし二人が手に持って運んでいる。そうすると、酒田山王祭の傘鉾も数人が手に持って運んでいた可能性がある。その場合はあえて人物は描かなかったということになる。一方、何かしら物体が存在したのであれば、傘鉾を支える四角形型の台座であったかも知れない。現在の綾傘鉾や四条傘鉾も台座に載せて巡行している。

(32) 前傾『酒田市史』改訂版・上巻　九三三～九三四頁。
(33) 前傾植木行宣「笠鉾とその流れ―山・鉾・屋台の祭り研究拾遺Ⅰ―」二〇一頁。
(34) 前傾坂本要「傘鉾・差し傘・吊り下げ物」一八頁。
(35) 酒田市立資料館に所蔵されているもので、実際の亀傘鉾を割合忠実に模したものと思われる。亀の上に立てられた傘は巨大であるが、その最先端には赤いサンゴの塊りのようなものが取り付けられている。傘には宝尽くしの吊るし物は見られない。模型全体の高さは一五三センチメートルある。脇には「日枝神社」と書かれた幟旗が立てられている。
(36) 「三十六人御用帳」『酒田市史』史料篇第二集（酒田市史編さん委員会　一九六四年）では、三十六人衆が文化十一年（一八一四）に本間正七郎から一〇〇貫文を借用して傘鉾を新調したことが記されており、酒田山王祭で巡行した傘鉾の存在が確認できる。
(37) 福原敏雄『江戸山王祭礼絵巻』（岩田書院　二〇一八年）には、祭礼に巡行する多様な練り物・山車とともに傘鉾も詳細に紹介されており、関東における祭礼文化にも傘鉾の系譜が確認できる。
(38) 『庄内の傘福を訪ねて』山形県庄内地方傘福研究会　二〇一四年　三～四頁。
(39) 内山大介「奉納される傘鉾と吊り下げ物―東北日本海地域における傘鉾の展開―」『まつり』八十一　まつり同好会　二〇一九年　三一～六四頁。

(40) 前掲『酒田市史』改訂版・上巻　九三五〜九三六頁。
(41) 前掲『酒田市史』改訂版・上巻　九三二頁。
(42) 菊地和博「獅子舞（ムカデ獅子）と地域社会」『紀要』第三号　東北文教大学　二〇一三年　二一一〜二一三頁。
(43) 前掲『酒田市史』改訂版・上巻　九六七〜九六八頁。
(44) 前掲　五十嵐文蔵『庄内地方の祭りと民俗芸能』　一三七頁。
(45) 前掲『酒田市史』改訂版・上巻　九六七頁。
(46) 前掲　五十嵐文蔵『庄内地方の祭りと民俗芸能』　一三七頁。
(47) 前掲　船越行雄「酒田の獅子舞」『酒田民俗』第四号　一四七〜一四八頁。
(48) 前掲『描かれた祭礼』国立歴史民俗博物館　三三一〜三三五頁、四六〜四七頁、七八〜八〇頁。
(49) 同上『描かれた祭礼』国立歴史民俗博物館　一〇〜一一頁、七五頁。
(50) 柳田國男「獅子舞考」『定本柳田國男集』第七巻　一九六八年　四四七頁。
(51) 菊地和博『シシ踊り―鎮魂供養の民俗―』（岩田書院　二〇一二年）では、伎楽の獅子舞が「御願供養舞」と呼ばれるように供養の側面をもち、さらには舞楽の獅子舞も大阪四天寺舞楽や隠岐国分寺蓮華会舞のように供養儀礼に加わっていることを述べている。
(52) 前掲　五十嵐文蔵『庄内地方の祭りと民俗芸能』　七二〜七三頁。
(53) 前掲　進藤重記『出羽國風土略記』巻五　下山王　五ノ八。
(54)『酒田市史年表』改訂版　酒田市史編纂委員会　一九八八年　七〇頁。

第三章　黒獅子の芸能とまつりの研究

はじめに

かつて山形県の置賜地方を流れる置賜野川は、度重なる洪水をもたらす暴れ川であった。一方では、稲作の灌漑用水や市街地を流れる堰・水路など生活用水としての役割をはたしてきた。置賜野川は治水や利水の両面において人々の生活とともにある河川だった。このような置賜野川の上流には三渕（淵）明神が祀られており、古来そこには大蛇（龍神）が棲んでいるという信仰が生まれた。三渕（淵）明神の神使でもある大蛇は水神様として流域の人々に崇敬されてきた歴史をもち、現在でも個人の敷地内に三渕（淵）明神を祀っている事例がいくつかみられる。大蛇は三渕（淵）から下って総宮大明神の祭礼前夜に社殿に入り、翌日から黒獅子に姿を変えて集落を舞い巡るという伝承が生まれた。それが黒獅子芸能の発生由来譚ともなっている。当地においては、信仰や伝承は獅子の祭礼芸能を生み出し、現実社会をも動かす大きな力となっている。黒獅子は各社寺の祭礼芸能として約四十団体が継承され、その集合体である「ながい黒獅子まつり」は令和元年（二〇一九）で三十回の節目を迎え、今や地域の賑わいづくりに大いに貢献している。

本章では以上についての史・資料に基づく論述のほかに、日本における獅子舞の発生、熊野修験の影響を受けた中世の黒獅子と江戸期以降の大神楽の赤獅子との比較検討、県外事例を含めた芸能文化による地域振興の現状と課題などについて論じたものである。

第一節　治水・利水の神と祭祀伝承

一　暴れ川と水路

置賜野川（以下野川）は、西方に聳え立つ朝日連峰の大朝日岳（一八七〇メートル）の南方にある平岩山（一六〇九メートル）に端を発している。山々のV字渓谷を東南に向かう流れは、長井扇状地の扇頂部にあたる空沢、高蹴（たかへぐり）付近でほぼ直角に北東方向に流れを変える。その結果、大雨が降れば鉄砲水はたちまち扇頂から扇状地内を襲うことになる。実際に洪水はひんぱんに起こっており、大被害をもたらした洪水は宝暦七年（一七五七）、明和六年（一七六九）などが知られている。野川がいわゆる暴れ川といわれるゆえんである。ようやく、明和七年八月に国役普請による締切堤防が竣工することとなり、幕府の築堤奉行が派遣されて工事の指揮に当たっている。また、米沢藩でも明和八年に独自の締切堤防を築いている。この締切堤防は明治三十六年（一九〇三）八月の大水による堤防決壊まで一三二年もの間、平山・九野本・宮・小出の四か村を洪水の被害から守ってきた。

一方、野川は農業や町場で生活を送る人々にとっては不可欠な川として貴重な存在であった。「『元置賜村反別』にみる村々の田水」では、江戸時代後期の当地二十二か村の灌漑用水の種別を表にしている。それによれば、野川から灌漑用水として取水する堰は、平山堰・九野本堰・栃木堰・中村堰であり、それらは、寺泉・成田・五十川・中・時庭・萩生・上九野本・下九野本・平山・小出・宮・泉の村々の水田を潤した(1)。

野川から引いた堰・水路・小河川は、町場を編み目状に東西に走って住居の敷地内も流れ、人々はそれらを産業用水や生活水として利用してきた。利水面の一つの事例として、木蓮川（木蓮堰）は野川本流の水を引いて、旧平山村・小出村・宮村の三ヶ村の灌漑・飲用・雑用水にあてた重要な堰である。『平野郷土誌』によると、木蓮川では野川上流の山で伐採した木材を野川の下川に流す流し木（木流し）が行われた(2)。急流の野川を流した後は、一旦木蓮堰付近の木場に集積した後、木蓮川を水路として町場まで流し小出薬師寺裏などで陸揚げし、木材は燃料として一般に売りに出された。また、江戸期は米沢藩直営の製蝋の燃料としても利用した。流し木は、野川にダムが建設された昭和二十八年（一九五三）頃までおこなわれている。

二　野川三堰

野川には江戸時代から本流をせき止めて水を取り入れた堰が三つ造られ（野川三堰）、現在まで長井市域を飯豊町び一部の田畑や町場で利用されてきた。まず、「一の堰」の栃木堰は、成田・五十川・草岡・寺泉の用水をさす。次に「二の堰」の一つは荒川堰であり、上九野本・下九野本・泉・小出・平山の用水をいう。さらにもう一つは中村堰であり、時庭・中（飯豊町）・萩生（飯豊町）の用水。最後は「三の堰」は木蓮堰といい、平山・小出・宮の用水のことである。

これまで、長井では野川の大規模な洪水の繰り返しに対して、前述のとおり堤防を築いて洪水を防ごうとする治水対策が試みられてきた。その一方で、農業や町場で生活を送る人々にとっては必要不可欠な川であったことから、堰などによる利水事業を数多くみることができた。長井の人々にとって野川はまさに生活とともにある河川だったのである。

三　流し木の守り神

流し木最大の難所は、三渕（淵）であった。ここは野川本流といいながら、川幅はわずかに二・七メートルほどである。絶壁を形づくる峡谷であり延長二二〇メートルもある。三渕への最初の入り口は最も狭く、両岸は一五〇センチメートルそこそこに迫っていて、「吉平一ト跳ね」という伝説のあるところである。谷は見上げる絶壁、岩上に茂る樹木のために昼なお暗く、滝の落下するところもあって水深は底知れない。このところを「三渕（淵）どあい」と呼んで恐れられていたところである。この狭い流れに滝壺があるので、流木はここに至ってみな停滞してしまう。自力脱出はとうていできない。これを「みどがくった」と称した。(3)

そこで固く停滞した流木を下流に流しやるために、絶壁を降下して詰まった流木を一本ごとに崩さなければならなかった。この作業には相当の勇気と熟練が必要であり、時には犠牲者の出る場合も少なくなかったといわれている。このため流木作業の安全を祈るために、三渕（淵）の出口と野川の支流布谷の合流地に祀られたのが、武御名方命を祭神とする三渕（淵）明神であった。(4)

この祭神を祀る本社は信濃国（現長野県）の諏訪大社であり、その神の姿は龍である。この神は原始時代に

写真１　青木家「三渕（淵）大明神」

狩猟神、農耕時代に入ると水神（龍神）、武家時代には軍神というように時代的に変化したといわれる。第一節の三であらためて述べるが、三渕（淵）明神には古くから大蛇（龍神）信仰があり、水神としての「武御名方命」が祀られたのは得心がいく。

　この三渕（淵）明神の分霊を祀る祠が、平山小坂地区の青木芳夫宅の屋敷にあって、関係者は毎年八月朔日にお祭りをおこなっている。芳夫氏の先祖・半三郎と渋谷作兵衛は、ともに野川山の山守であったので、ことのほか三渕（淵）明神を信仰し、文化四年（一八〇七）に分霊をうけて奉祠したものである。祭りの時は相当の参拝者があったという。信仰したのはおもに流木関係者・木こり・用水堰関係者であった(5)。以上から、三渕（淵）明神は文化四年（一八〇七）以前から野川上流に祀られていたことがわかる。本章の本質に関わる注目すべきことであり、これに関して次に詳細にみてみよう。

　今述べた青木半三郎家の現当主が青木芳夫氏であり、確かに今も敷地内には三渕（淵）明神の石造の祠（高さ九五・五センチメートル、横（間口）四七・四センチメートル、奥行き五八・〇センチメートル）が建立されている（写真1）。祭りの旧暦八月一日には、かつては渋谷作兵衛家とともにお祭りをしていたが、現在は青木家のみで「三渕明神」の幟を立てお神酒を捧げて参拝している程度という。三渕（淵）明神に関わって青木家に保管

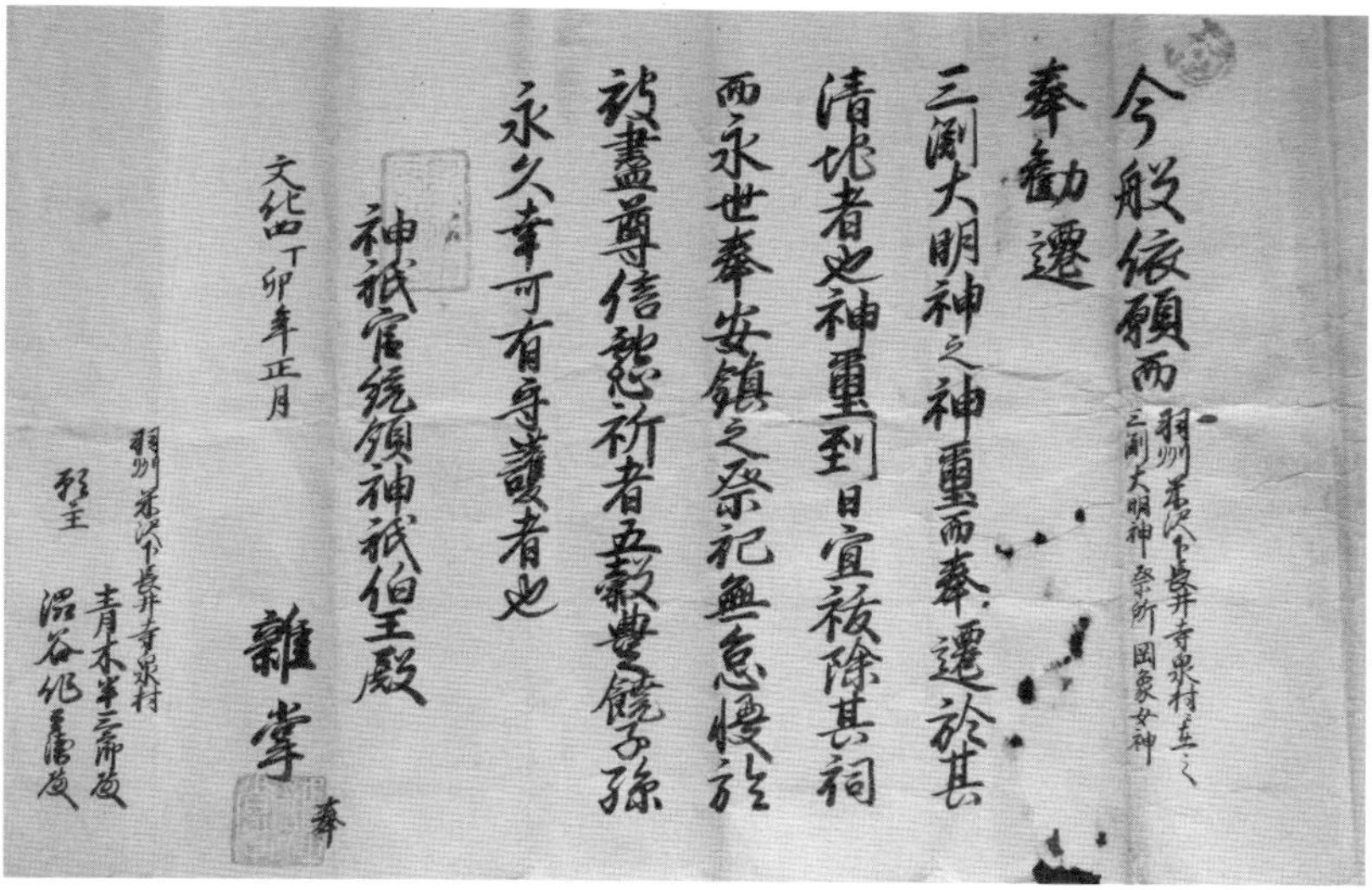
今般依願而　羽州米沢下長井寺泉村ニ有之
三渕大明神祭所　罔象女神
奉勧遷
三渕大明神之神璽而奉遷於其
清地者也神璽到日宜祓除其祠
而永世奉安鎮之祭祀無怠慢於
被尊信懇祈者五穀豊饒子孫
永久幸可有守護者也
神祇官統領神祇伯王殿
文化四丁卯年正月
雑掌奉
羽州米沢下長井寺泉村
願主　青木半三郎殿
温谷他喜蔵殿

写真２　「神祇官統領神祇伯王」の書状

されているものは、まず「神祇官統領神祇伯王」から頂戴したとされる文化四年（一八〇七）銘の書状（縦四五・五センチメートル、六〇センチメートル）が存在する（写真2）。その文面は、以下のとおりである。

今般依願而　羽州米沢下長井寺泉村ニ有之
　三渕大明神祭所　罔象女神
奉勧遷
三渕大明神之神璽而　奉遷於其
清地者也　神璽到日宜祓除其祠
而　永世奉安鎮之祭祀　無怠慢於
被　尊信懇祈者　五穀豊饒子孫
永久幸可有守護者也
　　神祇官統領神祇伯王殿
文化四丁卯年正月　　雑掌奉（朱印）
　　羽州米沢下長井寺泉村
　願主　青木半三郎殿

渋谷作兵衛殿

この書状は、最後にある「羽州下長井寺泉村青木半三郎　渋谷作兵衛」の両者が三渕（淵）大明神を「勧遷」つまり神を他の場所に移すこと（分霊・勧請）を願い出たことについて、文化四年（一八〇七）に「神祇官統領伯王殿」によって承認された内容となっている。大意は、三渕（淵）大明神の神璽（御神体）を清地に奉遷するので、神璽をお祓いし永世にわたり怠りなく安鎮祭祀し尊信懇祈すれば、五穀豊穣と子孫に永久に幸いが守護される、ということになろうか。

写真3　神璽と神鏡

神祇伯王とは、神祇官という朝廷の祭祀を司る役所の長官であり、京都の白川家が代々世襲していたとされる。「認可証」といもいうべきこの書状は厚手の和紙に墨書されており、丸印と角印が計三か所押されていて一定の格式を感じさせる。青木家と渋谷家では、神祇官の認可をもって三渕（淵）明神の分霊と祭神化が正式に認められたと受け止めてきた。

さらに、青木家には神鏡（直径五センチメートル）がある。それは、刺繍が施された赤系布地に麻糸が縦横に巻かれた四角形神璽（高さ八・八センチメートル、奥行き五・七センチメートル、幅五・六センチメートル）に添えられるかたちで存在する（写真3）。神鏡の側には小さな御幣もある。神鏡を入れた箱の正面には「弘化二年

写真４　櫛と笄

四月十五日　神祇伯資敬王　勧遷」とあり、箱の底には「正一位三渕大明神」と記されている。弘化二年（一八四五）に三渕（淵）明神は神位である「正一位」を授与されている。

そのほか、保管されているものに櫛と笄《こうがい》もある（写真４）。二つとも素材は鼈甲とみられ、櫛は長さ二三センチメートル、幅二・三センチメートル、笄は長さ一五・三センチメートル、幅五・七センチメートルである。明らかに女性のものであり、使用した痕跡もみられる。これらを入れた箱には、「神祇伯資延王　謹勧遷授位　正一位三渕大明神　御體在中」とある。櫛と笄は、「御體」つまりご神体を表すとみられる。青木家ではそれらは女性用のものであることから、三渕（淵）明神とは卯の花姫であると考えてきた。前述した文化四年の書状の書き出し下段に、小さい文字で「三渕大明神祭所　罔象女神」と記されている。罔象女神（みずはのめのかみ）とは、神話では「水波能女神（命）」

などとも記され、庶民信仰では水を司る女神である。

三渕（淵）大明神が「罔象女神」とされていることについて、簡潔に触れておきたい。一般的に、神社等の祭神名には古事記や日本書紀に登場する神々の名が使用されるのが通例であろう。三渕（淵）の神にも神名を授けようとするならば、水を司るという役目の罔象女神という女神が適切であったと考えられる。その罔象女神は当地においては伝説の中の卯の花姫と結びつけられたことで、卯の花姫がいっそう神格化され、伝承では三渕（淵）の神と卯の花姫が一体化されていったことが考えられる。以下に記す「雨乞い・堰の守り神」の項で、寺泉地区の上郷公民館「館報　上郷山」記載の「寄付人名簿」書き出し部分にみえる「水波能賣命《ミズハノメノミコト》」も罔象女神と同一神であり、ここでも三渕（淵）の神と卯の花姫が一体化されていった形跡をうかがい知ることができる。

さらに箱の中には紙のお札「御神護」も納められているが、中央には鉾に龍が巻き付いた姿が描かれてある。まさに、大蛇つまり龍神の信仰を意味するだろう。

総宮大明神の祭礼では、三渕（淵）明神（青木家では卯の花姫）が野川を下って総宮大明神の神殿に入るという伝承が語り継がれているので、かつて青木家では祭りの旧暦八月一日は渋谷作兵衛家とともに野川上流方面に歩いて行き、川下り途中の明神様（卯の花姫）をお出迎えしていたという。その時に明神様は「半三郎、ごくろう」と言ったのが聞こえたという伝承も残されている。

こうして迎えた明神様を青木家の自宅で盛大にもてなす宴をおこなっており、その参加者は流し木作業者や用水堰の関係者など男性だったという。宴が終わればその日のうちにまた野川までみんなで歩いて行って、同じ場所で再び大蛇・龍神が下って行くのを見送りしたとのことである。二〇一〇年頃までは、寺泉の五所神社の氏子総代が、毎年お盆過ぎ頃に青木家に三渕（淵）明神の参拝に訪れていたという。このことも、関連事項

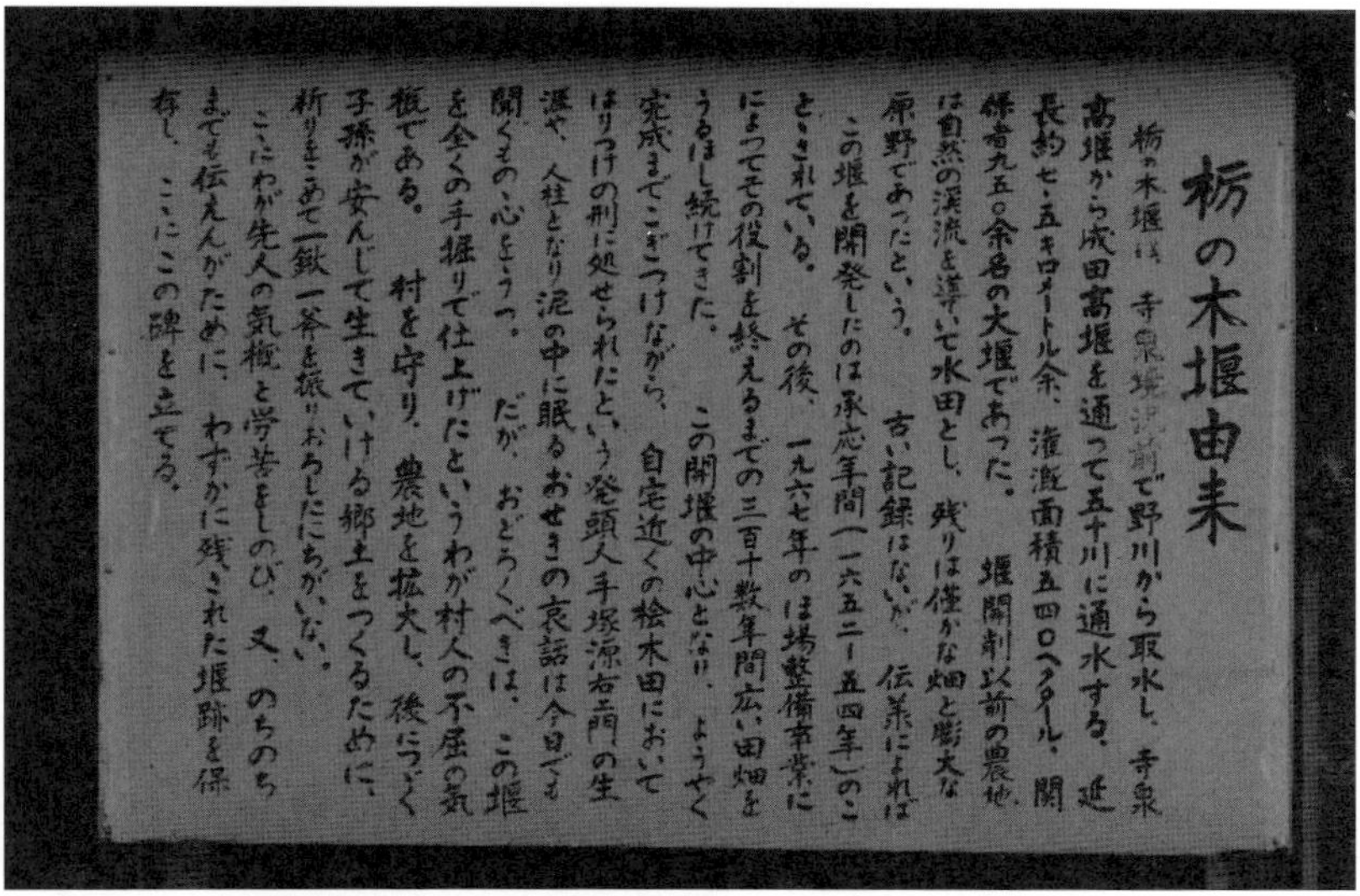

写真５　「栃の木堰由来」看板

として記憶されるべきであろう。

このように、流し木の守り神として関係者の間では三渕（淵）明神に対するじつに篤い信仰がなされてきたことを知ることができるのである。

四　雨乞い・堰の守り神

当地域で最大の旱魃だったとされる嘉永六年（一八五三）の大旱害に際して、草岡村では小滝ヶ沢の大池や歓喜院の庭前、或は野川の三渕（淵）明神などで雨乞いを行った。また、野川三堰の「栃木堰」（写真５）に関して、その堰頭に五十川村の平吹市之丞という人物がいた。その平吹は、自分の敷地内に三渕（淵）明神を建立している。平吹市之丞は、寛政七年（一七九五）に同家の養子になると共に家督を継ぎ、先祖よりの大堰頭となり、栃木堰の改修や中小堰の疎通に主導的な役割を果たした。文化十三年（一八一六）に代官所直支配を命じられたのも、堰頭

写真６　平吹家「三渕（淵）神社」

として永年栃木堰を運用せしめた功労に対するものであった。また文政二年（一八一九）には、同家の館屋敷の西北に三渕（淵）明神の分霊を勧請し、小祠を建てて栃木堰の守護神（堰鎮守）として尊崇した。(6) 平吹家に残る「家宝記」には，三渕（淵）明神について次のように記されている。

文化七年迄十五ヵ年ニ而新堰成就致
水下一統評判
勧請導師　勧進代村　修験正徳寺　賢能
法印
大工棟梁　平山村　菊地初太郎
発願主　手塚孝助　同　大道寺佐五兵衛
（中略）
遷宮　同年十一月
祭礼　毎年七月朔日　（後略）

文中「新堰」とは草岡新堰のことで、五十川村野際から草岡村「式反こまひ」までの堰を言い、ここで初めて栃木堰に草岡村が加わって四か村となった。

平吹家の三渕（淵）明神は現在も敷地奥に建立されており、木製の祠で高さ一八九センチメートル、横（間口）一五五センチメートル、奥行き一三八センチメートルのお社である（写真6）。中に入っていた棟札で、本章に関係する三枚のうち最も古い明治八年（一八七五）銘には次のように記されている（写真7）。

〈表・墨書銘〉

明治八乙亥年十一月

祭主　平田俊邁

副戸長

新堰頭

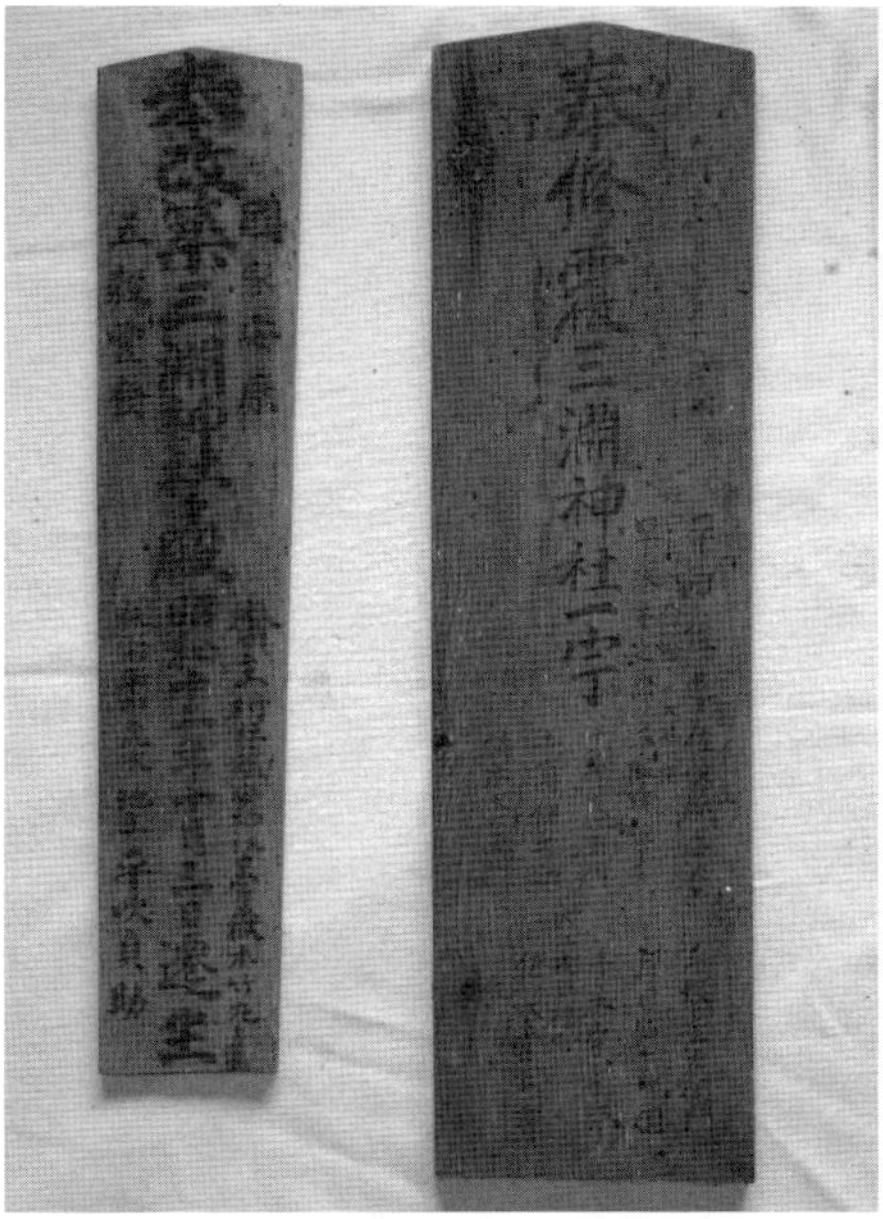

写真7　明治8年の三渕（淵）神社棟札

社守　大堰頭　佐藤兵内　手塚孝左衛門
　　平吹市之丞　大堰小頭　孫田惣兵衛
　　　　手塚興惣吉　青木宇三郎
　　　　高橋平次右衛門　大工成田村
　　　　小嶌伊之助　佐々木常五郎
　　　　佐々木友右衛門

奉　修復　三淵神社　一宇

〈裏・墨書銘なし〉

この棟札には、「大堰頭」「大堰小頭」「新堰頭」の役職にある一〇人の名が記されている。その他二つの棟札は、大正二年（一九一三）に「葺替」、昭和十二年（一九三七）に「改築」された際に奉納されたものである。いずれの棟札裏側にも「関（堰）頭」の役職者それぞれ五名の名が記されている。

文政二年（一八一九）の三渕（淵）明神建立の目的は、栃木堰という農業用水に対する祈願であることは明白である。絶えない豊かな灌漑水への人々の切実な祈りと願いが三渕（淵）明神への信仰を生み出してきた。

もう一つの事例を紹介しよう。寺泉の渋谷佐輔氏の敷地内にも、三渕（淵）明神の石製祠がある。「口之宮三渕神社」と記した木製標柱が立っており、高さ八七センチメートル、横（間口）三〇センチメートル、奥行き四三センチメートルの祠が鎮座している（写真8）。祠裏側には渋谷姓をもつ七人の親族名が氏子として刻まれており、最後に「昭和六二年七月入魂」とある。この年に、古い祠を新しく建て替えたということである。古い祠は昭和四十年代初期に渋谷家に遷座したものであり、それ以前は近くを流れる栃木堰の側に鎮座していた。いつ頃の建立か、その起源は不明である。かつての場所も渋谷家の土地であり、旧暦八月一日に上

写真８　渋谷家「三渕（淵）神社」

郷・野川隣組を中心に祭りを行っていた。その頃は宿回りで各自宅に参拝者を招いて「お御堂入れ」と称する祀りと宴席が設けられたという。

渋谷家敷地内への遷座後も、旧暦八月一日の夜に渋谷家に親族七人が集まって、祠である三渕（淵）明神に供物をあげて参拝し自宅で酒席を設けている。親族七軒の輪番制でお祭りをおこない、それぞれの家に集まって宴を行っていた時期もあったという。

渋谷家には、野川上流の本社三渕（淵）明神に使用された鍵が保管されている（写真９）。鍵には木札が付いており、表裏には「明治三拾三年　三渕神社鍵氏子総代人」「明治三十三年八月一日　社務所」と墨書されている。明治三十三年（一九〇〇）に新しいお社を建立した際に渋谷家で預かったものという。この時期に渋谷家は氏子総代を務めていたのであろうか。明治三十二年に暴風雨がこの地域を襲って家屋等に大きな被害が出たが、この時に本社三渕（淵）明神も壊滅的な被害を受けたので再建したことはこれからまた触れる。寺泉の五所神社拝殿にも「奉再建　三渕神社

写真９　明治33年銘の三渕（淵）神社「社務所」の鍵

写真10　木片「三渕御神木　渋佐」

宮殿一棟　明治三十三年庚子八月一日　社掌　青木吏美」と墨書された棟札が掲げられており、年号月日は一致している。

渋谷家では、鍵以外にも「三渕御神木　渋佐」と墨書した長さ約三十センチメートルの木片と、お社の一部を構成していたと思われる木製の彫刻飾りも保管されている（写真10）。これら解体されたお社の一部は、今なお自宅茶の間の梁に掲げて往時を偲んでいる。

明治三十三年の三渕（淵）明神の再建について、当時の詳細な記録は寺泉の上郷公民館「館報　上郷山」に記載さ

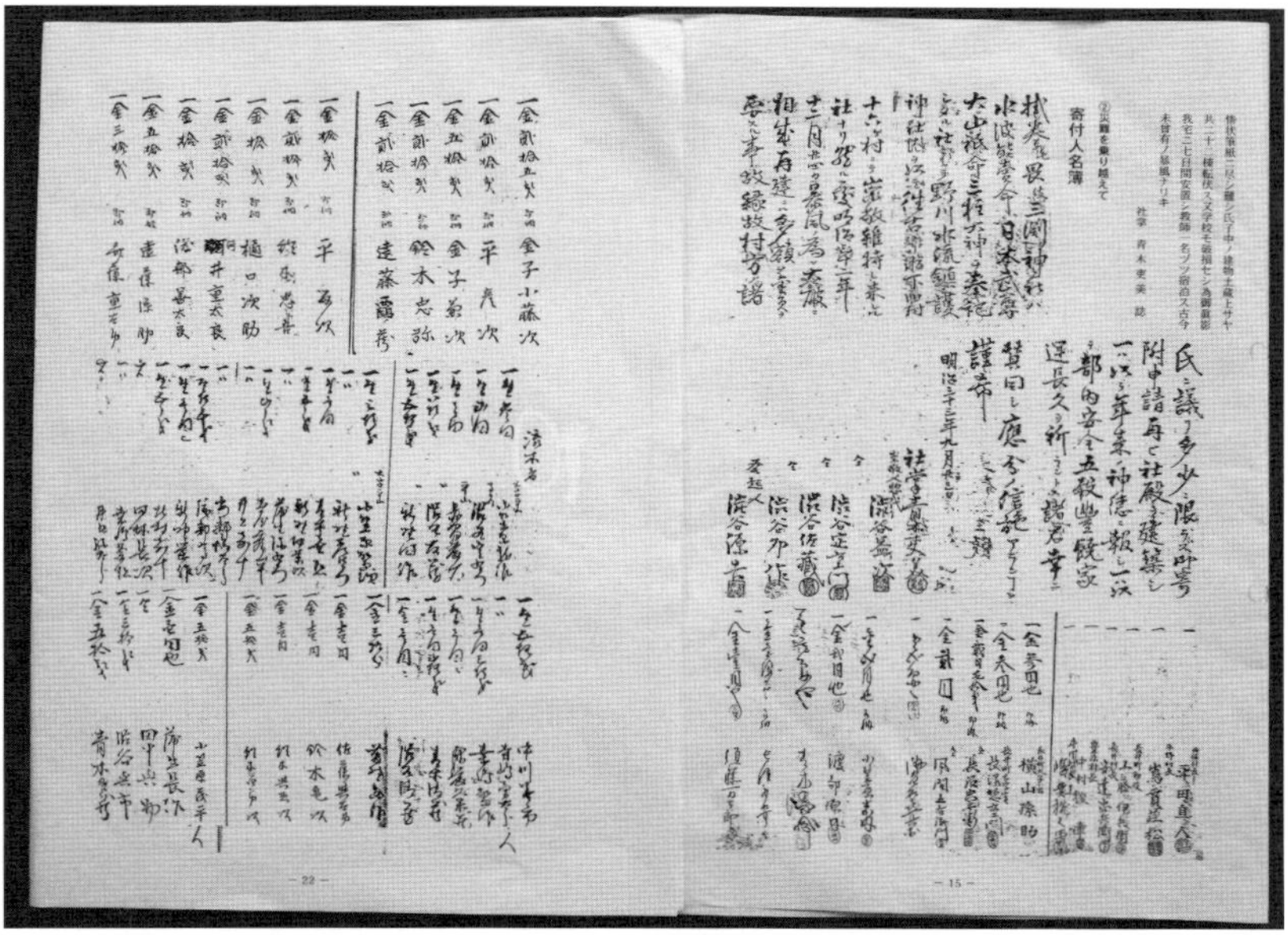

写真11　明治33年「寄付人名簿」の一部

れている。そこには再建の際の「寄付人名簿」が載っているが（写真11）、明治三十三年九月二十三日付の趣意文書き出しには次のように記されている。[7]

三渕神社ハ水波能賣命、日本武尊、大山祇命三種大神ヲ奉祀シタル社ニシテ野川水流鎮護神社ヲ以テ往古ヨリ水下旧村十六ヶ村ニテ崇敬維持シ来ル御社ナリ、然ルニ明治三十二年十二月廿四日暴風ノ為大破ニ相成再建ニハ多額ノ出費ヲ要スル事故、縁故村方諸氏ニ議（諮か）リ、多少ニ限ラズ御寄附申請再ビ社殿ヲ建築シ（以下略）

この文には、社掌の青木吏美を筆頭に崇敬人惣代四人と発起人に長井町助役、西根村長、平野村長、豊原村長など七人の名前が連ねてある。そこに三渕（淵）明神は野川水流の鎮護を司る神社として十六か村で崇敬されてきたとあ

写真12
野川上流にある昭和13年建立の本社「三渕（淵）神社」

るように、「寄付人名簿」には長井町大字宮・小出、長井村大字五十川・成田、勧進代、平野村、豊原村大字萩生・黒沢、豊田村大字時庭など、じつに広域にわたる地域在住者の名前がみえ、合計三五五人分の寄付金額が一人一人記入されている。遠方の萩生や時庭など野川の中村堰の恩恵を受けた地域の人々の名もあり、「寄付人名簿」からあらためて三渕（淵）明神が多くの集落において信仰されてきた歴史を知ることができる。

　その中で、注目すべきは「流木者」として三十五人の名がひとかたまりに記されていることである。「流木者」とは、野川山から伐り出された木材を野川水流を通して長井の町場へ送る流し木関係者であろう。また、「流木者」の次に「人夫寄附」の欄もあり、三十人の名前を確認することができる。この「人夫」とは、流し木作業に直接従事する現場の作業者たちではなかろうかと思われる。名簿の最後には、「明治三十四年二月十三日　流木者世話係　小笠原龍作」とある。このように、寄付金者に流し木関係者が多く関わっていることは、三渕（淵）明神がどのような人々によって信仰されたのか、その一端を物語っているだろう。

　こうして再建された本社三渕（淵）神社であったが、三八年が経過した昭和十三年（一九三八）にまた新築された。それは高さ一三〇センチメートル、横（間口）六〇センチメートル、奥行き七七センチメートルの石製祠（写真12）である。そのことについて同書「館報　上郷山」では、「側聞によれば、五所神社獅子舞連中の若い強者が敬神の念篤く、すべて手作業で峰を越えたとのこと、『背負って行った。柴でソリを作って引っ張った。』など、移送距離や祠の大きさを考えれば、計り知れない敬神パワーは想像に尽きない」と記している。(8) この石製祠に安置されるご神体は、南天や松の木三本の図柄に「上嶋和泉守」と刻まれた柄付きの青銅鏡である。祠の裏には「昭和十三年建立　石工　田中留五郎」とある。この三渕（淵）の本社については現地踏査を踏まえて後段であらためて触れる。

この再々建された本社は、やがて長井ダム建設に伴って水没する運命にあり、移転を余儀なくされる。三渕（淵）神社は平成二十一年（二〇〇九）六月に野川の左岸から右岸山際に移転完了した。新しい住所は「長井市平野字三渕向四二七一―二」である。左岸の寺泉側から、野川を挟んだ右岸の平野側へ移ったのである。

これまで三渕（淵）明神への崇敬と再建や移転に関しては、一貫して寺泉村と五所神社が深く関わっていた（写真13）。さらに上郷公民館「館報　上郷山」には、寺泉の五所神社に関する「寺泉村書上控」の中に三渕（淵）神社に関することが記されており、その「書上控」内容が紹介されている。(9)

一、宮社　拾尺　四面
一、祭神　武御名方命
　　但　勧請年期不分被明候
一、神位　正一位　文政十三年
　白川殿ヨリ請之
一、祭日　八月朔日
一、社地　野川山三里奥御座候　東西　拾七間
　東北　拾間

写真13　寺泉「五所神社」

一、造営　　宮守　青木半三郎
　　　　　　　　渋谷作兵衛

一、藩廳迄　拾壱里

これによれば、三渕（淵）明神は文政十三年（一八三〇）に神位「正一位」が白川殿、つまり神祇伯王職にある京都白川家から授与されている。祭礼日が旧暦八月一日であることは、これまでの事例や記録を通して共通してみられる。祭神は「武御名方命《たけみなかたのみこと》」とある。先に三渕（淵）明神は「水波能賣（女）命、または罔象女神」（みずはのめのかみ）として祀られている事例もみてきたが、三渕（淵）明神には二種の祭神名が使われているようである。しかし、いずれも水神であることに変わりはない。

上記「書上控」には「宮守　青木半三郎　渋谷作兵衛」とあるが、前述した青木芳夫家の三渕（淵）明神の分霊に際して、この二人は野川山の「山守」として書状に記載されていた。さらに、ここでは本社三渕（淵）神社の「宮守」も務めていたことがわかり、両家は重要な役割を担っていたことを確認することができる。なお、同書では野川の三渕（淵）神社は「長井市寺泉字三渕大明神四二九五番」とされ住所が明記されている。この住所は当時の営林局が行った「実測図」にも記載されていて一致している。

三渕（淵）神社は、寺泉の五所神社の末社として境内に建立されていたことは、「明治四十一年十月十七日神社財産臺帳　村社五所神社」に記されている。(10)ここには「三渕社殿　明治十五年九月再建」とあり、「社殿」が明治十五年（一八八二）以前にも境内にあったことを示している。同資料の中で、おそらく明治六年（一八七三）に記載されたであろうと思われる「神社書上簿　羽前國置賜郡寺泉村神社取調書」にも、「三渕神社　無税地　右境内鎮座」とある。このことを裏付けるように、「五所神社境域状況圖」（年号不詳）にも拝殿に向かって右脇手前に「末社三渕神社」が描かれ、「三尺」（横・間口）、「三尺」（奥行き）と寸法が記されている。その隣りには「末社稲荷神社」もある。末社はこの図面では二つしか描かれていない。

しかしながら、現在の五所神社の境内には、三渕（淵）神社は見当たらない。いつ何故、末社としての存在が消滅したのであろうか。同「五所神社の資料」の「郷社ニ昇格相成度義ニ付稟請」には次のように記されている。(11)

大正四年六月五日、収学第二一七五号ノ一ヲ以テ合祀セル三渕神社ハ野川水下一帯元十六ヶ村ノ水上總鎮守ニシテ祭礼及社殿修理等ハ十六ヶ村ニ於テ怠慢無ク奉仕仕リ候

この文の冒頭に、大正四年（一九一五）に三渕（淵）神社を合祀したとある。この時点で、末社である三渕（淵）神社は境内から社殿内に祭神として祀られたとも考えられる。一方、五所神社所蔵の「縁起書（写）」で

写真14　寺泉五所神社関係者による本社「三渕（淵）神社」への参拝

は、寛治四年（一〇九〇）に朝日岳大日霊貴尊、月ケ峯月讀尊、岩上別雷尊、小朝日金山彦尊、三渕武御名方尊の五か所の尊霊を移して合祭して朝日山五所大明神と称したとある[12]。すでに平安末期に三渕（淵）明神は合祀されていることになるが、年代もさることながら、「三渕武御名方尊」の文字脇に「日本武尊」と書き直されており、三淵（淵）明神の合祀については検討を続けなければならない。

　最後に、五所神社祭礼は現在八月十五日におこなっているが、この祭礼の一か月後に、氏子総代長・氏子副委員長・委員・黒獅子保存会などの方々は、神社のお札を納めに本社である野川上流の三渕（淵）神社に毎年欠かさず参拝している。令和元年（二〇一九）は九月十五日に九名の方々が本社に赴いた。以下はその時の同行記録をもとにして記す。

　朝八時近くから三渕（淵）神社を目指して平野側の山からスタートしたが、普段は歩かない山道であるため草や枝は延び放題となっている。何度か、草苅機でそれらを払い除きながら前進するという難儀さが伴った。往路後半から山道は急勾配となり、転げ落ちそうになりながら下る。参拝登山は、まさに難行苦行といえる。一行は、なんとか目的の本社まで辿り着いたのは十一時頃であった。本社三渕（淵）神社は山の中腹に建立されており、実測高さ約一三三センチメートル、横幅約七七センチメートルとやや小型である。この石製祠に安置されるご神体は、南天や松の木三本の図柄に「上嶋和泉守」と刻まれた柄付きの青銅鏡である。祠の裏には、「昭和十三年建立　石工　田中留五郎」とある。神前に奉納するのは、その年の五所神社祭礼のお札のみならず、供物として御神酒・塩・スルメ・ネギが献上される。米は、毎年奉納しない慣習とのことである。一行全員が深々と参拝して、地元鎮守の神の祭礼が無事終了したことを三渕（淵）の神に告げる（写真14）。九名の中には十六年間も参拝し続けている人もいる。昼食をとって十分な休憩ののち帰路につく。復路の道のりも長く険しく、急勾配部分はロープにしがみつきながらよじ登る。午後二時すぎに、疲労困ぱいしながら全員無事帰還となる。峻厳な山中にある本社「三渕（淵）明神」に参拝し続ける五所神社関係者の律儀さと崇拝の心は、並大抵でないことは確かである。

以上、これまでみてきた多くの事例や資料をとおして、野川流域旧十六か村の人々の三渕（淵）明神への信仰心、すなわち雨乞い、流し木、堰・用水等がもたらす野川本流への感謝と祈りの心をあらためて確認することができる。

五　「三淵明神大絵図」

三渕（淵）明神への信仰は、これまでみてきた事例よりもっと古い時期まで遡ることができるようである。旧『長井市史』第二巻によれば、元禄九年（一六九六）九月十九日に堀金村平右エ門、野呂八右エ門筆の絵馬「三淵明神大絵図」が総宮大明神に奉納されているのである。[13]しかし、この「大絵図」なるものは現在は総宮神社に見出すことが出来ない。どこかに保管されてあるのかどうか非常に興味深いところである。記録上は、少なくとも江戸時代前期には野川流域の人々の心に三渕（淵）明神への信仰が確実にあったということができよう。

これら一連の信仰事例は、野川流域で生活を営む人々にとって、少なくとも江戸初期から三渕（淵）明神は治水・利水を司る水神としての役割をもち、切実な祈りの対象として誠に貴重な存在であったことを物語っている。このことに関してはさらに後段で詳細に触れていく。

第二節　赤崩山と総宮大明神の由来伝承

長井を流れる最上川や野川は治水と利水の両面において崇敬や信仰の対象となり、切実な祈りの心からさまざまな祭祀がおこなわれてきた。最上川が起こす水害について、『総宮神社略誌』には、「往昔日本武尊東夷征討ノ際国民水害ヲ上奏ス尊大ニ憂ニ最上川ノ上流松川水源赤崩□ニ御剣ヲ立て河伯ヲ鎮定シ洪水ヲ治ム」とあり、松川水源である赤崩に剣を打ち立てて河伯（河の神）を鎮定し洪水を治めたという伝承を記している。(14) さらに同書「正一位総宮大明神起本記」では次のように記している。(15)

一、日本武尊赤崩へ御剣を立て玉ふ、出羽国の洪水オサマると云玉し話
一、と津山の事は誤りなるべし、剣の古事は赤崩なり、赤崩より野川へ納むるは実なり
一、田村将軍竹林へ宮造りは桓武天皇同廿一年なり、五所明神とも云、赤崩山白鳥大明神と云、本地三尊
同

一、蒲生氏郷五十余ケ村の神仏を集め総宮大明神と申す
一、片倉小十郎宝物書物□□奥州白石へうつる別当神主申合せ剣を野川へ沈めしと云ふ、八朔の事とかや
正徳三年五月
称胤（花押）

正徳三年とは、一七一三年の江戸時代中期である。同じく『総宮神社略誌』に記載される「宮邑昔はなし」では、総宮大明神は「むかし松川の河上にある赤崩と云う所より飛び来り玉ふともいえり」という説を記載している。(16)

『長井市史』（昭和版）第四巻では、最上川の治水を祈り開拓神を祀った赤崩山神社と、野川の治水を祈って祀った三渕（淵）神社を最上川と野川の合流地点である扇状地の突端に合祀したのが赤崩山白鳥大明神のちの総宮大明神であるとしている。(17)

一方、赤崩の場所について、江戸時代の長沼牛翁『牛の涎』（角大本）巻九―一七「宮村明神」では、次のように最上川（松川）水源方面とは異なった方角の山々が示されている。(18)

（前略）飯豊板敷座生朝日岩上日の上湯殿羽黒などの山々に住玉ひてけり、期て幾万々の年を経て人の世となりてあら人と云者世に出て水を切落とし次第に国とはなれり、然れともいまだ四方の山の麓のみ陸地となりければ、あかるき神先跡を垂玉ふ地を赤崩と称しぬ後、幾ばく星霜を経て復今の宮の社地に移り玉ふ（後略）

これによれば、赤崩とは最上川上流方向とは違って飯豊、朝日、羽黒などの西方の山々方面を指しているよ

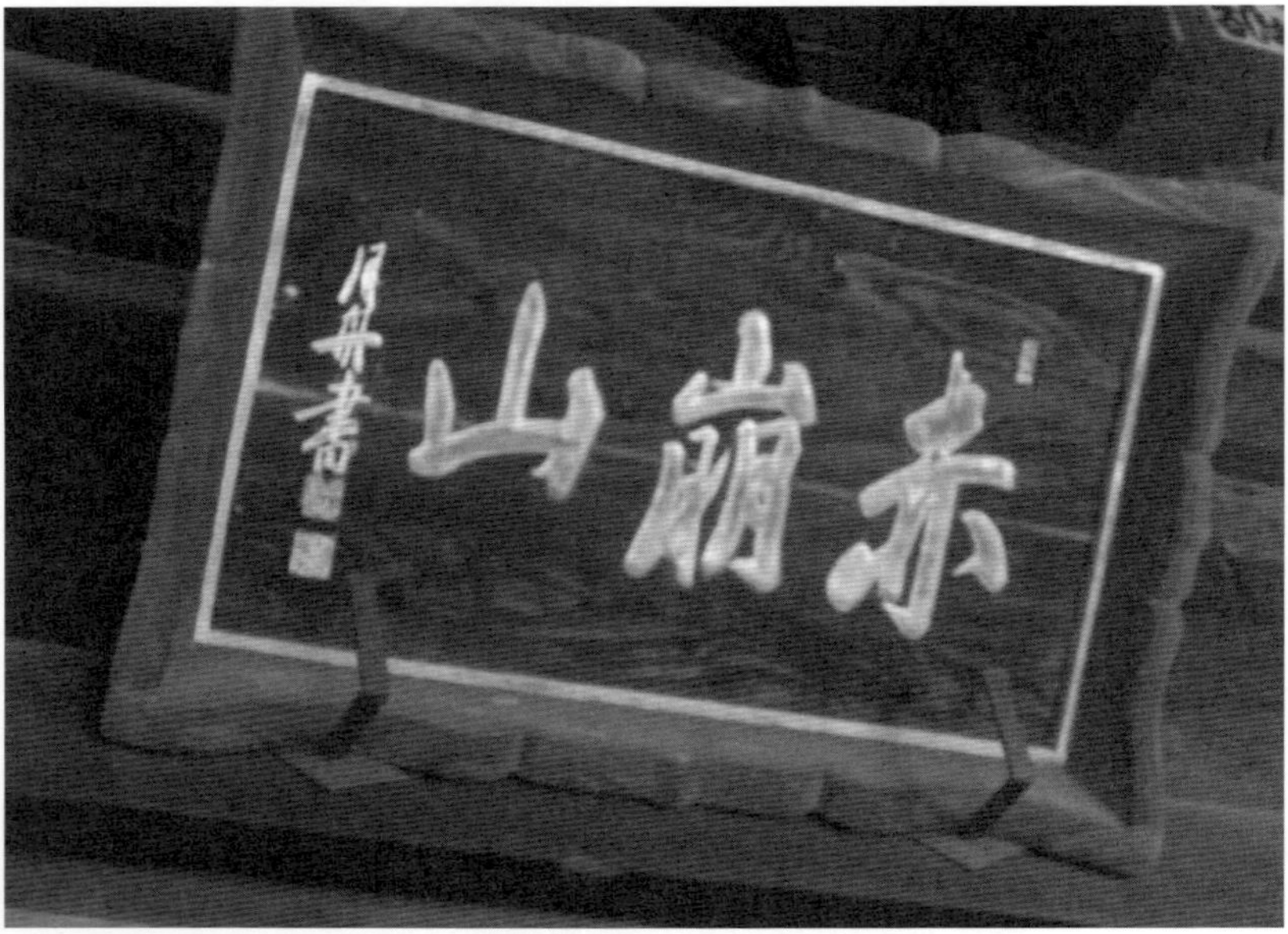

写真15　総宮神社扁額「赤崩山　月舟書」

うである。いずれにしても「赤崩」の所在地は定かではないが、水源となる「山」であることは確かなようである。

さらに、赤崩の名に関連しては、『総宮神社略誌』では、総宮大明神は延暦二十一年（八〇二）に坂上田村麿の東征の祭に始めて神社を今の鎮座の地に建て、赤崩山白鳥大明神と命名したと記している。(19)『長井遍照寺史』には赤崩の祠を総宮大明神に合祀したとある。(20)

以上、これら一連の赤崩山の伝承はどれほどの信憑性をもつか定かでないが、実際に総宮大明神との深い関連を窺わせるのも事実である。その一つに、総宮神社扁額の文字は「赤崩山」であり、これについて、『総宮神社略誌』には「赤崩山　僧月舟筆　別当見良　願主安部五助敬白　元禄二年六月十九日」と記されている。(21)確かに現在掲げられている社殿入り口の扁額から、「赤崩山　月舟書」の文字が読み取れる。現在でも獅子舞保存会名はこの山号を継承して、祭礼の際に着衣する襟の部分には「赤崩会獅子連中」、背中には「赤崩山」の文字が墨書されている。

　これまでみてきた数々の伝承や記録、事実から、総宮大明神は治水・利水などの水を司る役割を担って創建されたことは確かなようである。長井の人々は最上川や野川の治水や利水を司る神を祭祀して信仰の念を持ち続け、農業振興や生活の安定をはかってきたことが知られる。一方では自然や神々への畏敬の心がさまざまな伝説・物語を生み出して今日の黒獅子舞の祭礼へと繋がってきたことは大いに注目される。

写真16　総宮神社獅子連中着衣にみる「赤崩会獅子連中」

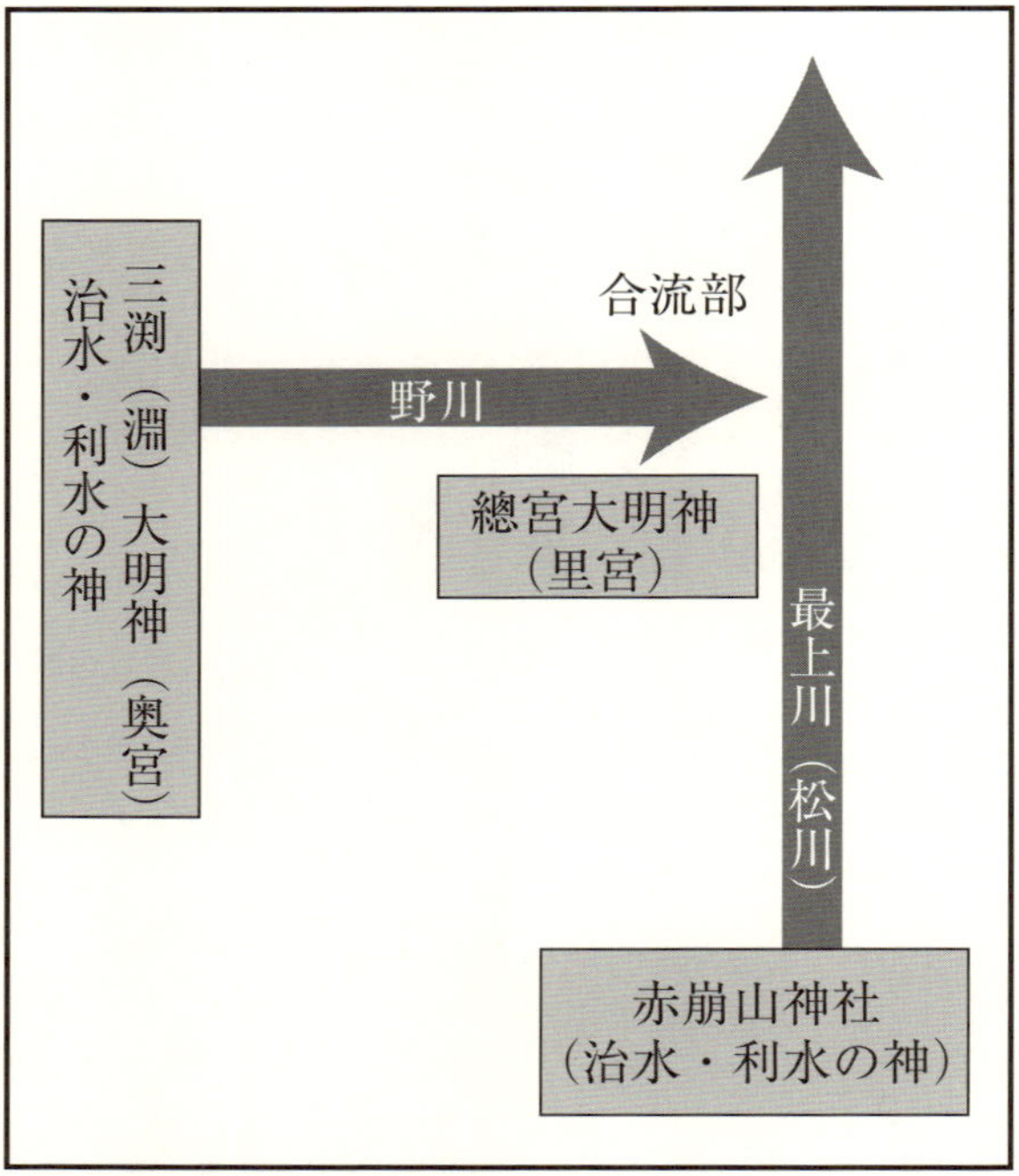

図１　赤崩山伝承と治水・利水神および神社位置概念図

第三節　野川の大蛇（龍神）信仰

一　三渕（淵）の神人（あかるき命）と大蛇

野川の上流は深山幽谷で、その断崖絶壁の真下には碧水を湛えた滝壺がある。近隣の村人たちは、ここにお社を建てて三渕（淵）明神として崇め、氾濫への治水祈願、各種堰への利水祈願をしてきた。前節で取り上げたように、元禄期に総宮大明神に絵馬「三淵明神大絵図」が奉納された事例、平山村の青木家で三渕（淵）明神を分祠して作業安全を祈願した事例、草岡村で旱魃の際に三渕（淵）明神に雨乞いをおこなった事例、五十川村平吹市之丞が屋敷地に三渕（淵）明神を勧請して堰の守護神とした事例、寺泉の渋谷佐輔家で当初栃木堰の脇にあり、のち移転し「口之宮三渕神社」として祠を建立している事例、野川流域旧十六か村の人々が三渕（淵）明神の祠再建に多くの寄付金を寄せている事例など、その他数々の三渕（淵）明神信仰が庶民の生活の中に見出された。

このような三渕（淵）明神の由来に関して、江戸時代の『牛の涎』に次のような記述があり、注目される。少し長めであるが、次に引用してみる。(22)

羽州米沢下長居宮村鎮守明神は上古ハ五所明神と申せし也、米沢下長居上長居両郷の神社を合社となせしものなりとそ、赤崩の祠又は小松五所明神此両社も宮村の社に合したるなり、小松村の五所明神の在し地に千松院と云寺を移せり、大崎公米沢におハせし頃、御連枝の千松丸とん世し給ひしを、郎千松院とハ申せし也、二王の社も五所明神の大社なりし時の二王門の跡なり、宮村の五所明神後に正一位惣宮大明神と改めたり、此の社の奥の院と称する所ハ寺泉村の山おくに三渕と云所ありて、此三渕に住給ふ大蛇なり、此大蛇ハ上古此米沢のいまたひらけさる、以前は鳥もかけりかたき高山幽谷にて在し、其高山におハせし神人なり、此神人をあかるき命《ミコト》と申せし也、其頃香悪しき神黒闇神なと申あしき神々火を放ちてあかるき神をうしなハんとせしほとに其火地軸まで燃て住へき所なけれハ、大空に登りて虚空の神にうつとふ、神雨を降らす事滝のことく終に其火を消し給ふ、然れとも大海の如くなれハ猶住むべき地なく、飯豊板敷座往朝日岩上月の山湯殿羽黒なとの山々に住給ひてけり、期て幾万々の年を経て人の世となりてあら人と云者世に出て水を切落とし次第に国とハなれり、然れともいまだ四方の山の麓のみ陸地と成りけれハ、あかるき神先跡を垂給ふ地を赤崩と称しぬ、後幾ばく星霜を経て復今の宮の社地に移り玉ふ（以下略）

ここには、「此三渕に住給ふ大蛇なり、此大蛇ハ上古此米沢のいまたひらけさる、以前鳥もかけりかたき高山幽谷にて在し、其高山におハせし神人なり、此神人をあかるき命《ミコト》と申せし也」とある。神話的な物語がそこにみえるが、野川の上流三渕（淵）には古代から大蛇が棲んでいたこと、それは神であり人（神人）でもあったと記す。そして、この大蛇つまり神人は「あかるき命」と言ったが、悪しき神々が火を放ったので大空に登り、その火を消すための雨は大海となったので、「あかるき命」の棲める所なく飯豊・朝日・湯殿などの山々に移り住んだが、のちに大海の水が切り落とされて山麓が陸地となった。こうして、幾星霜を経て大蛇、つまり「あかるき命」は宮の社地に移ったとある。

この文は、いくつかの示唆を含んでいる。野川の上流の三渕（淵）には古代から大蛇が棲んでおり、それは神人（あかるき命）でもあったと記している。人々の野川に対する長年の治水と利水の思いが大蛇信仰、つまり水神信仰というかたちとなって表れている。水神信仰とは、要するに大蛇＝龍神でもある。このように神話的物語の中に見えるものは、三渕（淵）明神の真の姿である。それは大蛇であるとともに神（龍神）であり、さらに人（あかるき命）であるという擬人化された存在であった。三渕（淵）明神は恐れと畏れの対象であり、敬えば人々に幸いをもたらす身近な存在として捉えられていたことを示唆している。

また、最終的に大蛇は三渕（淵）から現在の総宮に移り住んだということで、野川を通じて奥宮（奥の院）と里宮という存在の深い関係性が明らかにされている。このことは、のちに祭礼前夜に大蛇つまり三渕（淵）明神が総宮大明神本殿に来訪するという話の下地となっている。人々は祈りの対象を平地の里宮に設けて野川への治水と利水を切に祈ったということの証しでもあろう。

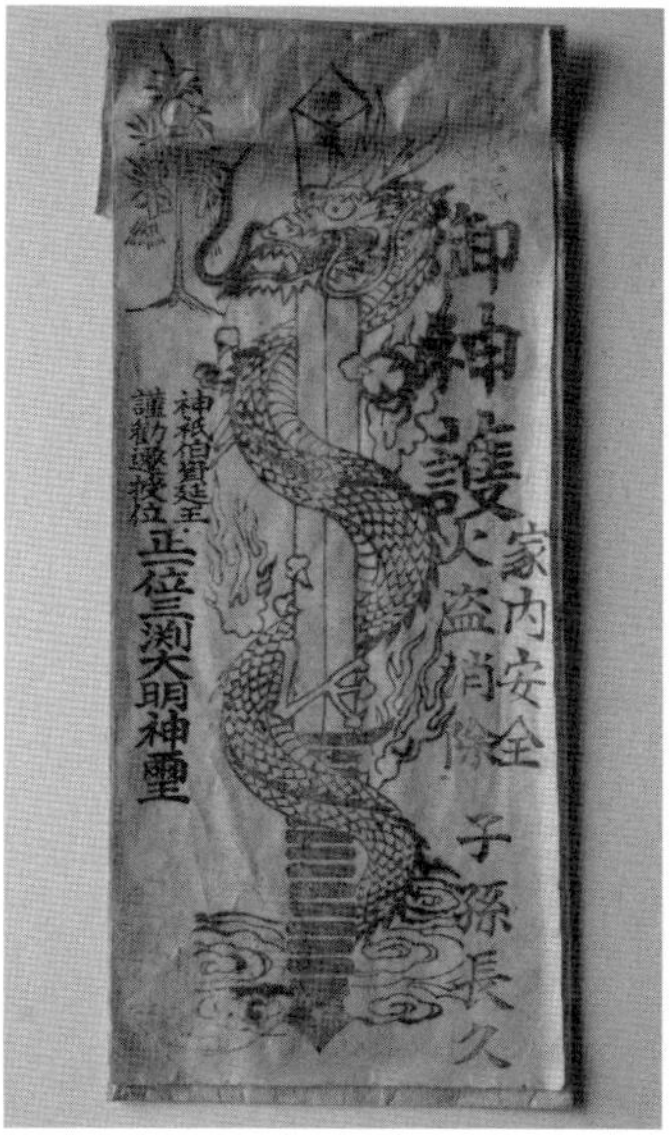

写真17
大蛇＝龍神である「三渕大明神」発行の神璽（青木芳夫氏所蔵）

繰り返しになるが、野川上流の三渕（淵）明神祭礼は旧暦八月一日である。しかし、この日は総宮大明神では本殿の扉を開いておくだけで特別な祭礼行事はおこなわれていないのが現状である。

二　卯の花姫伝説

ここで、三渕（淵）に関わる卯の花姫の伝説を取り上げなければならない。この伝説は「牛の涎」巻十五の四十八に掲載されており[23]、いつの頃からか大蛇（龍神）信仰と黒獅子舞に深く関わってきており、十分に検討する必要がある。以下に、全文を記す。なお、「宗任」はすべて「貞任」の誤記であることも本文にただし書きされている。

宗任（注・「貞任」の誤記、以下同じ）の息女卯の花姫ハ八幡太郎を恋ひしたひ給ふを、八幡殿此姫にたよりて宗任の軍法を私に聞き知り給ひ、所々の合戦に勝利あり、姫宗任の戦死を聞て追福の為とて法華経を左手の指の血を絞り書写して観音大士の御首の内に納め給ふ、長井の末社　宮村に鎮守の五所明神是也馬頭観音　此観音大士を仏師雲慶をして再興せしむる時、法華経を現に披見せし僧俗ともに大熱を発し多くハ死したり、或ハ御腹の内に納めたりとも云、其後越の境　越ハ今の越後　越戸と云所あり、絶壁の山岩也、義家此嶮岨を踰て小国に御旗を入られ　越戸の峠岩石の上に義家の足跡併に匍匐の跡付て今の世に存す小国を併せ、米澤を掌握し給ふ、義家はじめ卯の花姫を北の方にせんとて数通の起請を造り給ひしかとも、義家の諸手を得給ひし後ハ、いささか其気しき無りけりハ、長井の庄もこらへかねて　長井の庄ハ要害の地なれハ、姫に一族郎等をあまた添て此長井を守らしむ、四方の道をふさき朝日の道一条とす、姫ハ屋形をひらき　卯の花の屋形と云、後の世政宗の頃　片倉小十郎再興、卯の花城と云、　朝日岩上の僧衆をたのまんとて野川口より走り給ふに、三渕の神ハ宮村鎮座の神の奥の院なれハ、誓ひの事ありとて三渕に至り神にぬかつき、且従者に謂てのたまふハ　過し年義家人をして密かに云ひおこせるハ、大邦に旗を進むハ義家か趣意にあらす、君の命もたしかねつれハ也、故にこそ弓矢を張てせい旗の前に空しく月日を送るハ　将軍の　宗任をさす　降を俟て共に啣を並へて教導し帰洛の上、義家よきに奏聞しなハ、将軍の本領安堵疑ひ有へからす、然る上ハ姫をハ義家か北の方に申請ふて都に迎とり候ハん、此事かまひて人にもらし給ふへからす、諸手の先勢境をかし掠めし由義家に下知にあらす、全く兵ともの鬱を散らしたる迄なるへし、今是を制さハ義家も都に疑ハれん事ヲおそれてあなかちにとゝめかねつ、和議をとのふるの日戻し候へしと、教導の誓紙を添て給いぬ、都の人ハ詭の言多しと父君の常にのたまひしか今こそ思ひ合されつ、父を殺せる者ハ我也とさめさめと泣給ふ時、朝日岩上　岩上或書に祝ひ瓶山に作る　僧衆駆来り、義家の兵間道を踰て朝日岩上の僧宇を焼払ひ、一万斗の軍勢入替れりと諮るにそ、さらハ是迄とて綾の表着を脱て頭に覆ひ、山岩数丈絶壁の上より三渕の中心に飛落給ひハ、相従ふ女房つぼね我も我もと飛落て見る間に三十四人死し卒ぬ、是を見るより郎等とのはら主人斯成給ふ上ハ、生残りて何かせん死して未来の御供せんと百騎余りの兵不残死亡しぬ

この卯の花姫伝説は、古代東北にあった平安時代末期の「前九年の役（一〇五一年〜一〇六二年）」という歴史的事実が背景として語られている。その頃の陸奥国の豪族安倍貞任は、この戦いで朝廷から派遣された源頼義・義家（八幡太郎義家）親子の軍勢と死闘を繰り広げるが、最後の軍事拠点である厨川の戦い（現岩手県盛岡市付近）で敗れて討たれる。

引用した『牛の涎』では、卯の花姫は敗北した安倍貞任の娘という設定であり、卯の花姫が敵方の八幡太郎

義家に恋をするという異色のシナリオが下地としてある。伝説は、岩手から越後そして米沢、長井まで及ぶ広がりをみせて、史実からはかけ離れた舞台構成となっている。本文を意訳すれば、次のような内容になるだろう。

安倍貞任の敵方である源頼義の嫡男、源義家は、はじめ卯の花姫を北の方（妻）にしたいと思い、数通の起請文（手紙）を卯の花姫に送って恋心を抱かせ、姫から貞任側の軍法を密かに聞き出していた。そのこともあって義家は所々の合戦に勝利していった。父の貞任が戦死したことを知った卯の花姫は、追善供養のため左手の指の血で法華経を書き写し、馬頭観音の首または腹の中に納めたという。

さらに源義家は、越後の境の越戸を越えて小国を支配下におき、そして米沢を掌握した。義家軍は緒戦に勝利するようになってから、卯の花姫のことをあまり気にかけないようになった。卯の花姫は一族郎党と共に長井の卯の花の屋形（館）を守っていたが、そこを捨て去り、朝日・祝瓶の僧衆を恃みとして野川口から宮村鎮座の奥の院である三渕（淵）にのぼり、誓いの事があるとしてその神の前にぬかづいて従者に次のように言った。かつて義家が使いを遣わして姫に密かに言ったことは、このたびの戦いは私の本意ではなく朝廷の命を断りきれず戦うことになったので空しく月日を送っていた。将軍（貞任）が降伏して一緒に京都に行ってくれるならば、義家はうまく朝廷に奏上するので将軍（貞任）の本領が安堵されるのは疑いない。そのうえで、義家は姫を北の方（妻）として迎えたい。このことは他人に洩らしてはならない。兵たちが姫の領域で物を掠め取ったりしたが、それは憂さ晴らしにやったことで、義家が命じたことではない、と和議を言い立て数通の誓紙をよこした。かつて父の貞任は、都の人は偽りの言葉が多いといつも言っていたことが今こそ思い返される。父を殺したのは、義家にだまされた私であるとさめざめと泣いた。

その時、朝日・祝瓶の僧衆が駆けて来て、義家の兵が間道を通って攻めてきて朝日岩上の堂宇を焼き払い、一万人ばかりの軍勢が入れ替わったと告げた。卯の花姫は、もはやこれまでと、綾の上着を脱いで頭をおおい、山岩の数丈の絶壁の上から三渕（淵）の真ん中に飛び込んだ。姫に付き添っていた女房たちは我も我もと飛び降り、みるみる間に三十四人が死んだ。これを見た姫の郎党たちは、主人が死んだ以上は生きていても仕方ない、あの世までお供しよう、と義家軍に斬り込んでいき、百騎余りの兵士は一人残らず討ち死にした。

以上が、『牛の涎』にある卯の花姫伝説の概略である。伝説では、卯の花姫が義家軍に追いつめられて宮村鎮座の奥の院である三渕（淵）に登り、その神の前にぬかづいて言葉を述べる場面が描かれている。ここでは卯の花姫伝説より先に三渕（淵）の神があり、それが宮村鎮座（総宮大明神）の奥の院であるという認識がすでに成立していることに留意したい。このことについて、引き続き次の項で両者の関係性を考えてみたい。

三　奥の院（奥宮）と里宮との関係性

(1)　卯の花姫の祭神化

前述の『牛の涎』巻十五では、卯の花姫が恋した源義家は敵将であったため、義家と結ばれることもかなわず、さらに父の貞任の敗北の原因をつくったことを悔やんで三渕（淵）に飛び込んだと記されている。さらに、次のような後日談が『長井郷一の宮　総宮神社縁起』に掲載されている。[24]

朝日・祝瓶の壇で修行していた数名の修験者が御影森山の小峰を登っていくと、紫の雲にのった一人の美女が悠然と現れ、「この山は四神相応の勝地である。私が珍宝をこの地に納めてやろう。その方たちは早く道場をここに建てるがよい」といって山を下るように見えたが、途中で姿が見えなくなり、三渕の滝壺の波紋が大きく広がっているのが見えた。そこで、修験者や村人達はこの神は宮の明神の化身であろうと喜び、この三渕の滝壺を俯瞰できる所に神祠をたて、十八の日を祭礼とした。そして奥の宮を三渕、里の宮を宮の明神と呼ぶようになったのである。三渕は卯の花姫始め多くの女房達が身投げをした場所なので、見投渕、三渕、御渕ともいわれている。平安の頃（八五七年）から霊場として土民は八月朔日（一日）に、斎戒沐浴して祭礼をおこない、干天の時は雨乞い等をして崇めてきたが、卯の花姫が身投げをして大蛇に化身して、竜神になったのだと信じ、卯の花姫を祭神として祀るようになったといわれている。

右記では、三渕（淵）の語源について、「見投渕」などが記されている。「朝日岳岩上由来記」（『朝日岳の歴史をたずねて』）には、「此の時の貞任の息女三人有りけるに彼の産立《ウブタテ》へ身を捨てしにより身捨ての淵といふ」とある。[25]ここでは三渕（淵）は「身捨ての淵」であるとしている。

さて、引用文では、紫雲に乗って現れてお告げをする美女こそ宮の明神の化身であろうということで神祠を建てたことになっている。前項で確認したように、すでに三渕（淵）は宮村に鎮座する神（総宮大明神）の奥の院とされているので、石造小祠またはお社のようなものは存在したことが考えられる。ここでは、現れた美女は卯の花姫であるとの認識が生まれ、卯の花姫が宮の明神（総宮大明神）の化身とみなされて、いつしか三渕（淵）明神へと結びついて一体化する流れがつくられていった点を確認しておきたい。

同じく引用文の後段では、三渕（淵）は古くから雨乞いなどをおこなう霊場として、祭礼を旧暦八月一日に定めて崇敬されてきたことが記されているが、すでに確認したように、三渕（淵）明神には大蛇（龍神）信仰があり治水・利水の神として、雨乞いも含めて流域の人々に崇敬されてきたのである。そこに、卯の花姫が三渕（淵）に身を投げて大蛇に身を変えた（化身した）という物語を通して、いつしか卯の花姫自身が三淵（淵）明神の祭神と化して祀られていくようになるのである。

一般の卯の花姫伝説には、「八幡太郎は、戦いを終えて三淵の滝壺に降り、姫の遺体をさがさせたが、遂に発見できず、ただ緋の衣だけが岸に流れついた。それを祀ったのが、三淵の奥の院であるという」と記されている。(26)この伝説では、卯の花姫が大蛇となったことや三渕（淵）明神の祭神となって祀られたとは記していない。これらの点も確認しておく必要がある。

(2)　奥の院と里宮

総宮神社獅子舞の起源伝承の一つに、「宮明神の祭神が三渕（淵）の奥の院から、龍神に先払いをさせて野川伝いに里宮（宮明神）まで渡御される」というものがある。「龍神に先払いをさせて」というのは、龍神は三渕（淵）の神そのものでなく、卯の花姫自身でもないという捉え方があるようにみえる。

これまでの内容を時系列で整理すると、まず三渕（淵）には、治水・利水を司る水神としての大蛇（龍神）信仰がありそれが崇拝の対象としてあったこと、そして三渕（淵）は「宮の明神」の奥の院という認識が生まれたこと、やがて卯の花姫伝説により大蛇は卯の花姫の化身であるという話が加わったこと、さらに姫自身が三渕（淵）明神の祭神とみなされていったこと、以上のような関係構図が描かれよう。

前項であったように、三渕（淵）に棲む大蛇つまり神人「あかるき命（神）」は幾ばく星霜を経て宮の地に移ったとある。それは、奥の院（奥宮）とされる三渕（淵）の神が先に存在して、総宮大明神はそののちに里宮として存在したという前後関係を暗示するものとなっている。ここからは、野川の氾濫に対する治水祈願、あるいは木流しや農業用水（堰）への利水祈願から、上流の奥の院（奥宮）の神祠建立から総宮大明神の里宮設営へと進んでいった歴史過程がうかがわれる。両宮は、大蛇（龍神）が総宮大明神の祭礼前夜に里宮に降りて来るという伝承によってさらに強固に結ばれていくことになる。このことは後段の「神迎え神事」の項でもあらためて触れる。

(3) 物語性の強まり

これまでみてきたように、三渕（淵）の大蛇は総宮大明神の祭礼前夜に野川を下って社殿に入るという話が、いつしか卯の花姫が大蛇となって社殿に来訪するという話に変化している。大蛇来訪伝説は、美しい姫伝説と重なっていっそう物語性は強まっている。『牛の涎』など前項の内容をあらためて確認してみるに、野川およびその上流の三渕（淵）には治水・利水を司る水神である大蛇（龍神）が棲んでいて川全体を支配しているとの信仰は先にあったのである。河川がもたらす洪水などの災害から身の安全をはかるため、古代から大蛇＝龍神に祈りを捧げる慣習が定着したのであろう。庶民生活における龍神信仰は至る所にある。各地の川や湖沼には大蛇（龍神）が棲みついていると想像されて、雨乞いの際には雨をもたらす龍神に必死の祈りを捧げた事例は数知れない。そこに姫伝説が重なってくる話が各地に見出せるのである。

龍神が女性や女神の化身として結びついている伝説は、瀬織津姫、玉依姫、市杵島姫、夜叉姫などが知られる。このような各地にある伝説を背景として、長井地方でも大蛇（龍神）と「卯の花姫」が結びつけられて伝説化したことが容易に想像できる。大蛇（龍神）信仰と卯の花姫伝説が結合して物語性がいっそう強められた。それが現在では、総宮大明神祭礼をはじめとする各地域の社寺の祭礼と黒獅子舞の芸能、さらに長井市あげての黒獅子まつりへと発展・展開する契機となっていることは着目すべきことである。信仰や伝説は現実社会を動かす大いなる力を持っていることがここにおいて実証されている。

なお、長井の黒獅子舞についてさらに考察を深めるためには、「獅子舞」という芸能そのものの由来や伝承の経緯について歴史をさかのぼって検討してみる必要があるだろう。そういう観点に立って、次の第四節では獅子舞の歴史を詳細にみていくことにしよう。

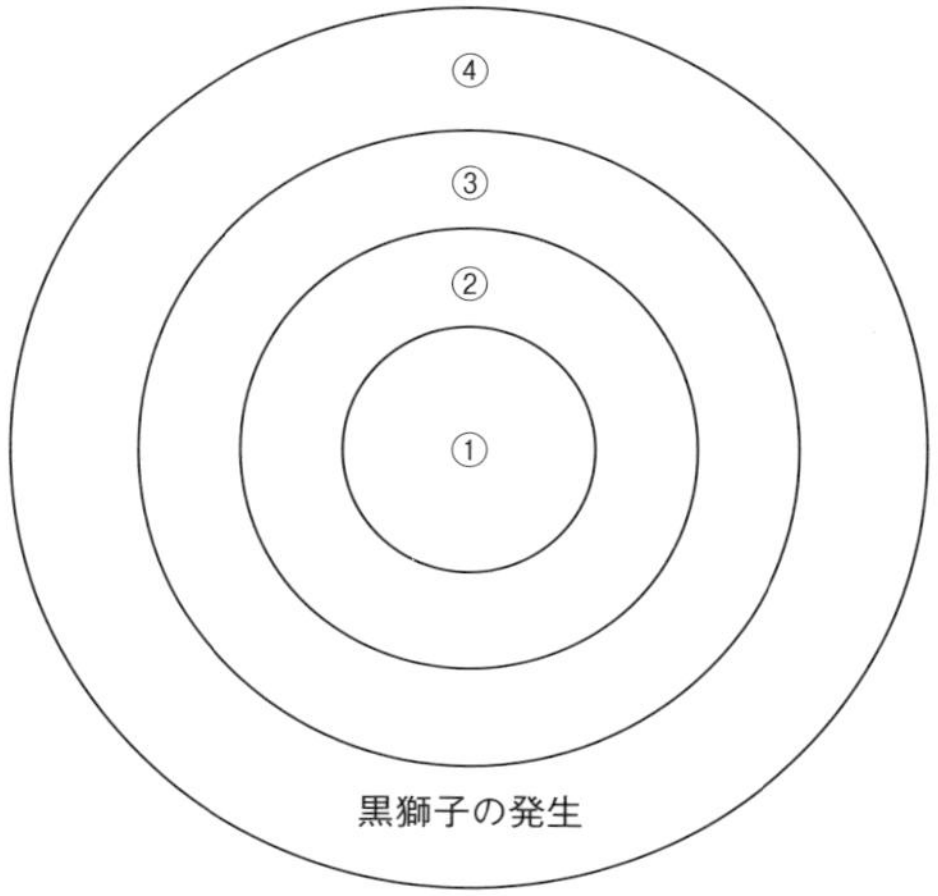

図２　長井市域における黒獅子の発生構造に関する概念図

①「赤崩山神社」＝水源としての開拓神および治水の神をまつる

②野川の治水祈願（三渕神社）＋最上川の治水祈願（赤崩山神社）→「赤崩山白鳥大明神の建立（２つの川の合流地に合祀）

③野川の治水・利水と龍神信仰＋卯の花姫伝説→「龍神＝卯の花姫」の結合

④龍神の総宮神社祭礼時の来訪伝承→黒獅子の発生（修験「明王院」・熊野信仰の介在）奥宮（三渕）と里宮（総宮）の関係性がより深化

第四節　獅子舞の発生

一　日本伝来の獅子舞

(1)　獅子舞の伝来

総宮大明神の獅子舞をはじめ長井市周辺に広がる多人数型の獅子舞を考えるにあたっては、そもそも獅子舞という芸能とは何か、その由来や日本における伝播と広がり等を踏まえながら理解し、さらに「黒獅子」とは何かを歴史的背景とともに検討しなければならない。まず獅子舞が外来の芸能であり、その原初的な姿とはどんなものであったかをみてみよう。なお、第四節の叙述のほとんどは、菊地和博『シシ踊り―鎮魂供養の民俗―』によっている。(27)

(2) 伎楽の獅子舞

獅子舞の「獅子」の原型は百獣の王であるライオンである。獅子舞の発祥地は中国であり、隋（五八一年〜六一八年）ないし唐（六一八年〜九〇七年）の時代にはあったと考えられている。その後に韓国、ベトナム、シンガポール、インドネシア、スリランカ、台湾、そして日本に広く伝播して今日に至っている。ライオンへの畏敬の念や力強さへの憧憬から生まれた獅子舞は、東アジア各国の庶民生活に根づいて悪魔払いを主たる目的とした芸能として知られる。今となっては獅子のカシラの表情や形態等はじつに多様化しているが、じつは同根の民俗芸能なのである。

日本に獅子舞が伝来したのは飛鳥時代の六一二年であり、伎楽とともにもたらされている。伎楽とはいうなれば仮面劇と考えられる。日本伝来の後は、神社の祭礼や寺院の法会などに取り入れられて大いに広まっていく。日本に伝来した獅子舞は、伎楽系と舞楽系の二つの系譜があると考えられているが、舞楽の中に伎楽の獅子舞が取り入れられたと考えられる部分もあり、両者が明確に区分されるものではないようである。伎楽の伝来は『日本書紀』の推古二十年（六一二）に次のように記されている。

百済人味魔之帰化　曰　学干呉得伎楽舞　則安置桜井而集少年令習伎楽舞

このように、伎楽は推古朝（五九二年〜六二八年）の時代に百済人の味魔之が帰化して伝えている。次に、伎楽のなかの獅子舞に関する最も古い文献としては、天平十九年（七四七）の「法隆寺縁起資財帳」（『続群書類従』第二七輯下）があげられる。そこには、各仮面や衣服等について次のように記されている。

伎楽壹拾壱具
師子貳頭　五色毛在袴四腰
師子子肆面　衣服具
治道貳面　衣服具
呉公壹面　衣服具
金剛壹面　衣服具
迦僂羅壹面　衣服具
昆崙壹面　衣服具
力士壹面　衣服具
波羅門壹面　衣服具
孤子参面　衣服具
酔胡漆面　衣服具

右記の最初にある「師子」が、今の獅子にあたる。師子は二頭で構成され、胴体は五色の毛で覆われていたことがわかる。「師子子」（「獅子児」とも書く）」とは獅子に付き添う人（児童か）であり、それが肆面つまり四面なので、師子一頭につき二人いたことになる。「治道」は師子を先導し、呉公以下の八面を従えて練り歩く行道《ぎょうどう》の先頭を師子と共に歩く役割を担った。治道は二面とあるので、師子一頭に一人ずつ二人が存在したということになるだろう。要するに、獅子を先頭に種々の仮面を被ったパレードがおこなわれたのであろう。

また、天福元年（一二三三）に著わされた『教訓抄』（『続群書類従』第一九輯上）にも、伎楽会や寺院の供養で舞われた師子の様子が記されている。そこには伎楽会の師子について次のようにある。

一、伎楽

四月八日仏生会日　七月十五日伎楽会ト曰（中略）是以為行道　立次第者　先師子　次踊物　次笛　次帽冠　次打物　三鼓二人　銅拍子二人　先師子舞（以下略）

このように、七月一五日伎楽会の行道では、いろいろな出し物に先立って師子が登場した。また、同じ『教訓抄』には各寺院の事例として、元永元年（一一一八）の最勝寺供養、保延二年（一一三六）の鳥羽勝光明院供養、建久六年（一一九五）の東大寺供養、建保二年（一二一四）の七條観喜壽院供養の場合が列記され、その後に師子の演じ方が記されている。

其の作法　先祖ニ相違　法用畢舞之（中略）吹古楽乱聲　其時ニ左師子ヲキテ　登舞台上　四ノ角ヲ拝シテ　正面立拝二度之後　次楽吹　師子舞畢テ後ニ　又着甲楽屋環入了（以下略）

以上のように、師子が舞台に登場し四方の角を拝した後に正面に立って二度礼拝する様子がわかる。ここまで、獅子舞の第一の系譜である伎楽で舞われる獅子舞についてみた。しかし、伎楽自体は日本においてはこののち衰退の道を辿り、現在ではまったく舞われることがなくなっている（近年、大学サークルで復元され実演がおこなわれてはいる）。正倉院には伎楽の獅子に用いられたと考えられる獅子頭が九頭分残されていて大変貴重な手がかりとなっている。

(3)　舞楽の獅子舞

次に、獅子舞の第二の系譜である舞楽とともに舞われる獅子舞についてみてみる。これは、「諸寺供養部類」（『続群書類従』第二六輯下）の承保四年（一〇七七）「法勝寺供養次第」、元永元年（一一一八）「景勝寺供養式」、保延五年（一一三九）「成勝寺供養次第」において、舞楽の演目と共に獅子舞が登場する場面が記されていることによって知ることができる。例えば、「法勝寺供養次第」には次のように記されている。

発乱聲　新楽古楽各一節　又共一節　師子出臥舞臺巽坤

このように乱声のあとに師子が舞台に登場し、巽《たつみ》と坤《ひつじさる》の方角に伏せる様子がみられる。その後に続く供養次第のなかには二度ほど「師子舞」と記す次第があり、舞楽が演じられるなかで獅子舞が登場したことがわかる。舞楽と共に演じられる獅子舞は、現在でも大阪四天王寺舞楽や隠岐国分寺蓮華会舞などに継承されていることはよく知られている。四天王寺舞楽の獅子舞については後の項でも記す。

以上、伎楽や舞楽に伴う二つの系譜の獅子舞は、古くから大きな寺院で行なわれる伎楽会の行事や供養儀礼のなかで重要な役割を担ってきたことがわかる。日本においては根本には伎楽の獅子舞があって、のちに舞楽に獅子舞が取り入れられたものも存在すると考えられる。

二　絵画資料にみる獅子舞

(1) 祭礼と獅子舞

平安時代後期の宮廷や貴族の年中行事を描いたものに、『年中行事繪巻』巻九（祇園御霊会）と巻十二（稲荷祭り・祇園御霊会）がある（京都市立芸術大学芸術資料館蔵）。そこには三基の神輿とともに獅子舞が描かれている。獅子舞の前後には田楽と王の舞も見える。この絵画資料から、京都祇園社（八坂神社）の祭礼では獅子舞が田楽や王の舞などと結びついて発展していった様子がわかる。また、平安末期といわれる「信西古楽圖」（正宗敦夫　編纂校訂『日本古典全集』第二回　日本古典全集刊行会　一九二七年）には、師子・新羅狛・蘇芳菲の三種の獅子舞図が描かれている。蘇芳菲は、のち信西入道（少納言藤原通憲）が追加して書かせた部分とも考えられている。獅子全体は毛で覆われていて中国風の着ぐるみのようであり、四つ足は靴を履いている。獅子頭は狛犬のような獰猛な表情をしていて全体的に野獣の姿を模した獅子といえる。ただ、首には綱が巻かれ鈴のようなものも付けられており、人間がその綱を持って獅子を操っている場面を描いている。

写真18　『信西古楽圖』古代獅子舞図

(2)　田楽法師と獅子舞

元禄三年（一六九〇）頃の『人倫訓蒙圖彙』には、羯鼓を付け顔をのぞかせた少年のような一人立ち獅子一頭が描かれている。そこには「志ゝまひ」の文字が見える[32]。これは明らかに二人立ち獅子舞とは異なる獅子芸能が生まれていたことを物語る。その説明文には、次のようにある。「日吉の神事に　田楽坊師というもの獅子の頭をかつぎてねりわたる也　今の獅子舞は是をうつしたる也」。このことから、中世には田楽法師が獅子頭を被って単独で芸を演じることがあったことが確認できる。

以上、絵画資料からうかがわれるのは、前述したように獅子舞が大寺社専属の芸能として役割を担った時代から、次第に祭礼で舞われるような庶民化されていく過程があったことである。

そもそも獅子舞は仏事にかかわり大寺院等の法要に不可欠であり、さらに御霊信仰を背景に御霊会での悪霊払いの役目をもっていた。柳田國男は「獅子舞考」（『定本　柳田國男集』第七巻）において、「中世の獅子は常に田楽に伴なうて居た。田楽は少なくとも御霊会に由って大いに起こったものである。後世に於いても遊行門派の念仏聖で獅子を被って念仏踊をする者があった」と述べている。これは、獅子舞のもつ鎮魂供養の側面と念仏踊りとが結びついたことを物語っている。

第五節　熊野修験系の獅子舞

獅子舞は、江戸期以前の中世に東北地方で主として熊野系の修験山伏が関わって広がった事例が多くみられる。修験山伏が祈祷や悪魔払いのために、当時舞楽で舞われていた獅子舞を参考にしたと思われる獅子であり、それは後に詳述する黒色のカシラであった。修験者たちはその獅子をもって舞いながら集落を巡ったと考えられる。以下は熊野信仰とは何かを詳細に振り返りながら、その信仰に基づく東北各地の獅子舞芸能がいかに多く分布していたかをみてみよう。

一　熊野信仰

(1)　熊野信仰

熊野三山とは、紀州（和歌山県）に鎮座している熊野本宮大社（本地仏：阿弥陀如来）、熊野速玉大社（新宮・本地仏：薬師如来）、熊野那智大社（本地仏：千手観世音菩薩）をさし、「熊野三所権現」ともいわれる。その熊野三山に対する信仰を、熊野信仰という。熊野信仰は、熊野聖の布教活動や熊野比丘尼の「熊野勧心十界曼荼羅」の絵解き（江戸時代）などを通して布教活動が全国的に展開され、熊野神社が各地に建立されていった。熊野三山を拠点とする修験道（修験山伏の思想と行動）が平安時代中期頃に成立して熊野修験山伏が各地で山岳修行を展開したことも知られている。[28]

熊野修験と熊野詣について、五来重は「私は多くの修験の山の伝承から、平安中期から末期にかけて、吉野・熊野、とくに熊野が修験道界に君臨したものと断定しており、全国の山伏が大峯・熊野にあつまる機運が、あの平安末期の熊野詣を生んだものとかんがえている」と語っている。[29]

熊野権現・熊野の神様は俗に「おくまんさま」と親しみを込めて呼ばれており、それだけ庶民にとってなじみのある信仰だったといえる。

(2) 奥羽の熊野信仰

とりわけ、奥羽には熊野信仰が濃密に入り込んでいるとされる。熊野三山協議会の調べによれば、全国の熊野神社三一三五社の約四分の一近くの七三六社が奥羽つまり東北地方にあるという[30]。熊野信仰の東北地方への波及は、平安末期（十二世紀）から中央貴族や地方豪族などによって荘園や寺院境内への勧請という形で行われ、さらに紀州の熊野那智大社には、出羽国に関する檀那売券が数多く存在する（熊野那智大社文書）。早いものは弘安十年十月、羽黒修験の膝下にも熊野信仰の広がりが大きく、熊野修験の檀那が広範囲に存在した[31]。弘安十年とは一二八七年の鎌倉時代にあたる。

また、保元元年（一一五六）寒河江荘慈恩寺に「今熊野十二所権現」が勧請されたのをはじめ、十二世紀頃に各地に熊野堂が建立されていったとされる[32]。

十四世紀半ばには、出羽国北部（秋田）の農民層にも熊野信仰が浸透していく。十六世紀の秋田では中世武士団の信仰と大きなかかわりを持ったのが熊野信仰であった[33]。後段の「秋田県の場合」でも触れるが、中世の秋田では小野寺氏の熊野信仰が最も際立った存在となっている。

南北朝合一期以降（一三九三年〜）は、東北北部まで熊野の布教が伸長していく。在地有力武士層を一族単位で檀那（信者）とし、熊野参詣へ導いていった様子が知られる[34]。

写真19　南陽市・熊野大社

(3)　羽州山形の熊野信仰

『山形県の歴史』によれば、羽州山形では白鷹丘陵を取り巻く周辺に熊野信仰が集中している。そこは羽州山形における熊野信仰の一大勢力圏であったといえ、南は宮内熊野大社、北は平塩、北目、伏熊、高屋などに熊野神社が多数分布している。置賜地方では糠野目の最重寺聖越後阿闍梨頼賢・頼尊、長井に先達職（案内役の山伏）をもつ一野円賀坊、下長井の大蔵先達などが存在した。寒河江荘は熊野信仰におおいつくされていたという指摘もあるという(35)。

置賜地域における中世伊達氏の熊野信仰では、十一代持宗・十二代成宗・十四代種宗・十五代晴宗が熊野信仰に篤く熊野参詣、熊野先達とのかかわりが深いという(36)。

また、東北の豪族で熊野信仰に帰依した者が多く、伊達氏の場合も例外ではなかった。彼ら豪族は、貴族と同様に紀州熊野の御師と師檀関係を結んでいたが、この頃になると御師の間で檀那職の売買が行われるようになる。伊達氏は代々紀州熊野の御師の檀那であったと同時に、宮内熊野の大檀那でもあった。領主の伊達氏をはじめとして、長井庄の庶民にいたるまでが熊野信仰に帰依した様子をうかがい知ることができる(37)。

蔵王山の修行場の開創にも、熊野修験者によるものが多い。これらの開発は主として山形市の宝沢方面よりおこなわれ、上山、宮城方面よりの開発と連峰中の最高峰である熊野獄で統合した。近世まで熊野頂上に蔵王権現、熊野三所権現、白山の三社の祠堂があったという(38)。

二　東北の熊野修験系芸能と獅子舞

岩手県の早池峰山・黒森山、秋田県の太平山、秋田県と山形県にまたがる鳥海山、青森県の恐山などでは、かつて修験山伏が活躍した。冬期間、修験者は山を下りて信仰圏である霞（あるいは旦那場）といわれる村々において、獅子舞を中心とする山伏神楽および番楽といわれる芸能をもって家内安全や五穀豊穣を祈祷して回った。山伏神楽は、主として岩手県、番楽は秋田県と山形県における名称である。これらの山伏の芸能は、獅子舞を中心にして三番叟や翁舞、鳥舞、武士舞など各種芸能を組み合わせた内容からなり、東北地方固有の中世に起源をもつものである。明治に入ってから、特に修験道廃止令が出されてからは廃絶した山伏神楽・番楽は少なくないが、山麓一帯の集落の人たちが担い手となってそれらの芸能を今なお維持している団体も数多い。

(1) 青森の場合

青森県下北半島の東通村に伝承される山伏神楽系芸能は能舞といわれており、明応元年（一四九二）頃から目名不動院を中心に活動していた修験者によって始められたと伝えられる。[39]

冬期間の閉鎖的な集落の生活の中で、人々は熊野権現を万能の神として受け入れて篤く信仰してきた。[40] 今では東通村の各集落で熊野権現をそれぞれ祀って崇敬し、若者の手による能舞伝承が活発に行われている。

現在、能舞は東通村の十五集落に伝承されており、新年が明けると春祈祷始めと称して「門打ち」のため集落内の家々を巡ることから始まる。演目は集落によって多種異なっているが、おおよそ二〇～三〇演目以上を上演することができる。これらは平成元年（一九八九）に重要無形民俗文化財の指定を受けた。東通村のほかにも、下北では七団体が活動している。

(2) 岩手の場合

岩手県宮古市黒森神社には文明十七年（一四八五）ほか明治二十七年（一八九四）までの獅子頭が十六体も存在する。それらは熊野系の修験山伏たちが信仰流布のために行った獅子舞の頭つまり「権現様」であることが明らかにされている。[41] 権現とは、紀州熊野を本山とする修験山伏が奉じた本地垂迹説における神号の一つである。熊野の神の現れとして権現様は東北地方では芸能を通して重要な役割を担っている。[42]

その他、岩手県久慈市の丹内神社にも文明十一年（一四七九）の獅子頭が残されている。室町期におけるこ

写真20　文禄4年銘をもつ早池峰神楽最古の獅子頭

の地方の修験山伏の足跡を伝える点で貴重なものである。

花巻市大迫の大償神楽別当家文書「日本神楽之巻物」には、長享二年（一四八八）に熊野系修験者による獅子舞をはじめとする山伏神楽の芸能が行われていた記録が残っている。(43) 大償神楽は岳神楽とともに「早池峰神楽」といわれて高名であるが、早池峰神楽で最古の獅子頭（権現様）は文禄四年（一五九五）の銘をもつ黒色で大型のカシラである（岩手県花巻市大迫郷土文化保存伝習館蔵）。

現在、岩手県の山伏神楽は早池峰山の修験山伏が伝えた花巻市の岳神楽と大償神楽が大きな存在を示しており、その弟子神楽は約百団体にものぼるといわれている。他方、黒森山系の修験山伏が伝えた宮古市の黒森神楽や下閉伊郡普代村の鵜鶏神楽も活動しており、中世（南北朝時代）以来の村回りを現在も行っていることで知られる。

(3) 秋田の場合

秋田県横手市明永町の熊野神社には、観応元年（一三五〇）の二つの史料がある。それらによれば、源泰長（秋田城之介）から現秋田県平鹿郡明永熊野神社へ三か庄の寄進があり、さらに雄勝・平鹿・仙北の三郡に牛王宝印を配ったり獅子舞を舞う権利を与えられたという内容が示されている。源泰長なる人物の詳細は不明とされるが、この史料は為政者の後ろ盾によって、熊野修験系の獅子舞が南北朝期に秋田の三郡周辺で舞われた可能性をうかがわせる。ただし、この史料の信憑性には疑問も呈されていることを付記しておく。

実際、獅子舞に関する古い資料としては秋田県湯沢市の旧八幡神社所蔵の獅子頭があり、それには永和二年（一三七六）の銘がある。(44) 先にも記したように、中世の秋田では小野寺氏の熊野信仰が最も目立つという指摘にも留意しておかなければならない。

現在の秋田県内における番楽芸能は、現在活動中のものはおおよそ八十団体あるが、その半数近くの三九団体は由利本庄市内に伝承されている。これは秋田県南西方面に番楽が比較的多く存在することを示しているが、この方面は鳥海山の北鹿にあたるエリアである。

『本海番楽―鳥海山麓の修験の舞―』を執筆した高山茂によると、鳥海山には中世から真言宗当山派の京都醍醐寺三宝院の流れをくむ修験道が発達していたという。醍醐寺三宝院から派遣された教化僧が修験者本海行人といい、本海行人直筆で寛永三年（一六二六）七月銘のある獅子舞由来巻物写本が残されている（由利本荘市鳥海町中直根講中所蔵）。この本海行人は、寛永年間頃に鳥海町奥地である百宅集落あたりから村々に番楽を伝授して、最後に矢島町の荒沢に至って死去したと伝えられている。矢島町から鳥海町にかけての一帯は、か

つて鳥海山矢島修験の本拠地だったことが知られる。(45)

現在、由利本庄市鳥海町では本海番楽といわれる獅子舞番楽十三団体が活動し、それらは平成二十三年に国の重要無形民俗文化財の指定を受けている。

三　山形の熊野修験系芸能と獅子舞

(1)　中世の獅子頭

山形県鶴岡市青龍寺の六所神社所蔵の獅子頭は、南北朝時代の正平六年（一三五一）に作られた獅子頭であり、獅子頭では東北地方で屈指の古さをもつ。そのほか永享二年（一四三〇）銘、室町時代中期、桃山時代、江戸時代中期、昭和三年（一九二八）銘の獅子頭六体が保存されている。

六所神社の近くには、標高四五八メートルの修験山伏の信仰をあつめた霊山である金峯山がある。山頂には蔵王権現が祀られ、かつて南頭院・金剛院・空賢院の三別当が山内をはじめ郡内の多くの寺社を管轄する一山組織を形成していた。六所神社はその末社である。このように、中世に金峯山を霊場とした修験山伏が存在したことが明らかであり、彼等によって獅子舞が舞われていた。近年まで、この地域一帯では、獅子舞が三月一日から三日間、旧藩時代の櫛引通青竜寺組の区域十八か村の約八百戸の家々を回っていたのである。(46)現在も、三月第一日曜日に門前町である青龍寺集落約六十戸の氏子を廻る慣行は継承されている。当地の獅子舞は、

写真21　真室川町の釜淵番楽「獅子舞」

「金峯山六所神社の獅子舞」と称されている。この名称には、金峯山の修験山伏と六所神社の獅子舞の深い歴史的関係が内包されているものと考えられる。

(2)　獅子舞と番楽

修験系芸能である獅子舞を中心とした番楽は、現在山形県内では最上地方など北部方面にのみ伝承されている。この地方の番楽は、秋田県由利本荘市の矢島方面から伝来したという伝承が根強くある。つまり、鳥海山修験者の本海行人が広めた本海番楽とのつながりが色濃く残されている。最上地方の真室川町では八敷代番楽、平枝番楽、釜淵番楽が活動している。金山町の県指定無形民俗文化財の稲沢番楽は、近くの霊山である神室山の修験山伏の影響を受けたとの伝えがある。他方では、秋田県側の鳥海山麓に伝承される本海番楽を習得したことも考えられ、両要素を併せもつ。同じ金山町には柳原番楽も伝承されている。

現在庄内地方に唯一伝承される飽海郡遊佐町の杉沢比

山は、最上郡の番楽と同じく鳥海山修験と深い関わりをもつ番楽とされるが、詳細な歴史的記録は残されていない。毎年地区の熊野神社において、八月六日「仕組」、八月十五日「本舞」、八月二十日「神送り」が上演されている。かつては二十四演目あったが、現在は十四演目が残っている。「猩々《しょうじょう》」など他の番楽団体にはみられない演目もあり、全般にわたり独特のリズムと切れの良い所作が注目される。昭和五十三年（一九七八）に、国の重要無形民俗文化財に指定されている。

(3)　宮内熊野大社の獅子冠

宮内熊野大社について、黒江太郎『宮内熊野大社史』および『宮内熊野の獅子祭り』を参考にして、次に簡潔に概要を述べてみたい(47)。

南陽市熊野大社は大同元年（八〇六年、平安初期）の創建とされている。大社の三体の本地仏像は、阿弥陀如来・薬師如来・聖観世音菩薩であり平安末期頃の作とされており、羽黒山の本地仏像と同じであることが注目される。熊野修験と羽黒修験との関係性については、総宮大明神の別当であった修験寺院明王院の項でも詳細に記すことにする。

宮内熊野大社の別当は證誠寺であり、大社は室町時代には二十か寺（坊）と一神主の一山組織を構成していた。熊野修験の霊場として知られ、日本三熊野の一つに数えられてきたのである。寛永三年（一六二六）代官安部右馬助が熊野権現を北条郷三十三か村の総鎮守と定め、獅子祭りを郷民の手によるものに改めたとあり、今日の宮内熊野大社の祭りの原型が形成されたという。

寛政十二年（一八〇〇）神主大津左右進集録『一山古今日記』によれば、宮内熊野大社の獅子舞は

「獅子冠《ししかむり》」と称されており、天正十四年（一五八六）の祭りで獅子廻しが行われたという。さらに獅子頭は嘉吉三年（一四四三）の火災で搬出されていると記録されている。そもそも宮内熊野大社の獅子頭は、後白河法皇が運慶に三体制作依頼して三熊野へそれを分け与えたものの一つと伝承される。さらに『一山古今日記』には次のように記されている（『宮内熊野大社史』）。

熊野宮之獅子ノ儀者雲慶之作ニ御座候　本宮下ニ石櫃有リ　ソノ内ニ短慶作ノ女獅子有リ候由申伝候毎年六月十五日御祭礼之節右男獅子差出シ申事ニ御座候　獅子ニテ祓清メ候儀ハ神道ナリ　神主役ニ御座候

このように、宮内熊野大社には雲慶（運慶か）作の雄獅子と雌獅子があったと伝えられている。また『一山古今日記』にある「伊達政宗公御領内之節坊中覚」には、伊達氏が置賜を支配した時期は二十一坊一神主の熊野一山組織であったことが記されている。しかし、天正年中（一五七三年～一五九一年）の「熊野山内往古屋敷割之図」には八坊一社のみ記されており、その数は激減している。さらに江戸時代の一山組織は六坊（六供）となっている。ちなみに、それは八幡坊（天台宗）、一早坊（天台宗）、法光坊（天台宗）、常光坊（真言宗）妙蔵院（真言宗）、法積坊（真言宗）である。この六供衆によって獅子冠は継承されて明治維新を迎えた。

六供は現在では三供に減少しており、斎藤家（頭取・獅子冠事務所）、大宮家、恩地家の三家で獅子冠は維持されている。

写真22　宮内熊野大社の「獅子冠」

写真23　宮内熊野大社の獅子頭

総宮大明神の獅子舞は、古くは「宮の獅子冠」と称したという。[48] 長井市在住の古老（令和元年八十一歳）の聞き取りでも、総宮の黒獅子は「ししかぶり」と呼んだと語っている。

『総宮神社略誌』の中に「獅子箱」とあって、「元治元甲子歳七月十九日　奉再興　頭　黒　沢四郎太」と記録したものがある。この「獅子箱」の次の行には「嘉永四年七月十九日　冠頭　助左エ門　小次郎」とある。[49]この「冠頭」の名称こそ、総宮の黒獅子を「獅子冠」と言っていたことを裏付けるものではなかろうか。

さて、宮内熊野大社の獅子舞も同じく「獅子冠」である。『南陽市史』民俗編によれば、獅子冠は宮内熊野大社のほかにも萩熊野神社、赤湯神明神社、梨郷神社の各祭礼で舞われている。[50] 南陽市では獅子冠は一定の地域的広がりをもっていたことがうかがわれ、さらにこの獅子冠は置賜地域の一つのエリアに分布した獅子舞であったとすれば、総宮大明神の獅子舞も同じエリアに属するものであったことが考えられる。このエリアは熊野信仰が濃厚であったという歴史背景を考えれば、宮内熊野大社の獅子冠が総宮大明神のそれよりも古いということも想定されよう。その場合は、両者の獅子舞の歴史的関係性があらためて問われなければならない。

(4) 多人数獅子舞

一方、南陽市内の各獅子冠にあっても細かな違いがみられる。宮内熊野大社の獅子冠は獅子を支える人々は幕の中に入らず、それぞれ幕を手で掴んで引っ張る形態をとる。一方、萩熊野神社や梨郷神社の獅子冠は多くが幕に入る。また宮内熊野大社の獅子冠は「立場（たてば）」の中しか獅子は移動せず限られたエリアのみ巡行する。ところが、赤湯神明神社や梨郷神社の獅子冠は地区内を巡り歩く。しかも暴れながら歩き回るので「暴れ獅子」といわれる。南陽市梨郷神社の獅子冠には黒獅子舞のように「警護」役がおり、「警棒」を持って外敵を払ったり獅子が暴れて逸脱するのをコントロールする。以上のように、細部については異なる形態や内容は見られるものの、他方では似通った部分も多くみられることから、獅子冠は類似芸能として一つにくくることは可能である。

これらと比較して、総宮大明神の獅子舞はどうか。人々は幕の中に入り込んで上半身は見えず、幕下からのぞくのは足だけである。「ムカデ獅子」と称されるゆえんである。また獅子舞は神社を出てから終日集落を広く巡り歩いて神社に到着するのは深夜となる。獅子舞のほとんどは警固（警護）役が存在して獅子を差配したり獅子と格闘を繰り広げて見せ場をつくるなどの演出が多くある。

以上のような相違から、獅子冠と黒獅子のムカデ獅子は同種の芸能とは言い難い面も少なくない。ただし、獅子舞の変形としての多人数獅子舞としては同じカテゴリーに属すると考えられる。多人数獅子舞は米沢市周辺や高畠町などには見られないが、小国町白子沢地区までその分布は広がっている。また、置賜地方と隣接する村山地方の朝日町にも多人数獅子舞が存在する。朝日町以南の西置賜エリアはこの多人数獅子舞文化圏と言えるだろう。

さらに細かい点に触れるが、白鷹町の鮎貝八幡宮七五三獅子舞など白鷹町内には黒獅子系ではない多人数獅子舞があることも見落としてはならない。獅子頭は赤色の大神楽系である。その形状も黒獅子の扁平さはまったくなく唐獅子の形状を示している。また、長井市の黒獅子のように大蛇（龍）が這うような動きは見られない。むしろ上下のリズミカルな足さばきを特徴とするという演技や芸態の違いもみられる。置賜地方では伊勢・熱田系大神楽の獅子舞の影響があったことも視野に入れておかなければならないだろう。このことに関しては、さらに後述する。以上のように、置賜地域の多人数獅子舞は現状では大きなくくりが可能であるが、細かに見ていくならば様々な相違点があげられることも念頭においておく必要がある。

写真24　白鷹町の鮎貝八幡宮七五三獅子舞

ところで、多人数獅子舞は全国的に散見されるが、分布密度がきわめて高いのは北陸地方であり、富山県や石川県などに数多くみられる。とりわけ、富山県の南西部方面に多人数獅子舞が密集している。西部方面には、幕の中に五人から七人が入る「射水型」「氷見型」がある。南部方面には、幕の中に竹でつくる円形背骨のようなものを取り付けてその中に人間が入る「砺波型」「加賀型」「五箇山型」がある。(51)

「射水型」「氷見型」では、獅子の先頭には天狗がいて獅子と戦う関係にある。出し物や演出が多いのが特徴で、ストーリー性のある「獅子殺し」という場面もある。この富山県西部方面の多人数獅子舞は、全体的にリズムが激しく黒獅子のように流れるような楽曲や獅子の舞とはかなり芸態が異なる。ただ黒獅子にも警固がいて両者が戦う関係にあることなどは類似している。

はたして、黒獅子は以上の県外の多人数獅子舞と関連があるのかどうか。遠隔地から伝播して土着した一形態であるのか。富山県や石川県などからすれば、飛び地的に存在する置賜地域の多人数獅子舞・黒獅子は、当地方発祥の独自性をもつ芸能なのか。蛇頭の形態やギョロ目など獅子の表情、そのくねった動き、波模様の長幕など、独自の地域的アレンジを加えて形成されたものなのかどうか、今後さらなる詳細な調査研究が必要である。

四　黒色の獅子頭—赤色との比較—

(1)　舞楽や修験の黒色

長井市をはじめとする置賜地方の蛇頭型の多人数獅子舞のカシラは、黒漆で塗られているものが多く「黒獅子」といわれる。黒色を基調とした獅子頭は、西日本に比較的多いとされる舞楽の獅子舞に見られる。代表例として、大阪四天王寺舞楽や島根県隠岐国分寺蓮華会舞の獅子舞があげられる。大阪四天王寺舞楽では「獅子の舞」があり、二人が幕の中に入った二頭の獅子舞が舞台に登場して二回にわたりぐるりと回る。そして獅子が舞台の正面と四隅に向かって礼拝する所作を演じて終わる。『四天王寺聖霊会の舞楽』によれば、この獅子舞は伎楽に由来する舞であるが、かつて正式な舞があったものが失われてしまったものである。二頭獅子たちは本坊から石舞台を経て六時堂にいたる聖霊会法要のための道行の道中の先頭を勤め、露払いとして邪を払ったあとに、ここで再び石舞台に上がり、聖霊会法要の場を清めるという役目を担っていると記している。(52) ここで登場する二頭の獅子舞はいずれも黒色であり、耳は左右に大きく張り出していかつい顔つきを示しているのが特徴である。

写真25　大阪四天王寺舞楽獅子舞

一方、東北地方の場合は主として熊野系の修験山伏が関わった獅子舞文化圏に見られるという特徴をもつ。前述のとおり、黒色のカシラをもつ修験系獅子舞は江戸以前の中世から東北の村々で舞われていた。歴史的には、修験山伏が祈祷や悪魔払いのために、おそらく舞楽で舞われる黒色のカシラの獅子舞を用いたことが発端なのではないかと考えられる。後述する赤色カシラの獅子舞の起源は、伊勢大神楽や江戸神楽などが隆盛をきわめる江戸初期以降であることからも時期的には妥当であろう。

すでに触れたことであるが、岩手県では早池峰山系の山伏神楽の獅子舞や黒森山系の山伏神楽の獅子舞が多数存在する。その獅子舞のカシラはほどんど黒色である。同じ山伏神楽系の芸能で秋田県と山形県に分布する番楽で舞われる獅子舞のカシラも黒色が圧倒的である。青森県東通村の山伏神楽である能舞の獅子頭も同じことがいえる。これらの芸能は、中世から江戸時代まで修験山伏たちが芸能集団を構成して、村々を門付興行していた歴史をもつ。

とりわけ岩手県の山伏神楽と青森県の能舞の獅子舞は

写真26　早池峰神楽獅子舞「権現舞」

写真27　早池峰神楽「権現様」

権現舞といわれ、カシラを権現様と称して神のように崇めてきた。今でも床の間や祭壇には権現様がご神体として鎮座しており、その前で人々は深く礼拝することを怠らない。「権現」とは紀州熊野を本山とする修験山伏が奉じた本地垂迹説における神号の一つである。権現信仰は紀州熊野を本拠地としているが、東北地方では山伏神楽系芸能の獅子舞の広がりを通してその浸透ぶりをおおよそ把握することができる。中世以来、熊野系修験の影響を受けた山伏たちが獅子舞を中心とする各種芸能を演じて回ったといえる。「熊野の神」の現れとして、獅子頭（権現様）は東北地方では芸能を通して重要な役割を担った。

(2)「歯打ち」の特色

山伏神楽・番楽の獅子舞と置賜地方の黒獅子には、「歯打ち」という共通性があることに注目しなければならない。先に述べた権現様と呼ばれる獅子は、舞の所作の一つとしてまるで楽器のように上下の歯を打ち鳴らしてお囃子とリズムを同じくする場面がしばしばみられる。黒獅子系の獅子舞も深く頭を垂れた人々に対して、警固が発する「ご信心」の大声とともに、獅子は「バコーン」「バコーン」「バコーン」とおよそ三回にわたり、大きく「歯打ち」を行うのが特徴である。権現様のように小刻みに激しく打ち鳴らすことはないが、大きな音を出すことに象徴性をもたせることは同じである。両者は、人々の健康祈願に応えて頭を噛むという役割を同時に担っている。

一方、大神楽の獅子舞は悪魔払いのために人々の頭を噛んだり、東西南北の四方角に向かって噛む所作をおこなったりするが、そのときはまったく歯を打ち鳴らさず、大きく口を開けた後は静かに口を閉ざす。ここに黒色と赤色の二系統の獅子舞の大きな違いが表れている。

(3)　大神楽の赤色

伊勢派の伊勢大神楽と伊勢派・熱田派両系統がある江戸大神楽、そして水戸大神楽、この三つの大神楽系獅子舞のカシラは赤色を基調としている(53)。日本の正月の風物詩である門付け芸能として描かれる獅子舞は、この大神楽の赤色のカシラをもつ。祝いごとで舞われる獅子舞や家内安全と悪魔払いを目的として、家々や路上で舞われるものもそうである。伊勢派や熱田派などは、おおよそ江戸時代に入ってから曲芸やおかめ・ひょっとこの芸を伴って大衆化、全国化している。

かつて山形県村山地方に本拠地を持っていた「丸一神楽」と称する各大神楽の集団は伊勢系大神楽であり、赤漆の照り輝く獅子頭を持って家々を門付け興行していた。ほぼ市町村ごとに集団のリーダーである太夫が存在し、互いの縄張りを守りながら興行して歩いた(54)。興行エリアは最上地方にまで及んでいたが、庄内にはその勢力はあまり及んでいなかったとみられる。庄内地方には獅子神楽・御頭舞・十二段の獅子舞などと称する、鳥海山系修験の影響を受けた黒色のカシラを持つ獅子舞が分布していたことが理由の一つと考えられる。

置賜地方は本章の主題である黒色カシラの獅子舞が多数存在しているのであるが、一方では大神楽の影響も受けているとみられる。というのは、白鷹町の鮎貝八幡宮七五三獅子舞、荒砥地区新町の秋葉大権現獅子舞、出来町金比羅神社獅子舞、仲町深山神社獅子舞、同じく滝本稲荷神社獅子舞などいくつかの多人数獅子舞は赤色のカシラであり、獅子の形状も唐獅子系であり、黒獅子とは異なる。このような大神楽系の獅子舞には、長井市、白鷹町、飯豊町、川西町、小国町、高畠町、南陽市、米沢市の置賜地方全域に見られる。この状況を、どのように考えればいいのであろうか。これまでの歴史的流れから、黒獅子は中世の修験系芸能として先に存

写真28　総宮神社の大神楽系獅子舞の赤色カシラ

在し、江戸期に入ってから大神楽の獅子舞が入り込んできたと捉えるのが妥当であろう。しかし、なぜ大神楽が黒獅子の密集している当地に浸透することができたのか。黒獅子は有力な社寺では先行して活動していたが、江戸時代は現在ほどの広がりをもっておらず、民間エリアに大神楽が入り込む余地が十分にあったのかも知れない。もしかしたら、現在のような黒獅子の広がりは、明治に入ってから神社神道が確立し、鎮守の神を祀る各神社の祭礼芸能が盛んとなっていったことによるのかも知れない。このことは文献資料等との突き合わせも必要であり、ここでは推測の域を出ない。

なお、鮎貝八幡宮七五三獅子舞も多人数のムカデ獅子であり、芸態や演じ方は同じではないものの、黒獅子の影響をかなり受けていることが一見してわかる。同じく白鷹町山口地区の佐野稲荷神社のムカデ獅子は黒獅子である。

写真29　総宮神社の大神楽系獅子舞の太鼓

(4)　総宮大明神の赤獅子

江戸期に大神楽が当地に進出してきたことを考えさせる事例として、総宮大明神の赤色のカシラの獅子舞がある（写真28）。このカシラは現在も保存されており、黒獅子のほかにも赤獅子の存在にも注目したい。このことを考えるために、「總宮大明神神主安倍家」に対する一通の「免許状」[55]を見てみる。

覚

御夷之像　御田ノ神像　御神馬像可賦之事、上下大小常々指可申事、右之十二天　大黒　毘沙門堅無用ニ候

元禄九年　　子ノ八月廿三日

西宮手代

山木勘解由

義重　花押

宮村

阿部金太夫江

これは、元禄九年（一六九六）の江戸時代前期に、西宮大明神の手代山木勘解由義重から当時の総宮大明神神主「阿（安）部金太夫」が夷（恵比寿）像、田の神像、神馬像の御神影のお札を頒布することを許可されたものである。西宮大明神とは、現在兵庫県西宮市のえびす総本社である西宮神社のことである。『総宮神社略誌』「西宮古文書」によると、安部家では享保・寛保時代（一七一六～一七四三）より西宮社家（俗に夷太夫）として羽州米沢を担当して頒布に従事し、その取り扱い村は数十か村に及んでいる。頒布とは「夷（恵比寿）像、田の神像、神馬像の御神影のお札」の配布のことである。また、「偽像停止」の訴状も寺社奉行所に数回上訴した書状等がある。これらの史料から、安倍家は「太々神楽」を演じながら村々を回ったことがうかがわれる。(56)この場合の「太々神楽」とはいわゆる大神楽のことであり、安部家が「勢子数十人」をかかえる大神楽の「元締め」であったことも明らかとなる。このことは、西宮大明神から獅子舞の伝授があったのではなかろうか。西宮神社の獅子舞については、平成三十年（二〇一八）十一月におよそ五十年途絶えていた獅子舞が復活をとげたことが話題となったことからも、かつての西宮大明神の時代にも獅子舞があったことは十分考えられる。今も安部家には大ぶりの立派な赤色獅子頭と鼓（大型の締め太鼓・写真29）が残されていることから、当時の大神楽に使われたものだろうと考えられる。

『総宮神社略誌』の「賓物什器目録」にも「唐獅子　一組」とあり、また別項三十七頁には、「唐獅子　壱基塗寄附　城下免許町　山崎与右エ門　萬延元庚申年六月吉祥日」とある。(57)この「唐獅子」が大神楽の赤色のカシラをもつ獅子にあたるのではないかと考えられる。最初の引用文「覚」が出された元禄九年の年代から、安

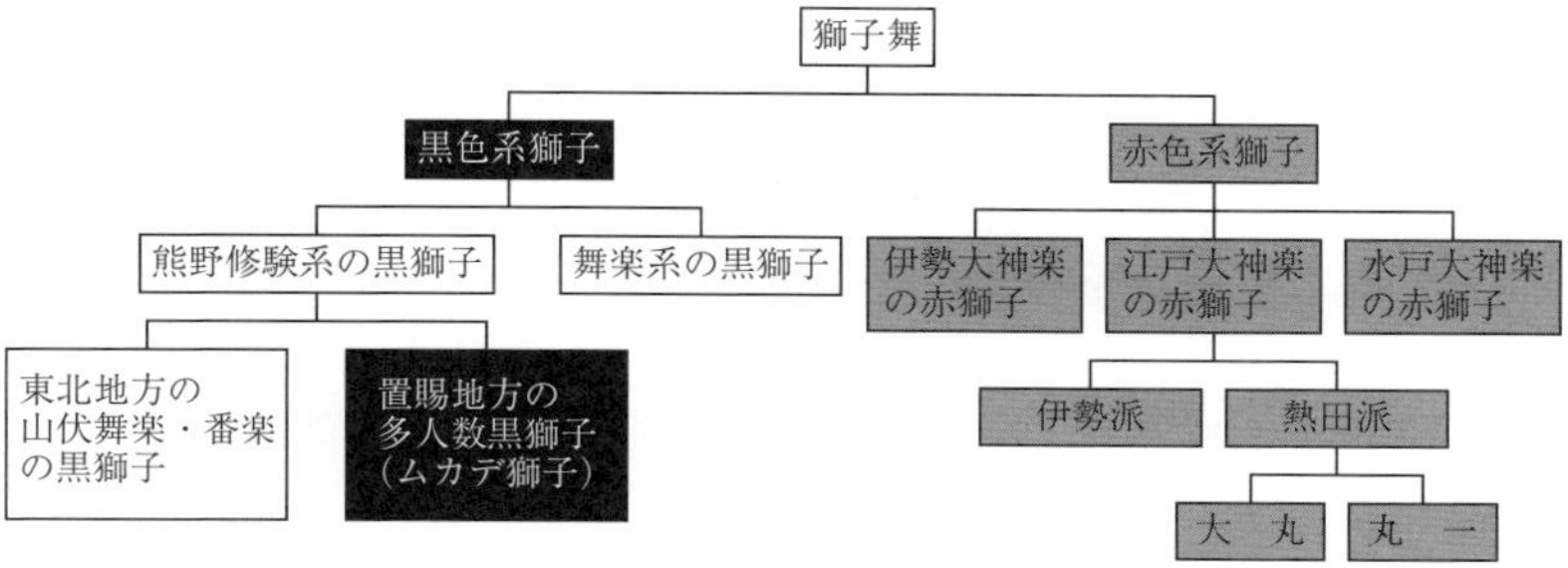

図２　「黒獅子」と「赤獅子」の系統概念図
（すべての獅子が図の系統に当てはまるとは限らない）

部家で大神楽が始められた時期は江戸時代前期までは遡れることが想定される。

以上、安部家の事例から当地方では江戸時代初期に大神楽の赤色カシラを持つ獅子舞が演じられていた可能性があり、それはやがて安部家のみならず他社や他団体によって広い範囲にわたっておこなわれたことが考えられる。現在みられる置賜地方の赤色の獅子舞はこのような歴史的文脈のなかで捉えることができるのではなかろうか。

第六節　総宮大明神の祭礼と獅子舞

一　総宮大明神の獅子舞

(1)　総宮大明神

『牛の涎』巻三四―四〇の「宮村明神」の項には、総宮大明神は「元禄五年天奏を経て正一位にならせ給ふ」とある。(58) 官位を受けられた正一位総宮大明神は元禄五年（一六九二）になっておぼろげながらその姿を現わしてくるが、それ以前の姿は明確ではない。「宮邑昔はなし」（『総宮神社略誌』の「明神の事」には、「赤崩山正一位惣宮大明神は、宮木立物かたふりて鎮知れがたし、利罰あらたなる御神なり、遍照寺六坊神主ともありて凡そ下長井郷の惣鎮守也」とある。(59) 総宮大明神にはその木立から古い物語りがありそうだが、いつの鎮座であるかわからない。ご利益が多い神様である。総学頭である遍照寺の六か坊、神主ともいて下長井の総鎮守となっている、というような意味であろう。

また同書の「同社由来知れざる事」では「当社縁起知れがたし、里人の云伝ふる事もとりとりなり、但由来知れざるを以て本説とするなり、むかし松川の河上にある赤崩より飛び来たり玉ふといへり、また一説に、安部貞任の息女の神霊をまつるともいへり、また寺泉三渕の明神は此方大明神の姉にてましますとも言伝ふ」などと、諸説を紹介している。さらに「宥日実記」の「大明神の御事」の書き出しにも同様のことが記されており、「神社の始まりがわかっていない。里人の語り伝える所もまちまちである」としているのも象徴的である。

総宮大明神の来歴が比較的明確に記載されているのは、明治十三年（一八八〇）六月二日に県社に加えられた際の記録である。(60)

一、祭神　日本武尊　　延暦二十一年勧請
　合殿
　大己貴命
　天児屋根命　　勧請年歴不詳
　稲倉魂命

これによれば、祭神である日本武尊は延暦二十一年（八〇二）に勧請されたことになっている。このことについて、同書「由緒」では、同じ延暦二十一年に征夷大将軍坂上田村麻呂東征の際に日本武尊の神徳を追尊し、始めて神社を今の鎮座の地に建て、赤崩山白鳥大明神と命名したと記している。この神社建立と日本武尊の勧請年が一致している。これによって総宮大明神は平安時代前期に存在していたことになるが、これを裏付ける史料はない。

写真30　例大祭日の総宮神社社殿前で笛を奏でるお囃子集団

すでに前項で「蒲生氏郷五十余ケ村の神仏を集め総宮大明神と申す」とあることに触れたが、一方では「文禄二年七月　下長井郷神仏合祭」と記されている(61)。文禄二年（一五九三）とは、確かに蒲生氏郷・秀行父子が置賜を領有していた天正十九年（一五九一）から慶長三年（一五九八）にあたる。その後、上杉景勝入部以降は「下長井郷四十邑の総鎮守として」代々米沢藩主の信仰を集めているとしている。

江戸時代を通して、総宮大明神の祭礼や祈祷、落慶法要などの祭に導師を務めたのが遍照寺であり総学頭の職にあったが、通常の運営は別当職の別当坊と神主が務めていた。このほか、総宮大明神には普門坊・白山寺・摂取院・常楽院・明王院が衆徒五か寺を構成していたことが明らかになっている。この中の明王院と獅子舞については、別項で詳細に述べる。

なお、明治新政府による元年（一八六八）の神仏分離令（神仏判然令）布告、米沢藩による同二年の神仏分離令布告を受けて、総宮大明神は明治三年に遍照寺から分離独立している。

(2) 蛇面(蛇頭)の獅子

総宮大明神の獅子舞の起源について、『総宮神社略誌』の「二、由来」によれば、康平六年(一〇六三)源頼義が前九年の役の戦勝祝いに総宮大明神(当時は「赤崩山白鳥大明神」)の社殿を再建、同年九月十九日落成した。そこで祭典を催して軍士に獅子舞を舞わせたとある。(62) 一方、『牛の涎』巻四十四の四十六「獅子舞」には、次のように記されている。(63)

米沢宮村鎮守の獅子舞ハ伊勢山田八社の祭礼に似たり、かかる事ハ漢士にも亦有事にや、(以下略)時ハ蛇面なるへし、宮村の獅子亦蛇面也

この文では「伊勢山田八社の祭礼」で舞われる獅子舞が総宮大明神獅子舞に似ているという。それを受けてか『長井市史』(昭和版)第四巻では「伊勢の宇治山田八社の神楽の安鞍流の獅子舞が伝えられたもの」と記している。(64) その根拠は何か、それははたしてどれほどの信憑性があるか判別しがたい。

さらに、『牛の涎』(角大本)巻九―十七にも、以下のように獅子舞のことが記されている。(65)

此神の祭日ハ七月十八日十九日　九月十八日十九日廿日、此祭礼に獅子舞と云楽あり、今ハ其楽も廃れて社庭にて獅子をかぶり舞斗也、此獅子の面他に異なる事あり蛇面也

前記『牛の涎』の二つの記録で注目すべきは、いずれも獅子舞のカシラが「蛇面」であることが強調されていることである。総宮大明神の獅子舞は、前述のとおり祭礼前日に野川を下って社殿に入る大蛇（龍神）を模したものと伝えられてきた。その獅子舞は、先に伝えられ舞われていたとされる「伊勢の宇治山田八社の神楽で安鞍流獅子舞」なのか、はたまた新たにプロデュースされ、地域固有の演出を加えて成立したものであるのか、起源の真相は遥か彼方にあってなかなか掴めない。

確かに、獅子幕には野川の川波をイメージした波紋様が描かれている。水神である大蛇（龍神）を造形化したので獅子のカシラは平べったく面長で目が丸く飛び出た形状となっている。いわゆる「蛇頭」と呼ばれる。したがって、獅子の胴体を覆う長い幕には多人数が入り込んで、まるで大蛇が水面を這うような蛇行を思わせるくねりの動きを繰り返すのが特徴となっている。地元では、獅子舞を「お水神様」とも言ってきたのも頷ける。例外的に、勧進代地区と白兎地区の獅子頭は唐獅子の形状であることも付記しておく。

総宮大明神の獅子頭に「寛文十一年九月十九日改」の銘（一六七一年）をもつものがあり、少なくとも江戸時代前期には総宮大明神で獅子が舞っていたことが考えられる。これから叙述する内容も踏まえて言えば、総宮大明神の獅子舞の起源は中世後期頃と想定できるであろうか。

先にみたように、獅子舞は大寺社の法会や供養儀礼で舞われたり、祇園御霊会などの祭礼で田楽や王の舞等とともに舞われた。獅子舞が全国的に民間に普及したのは江戸時代になってからと考えられている。それは「大神楽」といわれ、伊勢派の伊勢大神楽と伊勢派・熱田派両系統の江戸大神楽、そして水戸大神楽などが全国的に活動を展開し、興行師たちは悪魔払いと家内安全を祈願して家々を回った。獅子舞とともに演じられる曲芸やオカメとヒョットコの演技が、待ちに待った庶民の娯楽の一つともなり、また人々は獅子に頭を噛まれることを望んだ。噛まれることによって悪霊が祓われ健康が約束されるという獅子への信仰は今なお根強い。

写真31　「寛文十一年九月十九日改」の銘がある総宮神社の獅子頭

写真33　「明治十八年」の銘がある総宮神社の獅子頭

二　江戸時代の大明神祭礼

(1)　盛大な祭り

『牛の涎』巻の九には、江戸時代の宮村鎮守総宮大明神の祭礼は旧暦七月十八日・十九日、九月十八日・十九日・二十日であったことが記されている。(66)それについて、『牛の涎』巻七―二十七には次のように紹介されている。(67)

　米澤の宮村鎮守祭礼ハ久しき事其始め知れされとも、宗任在国の頃既に其事ありて三ケ月の灯籠御船の神輿を出したる事也と俚人云傳ふ、中古より又七月十八日夜神輿小出村白山権現迄渡御ありて屋臺と云ものを出す、宮小出両村の祭礼にて往古ハ両村一本なる證なり、（中略）扨祭礼に出す屋臺と云もの仙臺にても屋臺と云、江戸神田明神山王権現にてハ出しと云、大坂にてハダンジリと云、京都にてハ御鉾と云、會津若松城下祭礼八月廿七日屋臺ハあらねとにワかの様なる物まね多く仙臺の祭礼より美也

　このように、総宮大明神の祭礼は七月十八日夜に神輿渡御が小出の白山権現まで行われており、以前は宮村と小出村の祭礼は一体であった証拠であるとしている。また、祭礼には屋台というものが出ていたことにも触

れている。

同じく、『牛の涎』巻三十四―四十には次のように記している。(68)

宮村明神　元禄五年天奏を経て正一位にならせ給ふ、七月十八日祭礼　夜神楽小出村白山の祠へ渡御り、元禄七年より此事始る、出しもの十八行なり、祭礼横目十二人也、其後半減になりて六人宛下り給ふ、近年は祭礼已然官に願って半祭に願ば横目三人下し給ふ

この記録は、元禄七年（一六九四）から夜神楽が小出村白山に渡御していることを示している。夜神楽とは何をさすのか。現在も獅子舞を神楽という事例は多いので、これはおそらく夜に「道中振り」をして回った獅子舞のことではなかろうか。もしそうであれば、この頃には大明神祭礼に獅子舞が登場していたことになる。この頃に、先にみた寛文十一年（一六七二）に「改」められた（作り直された）総宮大明神の蛇面（蛇頭）の獅子がすでに存在していることを考えると、この獅子舞はいわゆる「黒獅子」だったことが考えられる。元禄年間は山車などの「出しもの」が十八も出て盛大だった様子もうかがわれる。

なお、横目とは「横目付」ともいわれ、下向して祭りを監視する役人である。祭りが盛大だった頃は横目十二人と多かったが、次に示すように山車が次第に減少して祭りが衰退に向かう頃は横目三人となっている。横目の数が総宮大明神の盛衰を物語っているといえようか。

(2) 祭礼の盛衰

大明神祭礼の最盛および衰退状況について、『長井郷一の宮　總宮神社縁起』を参考に紹介しよう。[69]
神輿は大きな笹舟の形に木骨を組み、その外側を和紙で張り、その中にロウソクを沢山立てて灯りをともし、その形が三日月のように見えたので「三日月灯籠御船」と呼ばれ、また明神丸と呼ばれた。夜の暗闇の中で和紙の中で揺れるローソクの灯が怪しい雰囲気をかもし出し、三日月のように浮いて見えた。この神輿は、昭和戦前まで続いたということである。

寛政元年（一七八九）に谷地の細工彫刻師笹原七右衛門・笹原東右衛門・笹原喜八の三人で作った宮殿形の神輿を行列に加え、沿道の人々はこの神輿と燈籠船の両方を礼拝した。山車（屋台）はかなり昔から行列に加わり、最盛時には七〜八台も出た。江戸末の記録によると、新町・十日町・大宿（大町）・川原町（栄町）・本町・あら町の各町から、一台ずつ屋台を出した。屋台は物語や、芝居の一場面、例えば「五条の橋の弁慶と牛若丸の闘い」「女大将巴御前の奮戦」等で、十日町の丸大扇屋が人形の頭（大将頭・武将頭・巴御前頭・白髭諸候頭・悪人頭等）や各種の手・足・それに衣裳・帯や小道具を取り揃え、町内の出し物に応じて、貸し出していた。

文政の頃で各町内の借賃は四百文から一貫五百文で、獅子を先頭に鳥毛・田楽山車・燈籠御船・神輿と続く総宮神社の祭り行列は大変派手で活気があり、それこそ近郷挙げての大行事だったようである。しかし、これも年貢の未納を恐れた上杉氏の大倹約令で、文政から天保にかけて十八年間に十三回も禁止令が出ている。その理由は、領主やその親族の死亡、幕府の工事の手伝い、洪水、飢饉と様々で山車づくりで金を浪費させない為の口実であった。こうした事情で、総宮神社の山車は江戸時代の末には消えておこなわれなくなってしまった。

このようにしてその時代時代によって変遷があったが、最近の資料では、昭和三年（一九二八）に実施された祭りの行列の様子が残っている。これをみると、現在では比較にならない程の大行列であり、如何に町民の祭りに対する関心と期待が多かったことがうかがわれる。

以上、『長井郷一の宮　總宮神社縁起』からは総宮大明神の祭礼が盛大であった様子がよくわかり、それを望む村人の興味関心の高さが伝わってくる。それはつまるところ総宮大明神に対する普段からの信仰心、祈りや願いの強さに裏打ちされたものだったと言うことができよう。なお、神輿渡御行列の先頭に立っているのが獅子舞であり、その存在が重要視されていた様子も明らかである。

(3)　獅子舞の存続

米沢藩では、飢饉対策や藩政改革の推進のために社寺の祭礼などの禁圧や取り締まりをおこない、祭礼行事等が縮小されていく経緯が記されている。そのなかで総宮大明神祭礼も次のように変化していった。

つまり、夜の間に神輿が惣宮大明神と小出村長遠寺の白山権現を往復する行事があり、その行列には獅子や多くの山車が加わり、沿道（坊町～十日町～大町～川原町～本町～桐町～荒館）には多数の提灯が掲げられ、昼のように明るい華麗な祭礼であった。しかし、次第に山車が華美を競うようになり、しかも卑猥な俗謡が出てくると、ついには山車と俗謡は禁止されて、白山権現への神輿渡御と獅子舞のみ明治の神仏分離までおこなわれるようになった。

ここで、神輿渡御は祭礼の本質として継続されるのは当然としても、その先払いをなす獅子舞が祭礼の重要要素として残されていくことに注目したい。当時は米沢藩がとる質素倹約政策のなかで、庶民的娯楽性をおびた民俗芸能等は禁止・抑圧されていくが、總宮大明神獅子舞が維持されていくのは、人々によって獅子芸能が宗教的尊厳性を見出されていたがゆえに存続できたとみるべきだろう。

三　修験寺院と獅子舞

(1)　別当明王院

先に記したように、總宮大明神には衆徒五か寺といって普門坊・白山寺・摂取院・常楽院・明王院が存在した。明王院は江戸時代をとおして有力な修験寺院であり、元禄七年（一六九四）には格式ある「十二先達」に数えられていた。明王院は「總宮大明神先達」とされ、別当職として總宮大明神信仰の布教活動の中心的役割を担っていたのである。それは、『長井遍照寺史』の「遍照寺史年表」の享保六年（一七二一）十二月十四日の項に、「大明神先達宮村修験明王院法印権大僧都秀慶入寂　導師成田村修験行蔵院某」とあることからもわかる。(70)

明王院の末寺は、同じ宮村にある宝乗院と大行院の修験二か寺であった。『牛の涎』巻五十六―五「明王院」では、「宮村明王院境内御引地九畝十五歩　高一反十五歩、宝乗院同九畝十五歩、大行院六畝三歩」と敷地面積が記されている。(71)

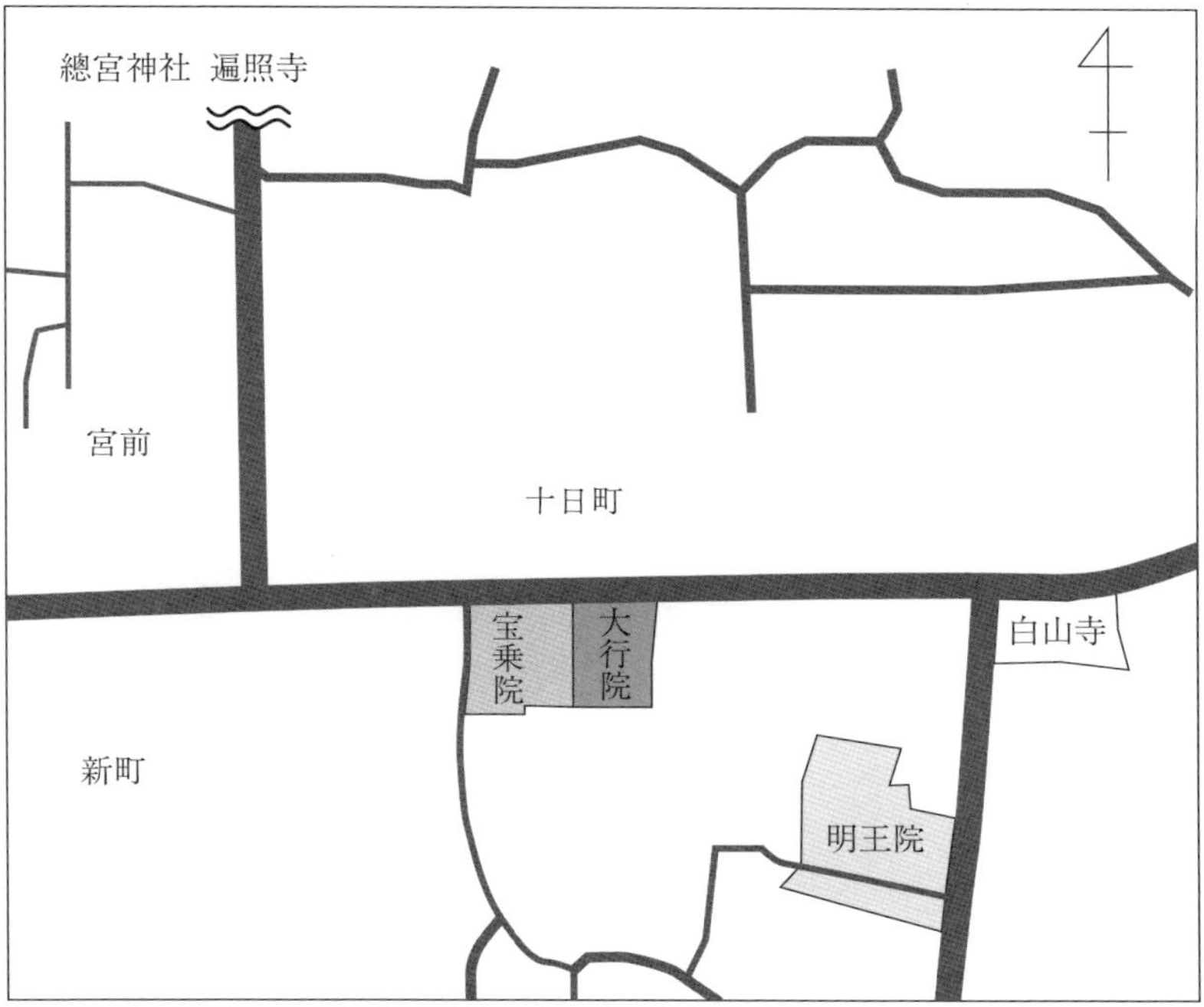

図3　明治八年「宮邨小全図」を元にした概念図
（明王院および宝乗院と大行院の存在）

『総宮神社略誌』の「遍照寺記録之写」には宝暦十二年（一七六二）の年中行事の項に「七月十八日の晩大明神の神輿の世話を菅卯左衛門殿よりの世話也、獅子之儀明王院にて世話也」とある。(72) また『牛の涎』の「先達明王院の事」では、「先達は、先祖より代々、大明神へ神忠もありて衆徒の内なり、御神事の節獅子の先を払ふ」と記されている。(73)

以上から、明治以前までは総宮大明神祭礼における獅子舞の世話役をしていたのは明王院であり、神輿渡御行列では明王院と獅子舞が先頭に立ち、獅子舞は明王院に取り仕切られていた実態が浮かび上がる。本章ではこれまで修験芸能の獅子舞について詳細に触れてきたが、ここであらためて修験と獅子舞との歴史的関わりが総宮大明神祭礼を通して明らかになる。この両者の深い関係性については、獅子舞のみならず民俗芸能の全般にわたっていえることであり、そのあり方を注視していく必要がある。

明王院は、じつは羽黒修験の寺院であった。羽黒修験と熊野修験との関係性はどうなのか、このことについては先にみた宮内熊野大社の項とも関連してくる。それは出羽三山信仰と熊野信仰に関する本質的問題にもつながる。

『熊野信仰と東北』によれば、(74)近世以前の出羽三山の本地仏は、羽黒山が聖観音、月山が阿弥陀、鳥海山と葉山が薬師であり、熊野三山は本宮が阿弥陀、新宮が薬師、那智社が千手観音である。出羽三山の本地仏と比べると聖観音と千手観音が入れ替わっているだけである。また、先にも触れた南陽市宮内の熊野大社の本地仏も聖観音、阿弥陀、薬師であって東北地方最古の熊野三山本地仏が出羽三山の本地仏という実態がある。出羽三山信仰とは熊野信仰を単に写しただけではなく、東北や出羽国で古代から大切にされてきた慈覚大師円仁ゆかりの聖観音を組み入れ、東北の歴史環境に合わせた新たな信仰であったと考えられるということである。いうなれば熊野信仰の東北的変容が出羽三山信仰といえ、両信仰は東北においては並存してきたといえる。

以上のことを踏まえれば、獅子舞の管轄寺院が羽黒修験であろうと熊野修験であろうと、当地においてはほとんど問題はなかったと考えられる。類似例をあげよう。寺泉の五所神社別当は羽黒修験寺院の東性院であった。現在寺泉在住の人の話によれば、五所神社祭礼の時は黒獅子の「宿」は東性院であり、獅子舞はそこをスタートとしていたという。修験寺院東性院は黒獅子舞を管轄しており、江戸時代の明王院と同じ役割をもっていたのではないかと考えられる。

なお、明王院は明治に入って神仏分離・修験道廃止令が出されて以降は廃絶している。その末寺の宝乗院は天台宗寺院となったが、明治期に廃寺となった。もう一つの末寺の大行院は、天台宗山門派として存続している。

(2) 朝日の修験道

前述した『牛の涎』巻十五にある卯の花姫伝説において、「朝日岩上の僧衆」として大朝日岳や祝瓶山（一四一二メートル）の山々で修行する修験山伏たちが登場していた。『朝日町史』上巻には『大沼大行院系図』（最上敬一郎氏所蔵）が掲載されているが、開基が白鳳九年（六八一）「役證覚」から始まり、大行坊「洞休」の平安末期まで二十二代を数えることができ、朝日修験の歴史の古さを思わせる。ただし、列島において修験道が教団として組織をととのえるのは平安時代末期以降であり、「系図」は朝日岳信仰の歴史を古くさかのぼらせて投影させたもので、その信仰は大沼大行院が中心となって活動したことを示そうとしたものであるとしている(75)。

言い伝えによると、朝日岳神社の信仰は西五百村八ツ沼の西方布山に当時三千の坊舎があり、月布川上流の古寺にも千余の坊舎があったと言われ、中世に入って前執権北条時頼の廻国伝説の中では、これらの坊舎の修験者が増長して不正をおこない、良民を惑わして横暴を極めたとして閉鎖された。修験者たちは四散し、大沼の別当大行院外三十三戸の修験者たちは大沼村に移住し浮島神社に奉仕した。しかし、朝日岳の神霊を尊信する心が篤く、年々四月一日挙げて山伏岳に登り護摩供を修し祭礼をおこなったという(76)。

かつて、大沼集落は朝日修験道の宗教集落でもあり、その要地でもあった。朝日岳信仰に関係をもち室町時代以前より朝日先達をつとめたものと思われる大沼の大行院は、修験者の元締めの役割もはたしたものと考えられる。出羽三山信仰が盛んになるにしたがい、三山参拝者の宿泊案内等も浮島信仰参拝者とともに行ったものとされる(77)。

さらに、引き続き先達である大行院についてみてみよう。『名勝　大沼の浮き島』[78]には、大行院第五十一代当主の最上敬一郎氏が所蔵する「文化三年寅年一山出入之砌寺社御奉行所大久保安芸守様江書上候絵図面写」が掲載されている。そこには大沼に面して「本社　勅宣正一位宮」が記されており、その左側に「山主別当大行院」とある。「本社　勅宣正一位宮」とは現在の浮島稲荷神社であろうと思われる。したがってその「別当」が大行院ということであり、まさに現在に繋がっている。

「大沼大行院系図」については『よみがえれ大沼浮島の響き』でも触れており、開基は白鳳九年（六八一）とあることが再確認できるが[79]、系図上古く遡らせたものとも考えられる。それ以上にこの「系図」で留意すべき点は、第二代「覚道」以来第二十一代まで「大沼坊」「大沼大房」「大沼別当」「大沼先達」と号していることである。このことは、神秘の池である大沼を神そのもの、すなわち明神と捉える「大沼大明神」の信仰がすでに根底にあったことが想定される。そこに後世「稲荷大明神」の信仰が加えられて現在の名称となったのではなろうか。

(3)　一院三十三坊

これまでの資料から、浮島稲荷神社の一山組織を構成したのは一院三十三坊でその中心が大行院であったとされる。先の『名勝　大沼の浮き島』には五十三の院坊の名前と配置図が記されている。五十三の院坊の存在が事実であったとすれば大宿坊群がそこにあったということになる。ただし、この図はいつの時代のものかは不明であり印坊の名称が記されていないものが少なからずあって、今後の詳細な調査検討が必要であろう。なお、図にみられる「大行院」と「明王院」は、前記した総宮大明神の一山組織に属する院と同じ名称が使われているのは偶然であろうか。

以上、卯の花姫伝説に朝日修験に関わる僧衆が登場すること、卯の花姫が大蛇（龍神）信仰と底辺で繋がってそれがやがて黒獅子となることなどから、修験と黒獅子舞の関係を考える参考事例として朝日修験を取り上げてみた。

第七節　長井市および周辺の獅子舞（黒獅子）

一　獅子舞の地域的展開

(1)　黒獅子舞の形態

長井市を中心に西置賜地方に分布する獅子舞は、長い幕の中に十数人が入って体をくねるようにして舞う特殊なスタイルである。幕の下から何本もの足が動く様子がムカデに似ていることから、通称「ムカデ獅子」とも言われる。ムカデ獅子＝多人数獅子舞は先にみたように富山県や石川などに多く分布している。山形県内では、なぜか西置賜地方にのみ伝えられる特異な芸能である。例外的に、この地方に隣接する朝日町にも見られる。また、これらの多人数獅子舞は多くはカシラが黒色なので、通称「黒獅子」ともいわれている。

令和元年（二〇一九）現在、長井市内の黒獅子舞の団体は三十八を数え（小出の白山神社と皇大神社は同じ獅子連なので一団体とする）、その中で子どもだけで構成する黒獅子は十一団体である。多人数獅子舞は白鷹町内におよそ三十七団体（ただし獅子頭は「黒獅子」ではないのが多い）、飯豊町十六団体、川西町三団体、小国町一団体があり、主として西置賜地方に多人数獅子舞文化圏が形成されている。これらの獅子舞の一部は、毎年長井市で行われる「ながい黒獅子まつり」に参加することでも知られている。

(2) 江戸期の獅子頭

長井市にある総宮神社の黒獅子舞は西置賜方面の黒獅子舞の代表格であり、本家筋であるといわれている。総宮神社には古くから獅子頭が伝わっており、現在最古のカシラには「寛文十一年九月一九日改」の銘がみられる。当社の奉納の獅子舞として使用されたのであれば、寛文十一年（一六七一）の江戸前期には獅子舞はすでに存在したことになる。長井市平山地区の熊野神社にも同型の獅子頭があり、「安永九年　高橋小兵衛作」の銘が見られる。安永九年（一七八〇）とは江戸時代後期である。同じく、成田八幡神社の獅子頭は文化年間（一八〇四〜一八一七）の製作、歌丸八幡神社の獅子頭は天保十一年（一八四〇）とされる。獅子頭が各神社奉納の獅子舞として使用されたとすれば、長井地方では江戸時代を通じて同類型の獅子舞が舞われていたといえるであろう。なお、現飯豊町萩生の諏訪神社にも、天明二年（一七八二）銘の獅子頭が存在する。以下に、長井市の無形民俗文化財に指定されている二つの獅子舞を概観してみる。

二　総宮神社の黒獅子舞

(1)　黒獅子舞の総本家

現在、総宮神社獅子舞（古くは「宮の獅子冠り」）は、毎年九月十五日・十六日総宮神社例祭にて奉納されている。先にも記したように、総宮神社の獅子頭は寛文十一年（一六七一）に「改め」られているので、江戸時代以前に獅子舞がすでに存在していたことが十分考えられる。総宮神社の獅子舞は平成十三年長井市無形民俗文化財に指定された。獅子舞保存会は平成十年に結成されたばかりで新しいが、西置賜地方の数多い黒獅子舞の総本家的な立場にある。それぞれの獅子舞の起源を尋ねると「県社（総宮神社）から習った」との言葉が多く聞かれるという。実際、川西町や小国町白子沢の獅子舞は、明治時代になってから総宮神社または長井から伝えられたとされている。また、遠くは小国町白子沢や飯豊町手ノ子など多くの周辺団体が獅子舞習得に総宮神社を訪れていたことが知られている。

置賜の黒獅子の芸態について、大筋その動きや演じ方、振り付け等に共通の要素があり、警護（警固・角力）の存在など構成要素や囃子の二種のリズム・テンポもほぼ同じである。このようなことから、総宮神社の獅子舞は西置賜地方の各種獅子舞関連の行事では今でも中心的な役割をはたしている。

(2) 黒獅子のカシラ

『総宮神社略誌』には、以下の八つの黒獅子カシラの存在が記されている。(80) いずれも、「蛇頭」と称されているということに注目しなければならない。以下はその一覧である。

獅子　八頭　獅子頭又蛇頭ト称シ木製ニテ一尺四面
無銘　伝運慶之作
寛文十一年九月十九日改（一六七一年）
元治元甲子歳七月十九日　奉再興（一八六四年）
嘉永五壬子年（明治廿四年塗）（一八五二年）
明治十八年九月十九日（一八八五年）
明治二十八年七月十九日（一八九五年）
大正四年八月十九日（一九一五年）
昭和三年九月十九日　御大典記念（一九二八年）

なお、獅子頭はこのほかにも平成十四年（二〇〇二）に作られている。現存している獅子頭は一覧に示された最初の「無銘　伝運慶之作」を除く八体であり、そのうち明治二十八年（一八九五）作のものまで五体が平成十二年（二〇〇〇）に長井市有形文化財の指定を受けている。

(3) 獅子連の構成

獅子舞集団である「獅子連」の構成をみてみよう。獅子は、獅子頭をもつ人と長幕に入る十数人からなる。獅子をリードする警護の役が一人存在するが、それが黒獅子の大きな特徴である（団体によっては警護がいない場合もある）。獅子との格闘（「警護掛かり」という）で勝たなければならないので、屈強な男性がその役目を担う。かつては、神社境内でおこなわれた神事相撲（奉納相撲）の最終勝者のみが警護になることができた歴史をもつ。これは、総宮神社の場合に限らず各神社の獅子連に共通する。総宮神社では、昭和三十年代頃までは実際に神事相撲が行われていたという。勝負に勝った力士であったから、警護をかつては「角力」とも表し、現在も化粧まわしをつけて登場するのはそれ故である。この警護役は、花形力士であるともいえよう。警護については、さらに次の項で詳述する。

囃子は、太鼓と笛からなる。太鼓は一つで右側面を横打ちで打ち鳴らし、数人が交替しながら切れ目無く打ち続ける。笛は数十人で構成する。お囃子は小中高の学生や若者が多いが、笛は女子の参加も目立つ。獅子周辺には「獅子頭」「小頭」などと書かれた提灯をもつ役職があり、獅子の脇を固めながら観衆との間合いをとり続ける。

(4) 神迎え伝説

先にも若干触れたが、総宮大明神祭礼の前夜七月十七日夜は、野川上流の三渕（淵）の神である大蛇（龍神）が野川に雨を降らせ、その流れに乗って下り総宮大明神の社殿に入るのだという。ただ直接社殿に入るのではなく、途中に化粧坂聖観音堂という場所で小休止し、櫛笥を出して化粧をし、その後に総宮社殿に入るのだという。これに関して次のような伝説が知られている(81)。

往昔、宮の明神の祭礼日たる九月十八日（旧暦）の宵祭りに、野川の川狩半三郎なる者、川端に出て、裃を着け荒筵に端座して一心に祈願を捧げていると、寥々たる川風とともに、巨眼灼々として、川面より上半身をのり出し、「半三郎　半三郎」と二声・三声呼びながら、金の鱗を見せ川を渡ったという。途中、成田村館観音に小憩され、櫛笥を出して化粧して風を呼び、御入社なったという。この姿こそ今に残る獅子頭の姿だという。その後土民は館観音を化粧坂観音と呼ぶようになった。

すでに第一章で紹介したように、青木半三郎とはかつて流し木用木材を伐採する野川山の山守を務めた人物で、文化四年（一八〇七）に三渕（淵）明神を自宅敷地に分霊したことが知られている。ご神体として櫛と笄《こうがい》が保存されていることも前にも述べたとおりである。

(5)　神迎えの神事

これまでみたように、大蛇（龍神）訪問伝承は根強く信仰されているが、以下に今なお丁重な神迎えの儀礼が行われている現状をみていく。九月十五日は総宮神社祭礼日であるが、その日の午前十時三十分頃から神主や役員など十数名の関係者が神迎えに神社を出立する。二十数年前までは直接本社である三渕（淵）明神まで

写真34　竜神橋における「神迎え神事」No 1

神迎えに行っていたとのことであるが、現在は竜神大橋の中央で三渕（淵）方面に向かって神迎え神事を行っている。この神事は祝詞奏上やお祓い、お神酒献上、笙の演奏などじつに丁重で恭しくおこなわれる。

さらに、神迎えの帰路途中で成田地区にある化粧坂聖観音堂でも神事がおこなわれる。龍神が化粧のためにここに立ち寄るとの伝承があるからである。神事は午前十一時過ぎ頃になろうか。化粧坂聖観音堂の周辺は水田でおおわれているが、その中に高さ約九十センチメートルほどの観音堂がぽつんと鎮座している。本尊は成田地区の善明院に安置されてきた。この観音堂は土地区画整理事業のため平成三十一年（二〇一九）二月に同じ成田地区にある「卯の花温泉はぎ乃湯」敷地内に移設され、本尊も堂内に安置されている。なお、化粧坂聖観音堂は元亀元年（一五七〇）頃に水難を除くために建立したと伝えられる。[82]

以上のような二段階の「神迎え」神事を経て、

写真35　竜神橋における「神迎え神事」No 2

大蛇（龍神）は総宮大明神（総宮神社）の社殿に入ると考えられており、毎年正午前には神迎えの神事は終わる。午後からは社殿にて獅子出御式がおこなわれる。現在もこの信仰儀礼が欠かさず実施されていることは驚きである。

⑹　祭りの始まり

以下に、平成三十年（二〇一八）祭礼の黒獅子舞の概要を記してみる。獅子の「出御式」は、十四時三十分からおこなわれる。その直前に、祭典係は獅子宿に行って氏子総代や獅子連中など関係者に「迎えに参りました」と祭りの始まりを知らせる。関係者は獅子宿を出て社殿の前で参拝した後に、その足で斎館を訪問して神官を迎えに行き、手水舎で獅子連中が差し出す水でそれぞれが手を洗い、口をすすいで精進潔斎を済ませる。その後関係者は隊列を組んで拝殿にのぼり、御神輿と獅子の「出御式」の準備に入る。出御式は、拝

写真36　竜神橋における「神迎え神事」No 3

殿で氏子総代、祭典委員、祭典係り、獅子舞保存会、赤崩山獅子連中などが参加しておこなわれる。お祓い・祝詞奏上・玉串奉奠と続いたあとはご神体の「御神輿入り」となる。十五時頃に警護の「下えろー」の大声が発せられ、ご神体が宮司に抱かれて御神輿に遷座される。

(7) 獅子の行程

神事を通して神が降臨したあとは、神殿に安置されていた獅子がいよいよ動き出す。社殿外でお囃子の手になる曲目「ドデンケ」が鳴り出し、それに合わせて獅子は眠りから覚めたようにゆっくりと「神殿振り」から舞い始める。やがて拝殿へと進み出て、その左右にいる多数の役員たちに向かって「拝殿舞」をおこなう。しばらく舞ったあと獅子は拝殿を出て境内に向かう。十五時二十分頃から曲目は「ダダンコ」に変わり、境内では御神輿や社殿、末社などを巡って払う「庭振り」を

写真37　化粧坂聖観音堂における「神迎え神事」

行う。それが終われば、行く先を警戒しながら安全を確認し、拝殿を振り返りつつ境内外へと進んでいく。十六時になろうとする頃である。

階段を降り参道を進み鳥居や橋を通るときには、警護の誘導で進む。このような経過ののち集落をめぐる「道中振り」に入り、氏子の家々を門付して祓い清めていく。また、境界を清めて悪魔払いを行いながら進む。本来、獅子は御神輿の先払いとして道中を先導し、行く手を清める役目を持っている。その途中で獅子は神輿に近づいて周辺を清め祓おうと「獅子止め破り」をするが、警護が獅子の口元をつかんで前に戻そうとする。獅子は、それに抵抗して警護との力比べとなる。このような獅子と警護の格闘を「警護掛かり」といって、黒獅子舞の大いなる見せ場ともなる。結局、警護の力に屈して獅子は押し戻されてしまう。

家々では道路まで出てきて、ご祝儀とお神酒（とっくり一本）を準備して獅子が近づいて来るのを待つ。人々の前では警護は「御信心《ごしんじん》」（「ここに信仰者がいます」の意）と大声を発して獅子に伝え、続いて「家内安全」「身体堅固」「商売繁盛」などとその家の幸福を祈願する言葉を叫ぶ。警護は、差し出されたお神酒を手にとって大きく開かれた獅子の口に注ぐ。このようにして、獅子は人々が直立不動で垂れる頭に向けて「歯打ち」を三回行って悪魔を噛み滅ぼし（悪霊を除去し）、人々を払い清めながら進んでいく。

以上のように八時間くらいかけて町中を巡って「道中振り」を繰り返しながら、ようやく夜の十二時過ぎ頃に神社参道に戻って来る。ここでも清め祓い残しが気になる獅子はまだ戻ることを渋って抵抗するが、それを阻もうとする警護と絡み合いもみ合いながら、ようやく参道に入っていく。くたびれた獅子は、ゆっくり石段を昇りながら右に十歩進んで拝殿を見上げ、振り返って右に十歩進む。この繰り返しをおこない、ついに獅子は拝殿から神殿へ「入御」（お宮入り）して黒獅子舞は終了する。

写真38　化粧坂聖観音堂（移転前）

祭礼の最終場面は「帰社の儀」と称し、ご神体が御神輿から元の

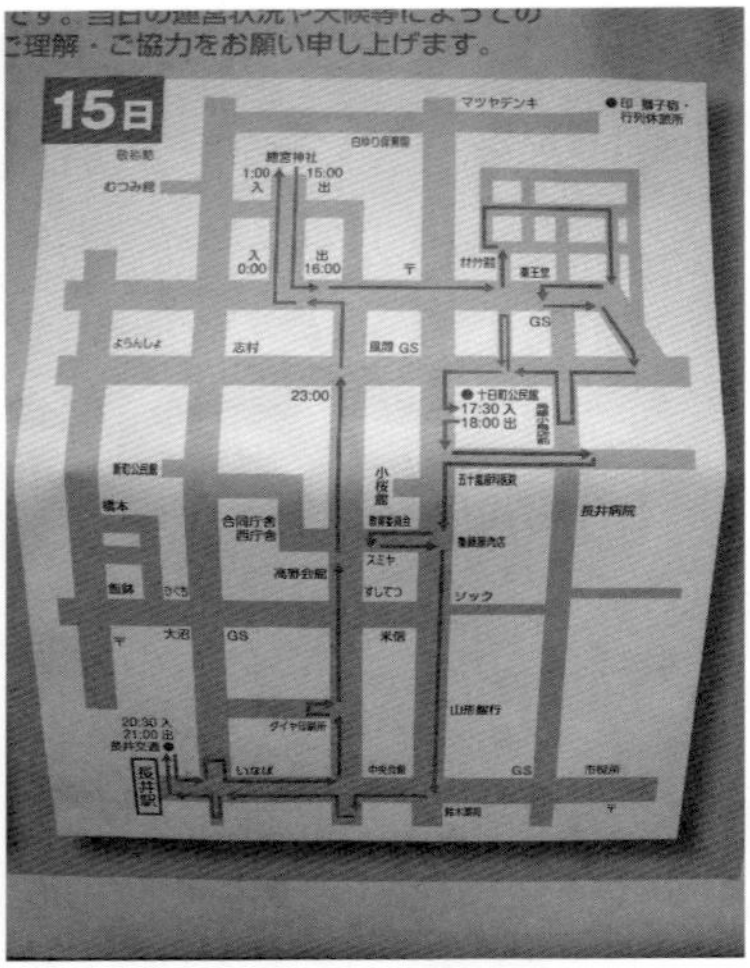

写真39　９月15日総宮神社例大祭神輿と獅子の渡御ルート（平成30年）

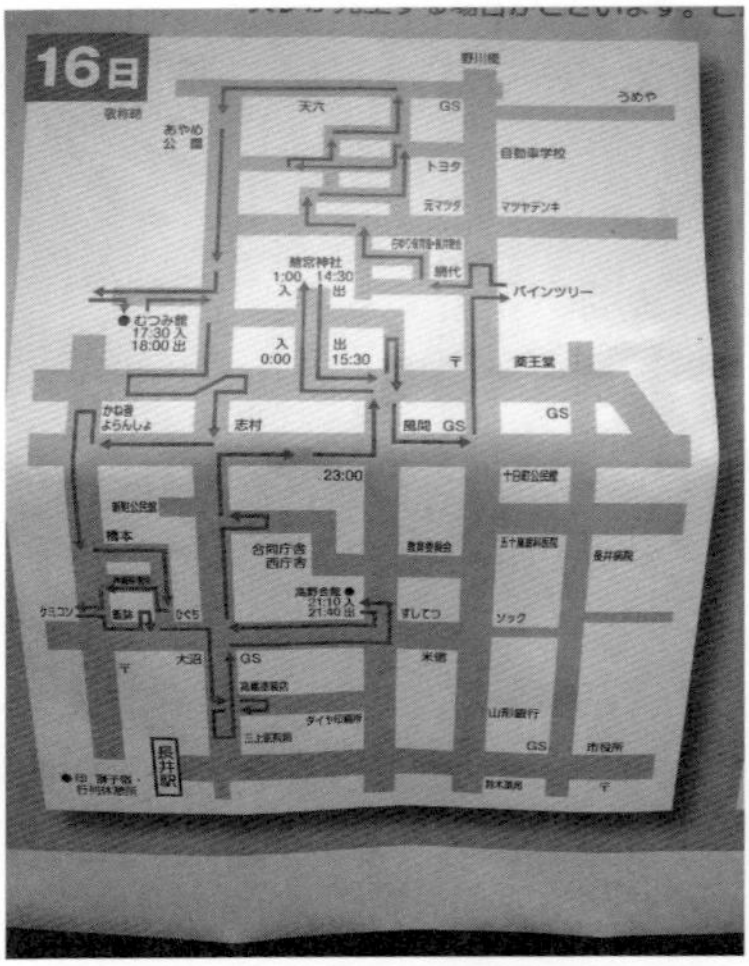

写真40　９月16日総宮神社例大祭神輿と獅子の渡御ルート（平成30年）

ように本殿に遷座される。すでに時刻は翌日となり午前一時を過ぎている。かつて御神輿は暗闇の中で道中を行ったといい、御神輿の先払いをして道中を清める役目を持つ獅子の「道中振り」は、当然ながら夜だけに限られたものだったようである。

なお、平成三十年度祭礼の巡行は、第一日目九月十四日(土)は十日町、大町、栄町、高野町エリア、十五日(日)は十日町、横町、新町、高野町エリアであった。祭礼は十日町・大町・栄町・横町・新町・高野町の六町で担っており、毎年祭礼担当の町(「建元《たてもと》」という)は輪番制で平成三十年度の建元は高野町であった。

(8)　所作・舞と曲目

あらためて、総宮神社黒獅子舞の所作・舞と曲目を詳細に記してみる(表1参照)。最初に神殿にて「神殿振り」、拝殿にては「拝殿舞」(六方・六歩と八併せ)、拝殿から外に出て境内では「庭振り」(御神輿、お堂めぐり、観音開き、旧参道入口、芝廻り・土俵)、いよいよ町内廻

写真41　総宮神社の獅子宿

写真42　総宮神社のご神体が神輿に移される「御神輿入り」

表1　総宮神社黒獅子舞の行程一覧

笛・太鼓、はやし	場所	所作・舞の名付け	概要
ドデンケ（ゆっくりしたテンポ）	神殿	神殿振り	○奥の神殿階段下から神殿に向かって3度大きく口を開いて閉じ、ゆっくり舞い始める。
ドデンケ	拝殿	拝殿舞 ①右側＝「六方」「六歩」 ②左側＝「八併せ」	①神殿と拝殿を結ぶ幣殿を左右に練った後にゆっくり拝殿に進む。右側には氏子総代や来賓が並んでいるが、その方々に向かって一歩半、一歩半と進み、口を大きく二度開けて三歩でお返し（歯打ち）をする。東西南北と天地の六方を祓い清める。この所作を「六方」または「六歩」という。 ②左側には祭典係、獅子連中が座している。口を大きく3度開け、悪魔払いをして清め、お返しをする。この所作を八併せという。
ドデンケ	拝殿の昇り口	拝殿から境内に出る所作	○獅子は拝殿から神輿のある境内に出たいので、中央を睨みあいながら早く出たいそぶりを見せて庭を窺う。警護はその動きを察して、「開けろー！」と叫び、群衆に道を開けさせ、獅子を拝殿の外（境内）におろす。
ダダンコ（速いテンポ） ドデンケ ダダンコ ダダンコ ダダンコ	庭（境内）	庭振り ①御神輿確認（庭一番） ②お堂めぐり（本殿裏） ③観音開き（馬頭観世音前） ④旧参道入口清め ⑤芝廻り・土俵清め	①御神体の入っている御神輿に魔物が取りついていないか、何事か起こっていないかを見渡す所作をする。 ②本殿の周りにある神庫、熊野神社、末社にお返しをつけて祓い清める所作をする。 ③馬頭観音の前では魔物がいないかを見渡し、両端にお返しをつけ、真ん中で一礼をする独特な振り方をする。 ④⑤旧参道の入り口や神事を行う相撲土俵を祓い清める所作をする。
ダダンコ	町内廻り（6町を2日で廻る）	御神酒取り 橋渡り	○獅子は氏子一戸一戸を祓い清める役目を有している。氏子は門付けされた獅子にお礼として「お神酒」を捧げる。獅子は警護の「御信心」という指示に従い、口を大きく開け、一気に飲み干し、祓い清める。過分な心遣いをいただいた氏子にはもう一度戻り、「八併せ」をする。そうした氏子には予めお供えした「御神穀」をその場でおあげしている。 ○道中で、橋を渡る時や鳥居をくぐる時、あるいは違い道へ進む時は慎重に進む。橋を渡る時、1回目は橋に足をかけないで戻り、2回目は1歩ぐらい橋に足をのせ、また戻る。そして3回目は躊躇する獅子の幕を警護が掴んで、「警護掛かり」（獅子と警護の格闘）をして一気に渡してしまう。

		町切りくぐり	○町内の境には大きな柱を立て、その上に「御神燈」の提灯を十数個も下げ、これを「町切り提灯」と称してきた。この場所に獅子が来た時、今までの町内を全部祓い終えたかどうかを見定めて、警護の誘導で先に進む。
		境振り	○宮と小出の旧村境に来たときは、特に境を念入りに祓い清め、「八併せ」をして魔を境の外に払い出す。
		獅子止め破り	○御神体の入った御神輿と獅子の間には「獅子止め」があり、獅子が入らないように大榊の車などを配している。獅子は警護の僅かのすきをみて突然御神輿の近くを廻り始める。これに警護が気付き獅子の口元を押さえ連れ戻す。この一連の攻防の所作を「獅子止め破り」という。
		警護掛かり	○獅子舞のなかで獅子と警護の力比べの駆け引きは、見せ場の一つになっている。前に進ませようとする警護と抵抗する獅子は、道中の要所で格闘を繰り広げる。力自慢の警護の誘導を獅子が必死になってこらえるが、警護は警護棒をあてがい、少しずつ前に進める。この息詰まる一連の所作が「警護掛かり」である。
		警護巻き	○獅子が警護を幕で巻いて引っ張っていく。そうした動きの中で、警護は幕の中でぐるぐる巻きにされる。獅子が警護を苦しめる所作である。
ドデンケ	御神坂（鳥居前）	御神坂《おみさか》上がり	○獅子はクタクタになりながらも石段の隅々まで一歩一歩と祓い清めて、頭を高く持ち上げて後ろを振り返る。今までの激しい舞から一転し、静かに厳かに舞い進む。
ダダンコ	庭（境内）	納の境内振り	○境内に入った獅子は右庭を祓い、神社後ろの神々を祓い、さらに左庭袖を祓う。
ドデンケ	拝殿前	最後の警護掛かり	○警護と獅子が互いに力をふりしぼり「警護掛かり」をおこなうが、最後に、獅子は身体を警護にあずけ社前に進む。獅子頭を神官に差しだし、舞は終わる。（連日の獅子舞のご苦労に対して宮司から感謝の言葉が述べられる。）

写真43　総宮神社例大祭の「出御式」

写真44　「御信心～」の掛け声のもと「歯打ち」をして悪を払って回る獅子

写真45　警護と獅子の格闘「警護掛り」NO. 1

写真45　警護と獅子の格闘「警護掛り」NO. 2

りでは「御神酒取り」「橋渡り」「町切くぐり」「境振り」「獅子止め破り」「警護掛かり」「警護巻き」など、数多くの所作・舞がある。

神社に戻る鳥居前では「御神坂上がり」、再び境内に入ってからは「納めの境内振り」、拝殿前では「最後の警護掛かり」がある。これらをすべて終えれば、獅子は体を警護にあずけ獅子頭を神官に差し出して舞いはすべて終了する。舞や曲目に合わせて、笛と太鼓のメロディーとテンポが異なる二つを演奏する。一つはゆったりしたテンポの「ドデンケ」と、早いテンポの「ダダンコ」である。これら二つの曲を、獅子の所作・舞に合わせながら使い分けるのである。

以上みてきたように、黒獅子舞はじつにストーリー性に溢れており、筋書きが明解な獅子芸能の一つであるといえるだろう。

(9) 末社・熊野神社の黒獅子

総宮神社境内には、江戸期の大明神時代から末社である熊野神社が鎮座している。『総宮神社略誌』には十三の末社のうちの一つとして記されており、その由緒は文禄二年（一五九三）蒲生氏が鎮座せしめたとある。確かに同書「三、由緒略記」では「文禄二年七月　下長井郷神仏合祭」とあり、[83]蒲生氏の置賜領有時期に当たる。なお熊野神社の祭神は「天忍彌命」とあるが、[84]そのほかの歴史、由来の詳細はわからない。

熊野神社の祭礼は、毎年八月十四日に横町と新町の中学生と小学生からなる子ども神輿が巡行し、さらに「子ども黒獅子」の道中振りもおこなわれている。黒獅子の警護は中学三年生が担うことになっているという。祭礼の主体は子ども育成会であり、それに町内会・自治会が後援をおこなっている。子ども黒獅子のカシラは町内会が所蔵している。総宮神社の末社の祭礼では熊野神社が最も盛大におこなわれているようであるが、その背景として、すでに別項で記したように、当地方で根強い熊野信仰が歴史的に関係しているのかどうか、大変興味深いところである。

三　小出の黒獅子舞の実際

(1)　白山神社

小出地区の黒獅子舞は、毎年白山神社と皇大神社の双方の祭礼で舞われる。『白山神社誌』の「白山神社御由緒縁起[85]」によれば、暦仁元年（一二三八）に長井左衛門尉大江時広が地頭職として当地方を所領していた時、支配地域が広かったので上長井と下長井の二郷に分割した。下長井は大須賀長光が支配する館（白山館）が小出につくられ、館主の長光がその域内に総鎮守として文永年間に白山神社を勧請したという。文永年間とは一二六四年から一二七四年であり鎌倉時代にあたる。この白山館に勧請された白山神社は、本社である加賀国石川郡（現石川県）国幣中社白山比咩神社より勧請したもので、祭神はイザナギノミコトとある。また同書「白山神社御由緒縁起」の中に、「宥日昔物語」として白山神社の本地仏は一尺八寸の阿弥陀如来であるが、これは行基菩薩の作と伝えている。

同じく「白山神社御由緒縁起」には、神社にある棟札に「天正十二甲申年五月二十八日　本願　桑嶋将監

取持　小松蔵人」と記されているとある。桑島将監とは、天正十六年（一五八八）の『貞山公治家記録』にも登場する伊達家で奉行職など高位にあった家臣である。天正十二年（一五八四）に「本願」してそれを「取り持った」のが小松蔵人であるというが、伊達家の重要人物は白山神社に何を本願したのであろうか。それだけ小出の白山神社は、人々の祈りと願いの対象となる重要施設であったということが考えられる。また、同書では白山神社と宮村の総宮大明神との関係について次のように記されている。

文禄二年蒲生氏當郡兼領ニ際シ、長井ノ荘五十餘ヶ村ノ神社ヲ宮村総宮神社ニ合祀セラルニ當リ、本社ハ歴然タル古社ナルヲ以テ特ニ存置スルコトヲ得、社地ヲ叙地トナシ此縁由アルヲ以テ総宮神社祭禮ニハ神輿白山神社迄渡御セラレ、拝殿ニ休御ノ上還御セラルハ古例ニ存ス、春祭三月十五日ハ白山宮祭ニシテ秋祭九月十九日ハ総宮社祭タリ

かつて、総宮大明神の御神輿や獅子舞が小出白山宮にまで行っていたことは江戸時代の記録にも登場し、本書ですでにそれを記している。明治以前から小出の白山神社は宮の総宮神社と並ぶ存在だったことが知られる。

(2)　白山神社の獅子舞

小出では、大正六年（一九一七）に獅子連中が結成されて黒獅子舞がおこなわれるようになったという。「連中」の結成は、周辺地域では最も古いとされている。ただし、白山神社の宝蔵には江戸時代末期の獅子頭

が保存されていることから、江戸時代から獅子舞はおこなわれていたことが考えられる。平成十五年（二〇〇三）長井市無形民俗文化財に指定されている。保存団体名は、「小出獅子連」と称する。獅子舞は古く氏子のみによって継承され、総宮神社と同じく社殿から出るとき入る時、特に階段の上り下りの厳粛な振り付けが見どころとなっている。獅子の所作は上下の動きがほとんどなく、水面を泳ぐ大蛇（龍神）になぞらえて滑らかに動くのを特徴としている。また、獅子を境内に入れる時の警護（固）役の姿は、他に見られない振り付けである。たとえば、獅子が入るのを拒んで警護を獅子幕で巻いて抵抗する場面では、警護はそこから逃れて持っている棒を頭上で振り回して獅子と対峙する。獅子は大きく口を開けて対決姿勢をあらわにする。この獅子と警護の攻防「警護掛かり」が、注目されるところである。

小出の警護は二人が存在し、一方は本警護と称して四股名は「薬師山」といい、もう一方は副警護で四股名は「君ヶ濱」という。君ヶ濱は日本相撲協会に登録されている四股名であり、小出以外は使用することを禁じられているものだという。

(3) 獅子の行程

令和元年（二〇一九）九月十四日（土）の白山神社例大祭における神輿渡御行列および小出獅子舞の巡行行程の実際をみてみよう。例大祭は、毎年各種役員による執行体制が整えられる。その構成は、総代会会長一名、総代会副会長一名、総代会会計一名、祭典委員長一名、祭典副委員長一名、小出獅子連獅子頭一名からなる。さらに、この日巡行する館町北・館町南・四ッ谷・台町・花作の五地区には、それぞれ総代一名・祭典委員二名の執行部が選出されており、祭礼の全体と各地区ともにその執行体制は十分に整えられている。

写真46　白山神社拝殿で舞う獅子

さて、獅子連は当日午前中から獅子宿である白山神社社務所にて出で立ちの準備をする。十一時五十分になると社務所を出て隊列を組み、十二時から社殿でおこなわれる「神降祭」の神事に参加する態勢を整える。その後、笛・太鼓を奏でながら鳥居をくぐり参道を進んで社殿に向かう。社殿では、笛九人・太鼓一一人の構成である。この日は、十二時に前記役員である総代会・祭典委員・獅子連など数十人の参加のもとで宮司主宰の「神降祭」が始まり、祝詞・お祓い・玉串奉奠などが粛々と進む。十二時二十分頃から、白山神社のご神体を神輿に遷座する儀礼がおこなわれる。遷座は「出御」と称されている。その後は神殿に鎮座していた獅子が動き出す場面を迎える。

「神降祭」とは、獅子のカシラに神を降ろす意味も含まれていると解釈される。神が寄り付いた獅子は眠りから覚めたかのように、いよいよ力強く動き出す。神殿正面に向かって「歯打ち」を二回、宮司に向かって一回、社殿左右に向かって一回ずつおこない、舞いながら次第に社殿の外側へと動きを進めていく。十二

写真47　白山神社社殿を出ようとする獅子

時五十分頃、ついに獅子は社殿を出る。これを文字通り「出獅子」と称している。このとき、警護は「開けろー！」と三回叫んで獅子の進行方向にいる人々を除けさせる。獅子は神輿に向かって「歯打ち」を三回行ったあとに、舞いながら境内をさかんに動き回る。境内には稲荷神社、白山倉庫、石碑などがあるが、それらを払い清めてその後に社殿周辺を時計回りに一回巡る。さらに、隣接する真言宗長遠寺まで巡行する。そして十三時四十分頃、ようやく獅子は白山神社境内から道路に出る。すぐ町中には行かず、境内に隣接する地区消防団の車庫や任務中の消防団員にも向かって「歯打ち」を行い、丁寧に一帯を払い清める。

この後は、町中において先頭にたつ獅子とそれに続く神輿の巡行が長時間にわたり続く。宮司も一緒になって歩きひたすら祓い清め続ける。家々では道路まで出てきて、ご祝儀とお神酒（とっくり一本）を準備して獅子が近づいて来るのを待つ。家々の前では、警護が「御信心」と大声を発して獅子に知らせ、続いて「家内安全」「身体堅固」「商売繁盛」などと家の幸福

写真48　白山神社境内から出る獅子

を祈る言葉を叫ぶ。警護は、差し出されたお神酒を手にとって大きく開かれた獅子の口に注ぐ。警護みずからも飲む。こうして獅子は、人々が直立不動で垂れる頭に向けて「歯打ち」を三回おこなって悪を噛み滅ぼし、人々や町中を払い清めながら進んでいくのである。

途中午後四時頃、ある美容室で休憩をとることになった。休む直前に、獅子は美容室の敷地前の左右の角に近づいて睨みながら悪を払い、さらに正面で大きな「歯打ち」を一回行ってから中に入っていった。獅子は、孫が生まれたとか新築したなどのめでたいことがあった家や商店の要望があれば、そこで休憩することがしばしばある。当日もこの後に個人宅でもう一度休憩をとっている。

休憩のときの獅子を鎮座させる仕方として、小出では獅子は左目を痛めたという伝承から、頭から垂れ下がる白髪はあえて左目にかかるようにし、逆に右目は見えるように白髪がかからないように垂らす。また、長幕の一部は口に噛ませておく。同じような伝承は、総宮神社の獅子にもある。獅子は片目をイバラのトゲで痛め

写真49　小出獅子連のお囃子集団

てほぼ視力を失ったと伝えられ、左右の目玉の焦点がずれ、やぶにらみとなっているという。小出の場合、獅子を鎮座させる際のわずかなところに伝承を大切にしようとする配慮がうかがえて貴重である。

長い巡行のなかで、毎年あらかじめ定められた休憩場所がある。それは四ッ谷地区の公民館であり、「獅子お休み所」として午後五時三十分から六時までの休憩予定となっていた。実際は予定より遅れて到着したが、ここではいわば夕食となるおにぎりをみんなで頬ばりながら、しばしの時間を談笑し合って過ごした。

「獅子お休み所」をあとにしたのは、夜の七時を過ぎてからであった。残りの巡行は、あと全行程の三分の一弱ぐらいであろうか。暗くなってくると、家々では道路に面した場所で「かがり火」をたき始めて御神輿や獅子連の一行を迎え入れる。白山神社近くなればいっそうその傾向は強いようだが、近年は「かがり火」をたく家はだんだん少なくなりつつあるとのことである。「かがり火」と言っても、三脚で鉄籠のある正式なものではなく、地面で束ねた木を燃やす程度の

写真50　老人施設の訪問

ことであるが、獅子が舞う姿を浮かび上がらせる効果もあり、暗がりの中ではなかなか風情がある。

白山神社前に到着したのは、午後十時五十分頃であった。「帰り獅子」は予定では午後十一時であったので、ほぼ順調に進んできたといえよう。ただしこれは神社前までの時刻であり、獅子がここから境内に入っていき、さらに社殿内に到達するにはかなりの時間を要するのは例年のことである。境内に入れようとする警護に対して獅子は対決心をむき出しにして対峙し、その勢いに警護は後ずさりしながらも獅子を制御し続ける。このような展開の中で獅子と警護が激しく争う「警護掛かり」はこの日は三回おこなわれ、警護は三回目でようやく獅子を境内に入れることが出来た。すでに、十一時十五分が過ぎていた。

境内に入った獅子は三十分ほど獅子振りをし続け、「警護掛かり」の二回目で社殿に足を入れた。獅子は社殿の階段を右に移動するときは頭を社殿に向け、左に移動するときは境内に向けながら一歩一歩ゆっくり歩みを進める。およそ十分かけて階段を登る獅子の姿

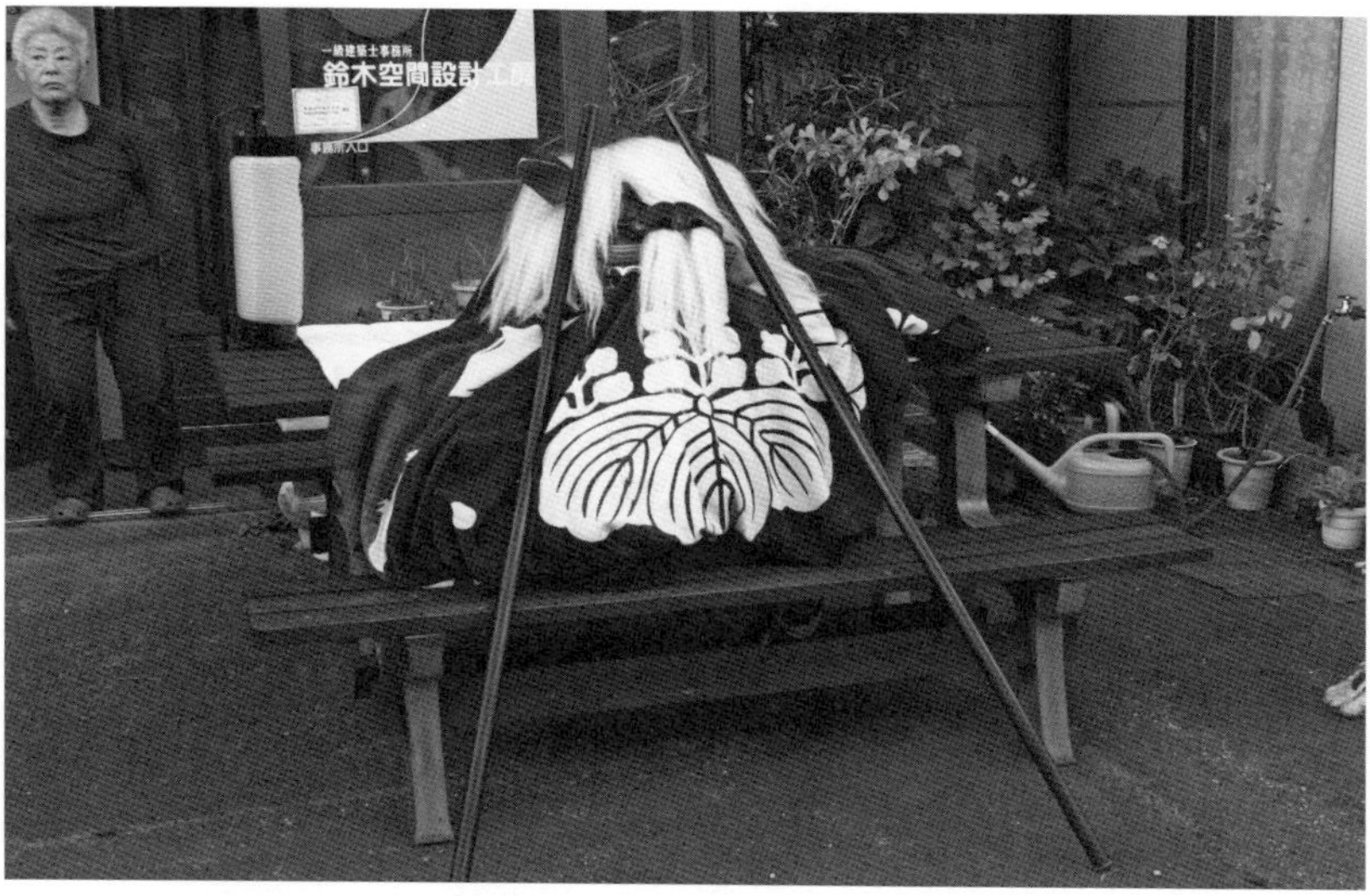

写真51　休憩で右目を開けて安置される小出の獅子

は悠然かつ物悲しく、見ている者の感動を誘う。拝殿には、左右に総代会会長はじめ各祭典委員など執行部役員が座して獅子の帰りを待っている。獅子は拝殿中央に至り、振り返って外を見たり中にいる人々を見回し、左右の執行部役員に向けて「歯打ち」をそれぞれ二度ゆっくりとおこなう。その後本殿へと歩みを進めようとするが、また振り返って拝殿や外を見つめながら辺りを回り、前に進むのに時間をかける。そのうち、脇に控えている宮司に向かって「歯打ち」を一回おこなう。間もなく幕の中にいた獅子連の一人一人が抜け出て、最後はリーダーである「獅子頭」一人が獅子を担う。そして、「歯打ち」を一回おこなってから神殿の階段を一歩一歩登る。最後は、「歯打ち」を三回おこなって最上段に獅子を鎮座させ黒獅子舞は終了となる。この獅子舞の終焉とこれまで境内にいて演奏し続けてきた笛や太鼓のお囃子の終了は、みごとに一致する。最後は執行部役員の参拝、獅子連の参拝、そして宮司の終了の言葉で祭礼全体を締めくくった。時計の針は、真夜中午前〇時十三分を刻んでいた。

写真52　獅子の通る道に灯りをともす（かがり火）

(4) 皇大神社

小出でもう一つの黒獅子舞がおこなわれる皇大神社の由来については、元治元年（一八六四）の火災により記録が焼失し詳細は不明なままである。一説によると、館町の四釜清五郎が慶応二年（一八六六）に伊勢神宮に参宮した折に、分霊を願い出て現在地に勧請したのが起源とされている。現社殿は、昭和三十四年（一九五九）十二月に伊勢神宮の社殿の一宇を拝領して神殿として移築したものといわれている。祭神は天照大神であり置賜地方の皇大神宮崇敬の中心とされている。

(5) 皇大神社の獅子舞

小出獅子舞は、白山神社の例大祭の翌日九月十五日にも皇大神社の例大祭で舞う。例大祭は毎年各種役員による執行体制が整えられ、その構成は白山神社例大

写真53　皇大神社社殿から出ようとする獅子と警護（固）２人

祭とほぼ同じく、総代会会長一名、総代会副会長一名、総代会会計一名、小出獅子連獅子頭一名、祭典委員長一名、余興係一名、祭典副委員長一名からなる。

さらに、この日神輿渡御と獅子が巡行する神明町・あら町・片田町・本町南・本町北・ままの上の六町にも、それぞれ総代一名・祭典委員一名〜二名の執行部が選出される。祭礼全体および巡行する各町ともにその執行体制は十分である。なお「余興係」とは、午後七時から皇大神社境内でおこなわれる「ふる里まつりカラオケ大会」をみんなで楽しむための責任者である。

皇大神社の場合、令和元年の「出獅子」は午後二時であった。この時刻に社殿でおこなわれる「神降祭」の神事が始まり、その後神殿に鎮座していた獅子が動き出して社殿を出るという流れである。拝殿には前記執行部役員である総代会・祭典委員・獅子連など数十人が参列して宮司の祝詞・お祓いなどの神事がおこなわれ、参列者による玉串奉奠などが粛々と進む。二時二十分頃に、皇大神社のご神体を神輿に遷座する儀礼「出御」がおこなわれる。その後はいよいよ神殿に鎮

写真54　女性や子どもが加わるお囃子集団

座していた獅子が動き出して舞う段階を迎える。獅子連は前日と同じ小出獅子舞のメンバーで構成されており、リーダーの「獅子頭」役も同じ人が担っている。笛・太鼓のお囃子も、白山神社の場合とほぼ同じ要領で演奏される。「出獅子」の当初は笛十二人・太鼓九人の構成であったが、巡行の途中では部活動を終えた高校生や中学生があらたに加わって多人数となる。暑さ対策としていくつか班を編成して、三十分ずつの交替制をとってお囃子を途切れなく継続していく工夫をこらしていた。

獅子は、白山神社と同じ要領で神殿から拝殿へと「歯打ち」と舞いを繰り返し、やがて拝殿から外へと動きを進めていく。獅子が社殿を出るとき警護は「開けろー！」と叫びながら観客をかき分けて獅子を境内へと導いていく。こうして境内を出た獅子と神輿は、白山神社の巡行とまったく同様に、行列を組んで町中で悪魔を払い清めながら延々と巡行し続けるのである。

途中の渡御行列の「お休み所」は本町記念会館であ

写真55　神輿に向かって歯打ちする皇大神社の獅子

写真56　町中の悪を払いながら進む皇大神社の獅子舞

写真57
祭礼の際は幟旗の右下に地区名と名前を記して自宅前に掲げる

り、午後七時からおよそ三十分間であった。巡行をすべて終えて皇大神社に戻る「帰り獅子」は、午後十一時頃となった。しかし、ここから獅子が境内に入り、さらに拝殿、神殿へと歩みを進めるには、獅子と警護による激しい攻防である「警護掛かり」が数回行われた後であることも白山神社の場合と同様である。以後の獅子の行程は、白山神社とほぼ同じなので省略する。

これまでみてきたように、白山神社例大祭および皇大神社例大祭における獅子連の組織は一つである。両神社の代表を兼ねる総代会会長によれば、歴史が古いのは白山神社であり、獅子連も白山神社の小出獅子連が元であるとのことである。

皇大神社の社殿左手前に、石碑が建立されている。碑文は、「小出獅子連　獅子ふりの舞　平成十五年四月吉日　長井市指定無形民俗文化財認定記念碑」とある。その隣りには「白山神社　皇大神社　小出獅子連中」「平成十九年十二月吉日建立」とあって、獅子頭一名・副獅子頭一名・小頭四名・太鼓頭一名・副太鼓頭十名・警固二名の当時の役員名が刻印されている。

写真58　沿道で用意されたお神酒ともてなしの食べ物（供物）

写真59　道路をさえぎるほどの獅子の長さ

四　鎮守神祭礼の神事相撲と警護

(1)　神事としての相撲

江戸時代から当地の村々の祭礼において、神事として相撲が盛んだった様子は『宮邑昔はなし』「相撲の事」に記されているので、次に引用してみる。(86)

当国の神事に所々に相撲ある事なれど、当所は公儀より祭礼奉行来りて、相撲の行義猥にあらず、当国第一のすもふなり、此神事に相撲ある由来は、久敷事なりと云伝ふ、森村の内に木の下とて宮村分一ヶ所有り、其の所に相撲田とて田地あり、是は古しへ九月の神事に大雪降り、諸方のすもふも来らざりしに、恒例の神事をいかに雪の降ればとて止るのは勿体なしとて、白雪のうへにて独相撲取って神事を済しけりとなり、其の御褒美として公儀より下されたる田地並屋敷なりと云伝ふ、其の故にや、他村なれとも森の真中に宮村分と成て、今に百姓持居る也、しかる間いかなる大雨の日なりとも神事の相撲やむことなし、神事奉行も立帰て則奉行へ一々言上ある事なりとぞ

このように、ご公儀から褒美としていただいた「相撲田」と呼ばれる田地の由来が紹介されている。祭礼奉

写真60　寺泉五所神社に掲示されている奉納板額にみるしこ名「寄進　村雲　小荒美　化粧廻し一対」の文字がみえる

行とか神事奉行などの役人が来て、「大雨の日」であっても相撲はやむことがなかったとあり、それほど当地方は、鎮守神の祭礼で相撲が神事としておこなわれることが盛んだったことがよくわかる。当地方ばかりではなく、そもそも相撲は日本固有の宗教である神道に基づいた神事であり、祭礼では奉納相撲が行われたことはよく知られているが、その古い姿を村々においてよく留めていたのが当地方であったということであろう。

『長井一宮　総宮神社略史』には、神社由緒の中に「相撲節會祭典（古来国中装丁して力量優れたる武士郷士を招集して神前に奉納するを恒例とす）」とある[87]。毎年神社では神前に奉納する神事相撲が「節会」（公式の祭り行事）としておこなわれていたことを示している。

このような伝統の神事相撲は、「警護（警固・角力）」という黒獅子芸能の役割を通じて結びつくようになったのはいつのことであろうか。

(2) 神事相撲の勝者

西置賜地方の黒獅子には、警護（警固・角力等）という重要な役割がほぼ共通していることが特徴である。獅子をなだめたり、時にはリードし、さらに獅子と力比べなどの競い合いを通して威厳を発揮する。このような大切な役割を担うとともに、祭りにおける屈強な男性の象徴的存在としても注目を浴びる。体格とともに風格も伴わなければならない難しい役目とされてきた。獅子芸能全体の引き締め役ともいえよう。

長井市の獅子舞の警護は、各神社祭礼でおこなわれる神事相撲の勝者である「大関」が務める慣習であり、警護（以前は「力士」）は神社から指名されていたという。神社の三役とは神主・氏子総代・警護（力士）だった時期があるようだ。

先に「多人数獅子舞」のところで述べたように、富山県のムカデ獅子の先頭にはよく知られた架空の天狗（ときにはヒョットコ等）がリード役を演じる。それと比較すれば、黒獅子の警護の存在はじつにリアルであり、獅子舞と相撲勝者という組み合わせはこの芸能の比類なき地域性を物語っている。

黒獅子舞と神事相撲との関連を表すものとして、今も「角力」と称する役割が存在している。成田の若宮八幡神社獅子舞は警護ではなく「角力」といい、東五十川の生僧（しょうず）観音の獅子舞も「角力」と称している。また、白兎の葉山神社獅子舞には警護二人に「角力」、同じく勧進代の勧進代総宮神社獅子舞にも警護二人に「角力」が存在し、そのしこ名は「小桜」である。成田には「車牛」という江戸時代に実在した郷土の力士になぞらえた人物が今も付き添っている。五十川の蘊安《うんなん》神社獅子舞の警護は、代々「小柳」という江戸期の郷土力士（前頭）のしこ名を名乗っている。総宮神社獅子舞の警護も、「宮川」という大関のしこ名を名乗っている。寺泉の五所神社獅子舞は警護（二人）と称しているものの、「村雲」「小荒美」のしこ名を持っている。いずれも、警護や角力などが付ける化粧回しにこれらのしこ名が晴れがましく記されている。

(3)　行司・呼び出し・力士

置賜地方の事例として、白鷹町の広野・畔藤・浅立などの獅子舞には軍配を持った「行司」が存在し獅子舞集団を差配して歩く。また飯豊町の萩生諏訪神社の祭りでは、「呼び出し」が獅子舞の正警護と副警護に対して花相撲の開始を告げて土俵に上げ、実際に相撲を取らせ神前に奉納させる。そののち、一般人の花相撲が始まる。正警護と副警護は「力士」であるからこそおこなわれる奉納相撲なのである。江戸時代は当地方では警護を「力士」と書いたというが、確認はしていない。

そもそも神社においては、神主と共に祭神を守る役割を担ったのが「角力」・「力士」だったということであれば、やはり警護や角力という役割を伴っている当地の獅子舞は、神社・鎮守の神と密接に関係して継承されてきたといえよう。これらのことから、当地方の獅子舞は神社でおこなわれた神事相撲と深い関わりをもってきたことを知ることができる。なお、これまで述べた内容の大部分は研究記録誌『長井のひとびと　おしっさま』によった。(88)

(4)　草岡津嶋神社の警護決定戦

平成二十三年（二〇一一）八月十六日に、長井市草岡の津嶋神社に伝わる獅子舞の警護が十三年ぶりに交代

写真61　八幡幣に記されたしこ名「鯉の短冊」

した。ここの獅子舞の警護は、およそ十数年に一回の間隔で草岡地区の男性たちの相撲の勝敗によって更新されてきた。当日は神社境内で男性六人によるトーナメント戦がおこなわれた。現職の警護（当時四十九歳）とそれに挑む青年たちとの勝負となったが、結果は現職が敗北した。決定戦を制して代替わりした警護は当時三十六歳の青年で、伝統のしこ名である第八代目「鯉の短冊」を襲名した。

当地区では「鯉の短冊」襲名披露の証しとして、代々「八幡幣《はちまんぺい》」といわれる御幣を作っている。この八幡幣は代替わりした警護の襲名のたびに津島神社に奉納されており、さらに集落の希望者にも配られる。代替わりした警護は、決定戦後に行司・太刀持ち・露払いを従えて、配布希望者の自宅およそ十軒前後を訪問する。警護は訪問宅の床の間で横綱の土俵入りのように四股を踏んだ後に、当主に八幡幣を差し上げる。八幡幣はかつて竹製の幣串に紙垂を左右に垂らしたものだったが、現在は長さ約七十センチメートルで幅と厚みのある木製に作り替えている。八幡幣の中央には「鯉の短冊襲名式挙行」、その右には「五穀豊穣　一族安泰祈願」、左に新しく警護となった本人の名前が墨書してある。それに大きな紙垂を左右に垂らした非常に格式のあるもの

写真62　高橋良一家における襲名披露記念写真

で、それをいただいた家々では襲名記念として床の間に飾っておいて家の守り神とする。訪問を終えた後は、当主が盛大なお祝いの食事で一行をもてなすのが通例となっている。

代々警護がつける化粧まわしは、池から飛び跳ねる赤色の鯉が力強く描かれている。鮮やかな刺繍がほどこされており見るからに高価である。しこ名「鯉の短冊」にはいわれがある。昭和初期に当地区で奉納相撲の行司役を務めていた青木卯助が、巡業中の日本相撲協会からその腕前を認められて授けられたのが「鯉の短冊」だった。しかし、青木はこのしこ名を自らは使用せず、強者の象徴である警護役に譲ったことから、代々警護名として「鯉の短冊」が襲名されてきたというのである。ちなみに初代「鯉の短冊」を名乗ったのは若林彦弥であり、昭和三年（一九二八）のことである。

この青木卯助に関連した事柄が、もう一つある。それは神社境内の土俵に「四本柱」、つまり東に青色（青竜）、南に赤色（朱雀）、西に白色（白虎）、北に黒色

（玄武）の布を巻いた柱を立てることを相撲協会からしこ名襲名とともに許されたことである。それ以来、当地区では毎年奉納相撲は行わなくとも土俵には四本柱を立てることを慣習としている。

なお、八月十六日神社で午前中に行われる神事では鯉を供物として捧げており、終了後の直会では「鯉の短冊」にちなんで「鯉こく」の料理を参加者に振る舞うのを常としている。

近年は簡略化が進んでおり、相撲による警護交代はなかなかおこなわれなくなったのが実際のところである。事例として、五十川地区の警護は六代目までは奉納相撲をおこなって決めており勝者は土俵入りまで披露していたとのことである。しかし、現在は親子代々が引き継いで襲名するやり方をとっており、襲名披露と称して名入れの盃を配って一戸ずつ回っているということである。現在は、八代目が警護を継承している。

第八節　黒獅子舞と「ながい黒獅子まつり」

一　まつりの実際

長井市中心街では、平成二年（一九九〇）から長井市域ならびに近隣市町村の各黒獅子団体を招聘して「ながい黒獅子まつり」がおこなわれてきた。子ども獅子十三団体を含む市内三十八の黒獅子団体が存在するなか

写真63　中央に模擬社殿（お宮）が造られる黒獅子まつり会場

で（令和元年現在）、毎年十五前後の団体が順番に出場して各社寺単位で培われてきた舞いを披露し合っている。そこは舞と囃子を担う老若男女にとって晴れの舞台であり、それを一目見ようと毎年市内外から大勢の観客が集まる賑わいの場となる。今や「ながい黒獅子まつり」は、各地区社寺の黒獅子芸能が集結する魅力ある新しい祭りとしてその名が知られるようになっている。

令和元年（二〇一九）五月十八日（土）・十九日（日）は、第三十回の節目を迎えた記念すべきまつりであった。例年は一日だけの開催であるが、この年は長井市内十八の黒獅子舞団体が参加して二日間にわたって演技を各所で披露して回った。この参加団体数は、これまでに最も多いものとなった。「特別招待神社」として、東五十川「生僧観音」の獅子舞が参加した。また「三〇周年記念企画」として、獅子舞以外の伝承芸能である村山市「むらやま徳内ばやし」の各団体と沖縄の「金武町並里区獅子舞」も出演した。長井市観光協会によると、二日間のまつりでおよそ十万人

写真64　まつり会場の境界に造られる模擬鳥居

余の人出であった。以下は、令和元年の二日間のまつり概要を時系列的に要点を整理してまとめてみたものである。

(1)　五月十八日（土）昼まつり

近年のまつり会場は白つつじ公演多目的広場であり、公園入り口にはまつり用の模擬鳥居が立てられ、奥には神社神殿を模した「お宮」が特設されている。正午に「開会セレモニー」があり、長井市長等の挨拶のあと神主によるご祈祷と「警護揃い踏み」が行われた。十八の出演団体の警護が集合して、それぞれ警護棒を片手に握りしめながら勇ましい姿で勢揃いした。広場では午後一時三十分から長井市内小学校生徒による「長井の心・地域文化発表会」として、平野小学校「平小獅子踊り」、豊田小学校「少年少女河井獅子踊り」長井小学校「長井小黒獅子舞」が披露された。

「昼まつり黒獅子舞」は、午後二時三十分から白つつじ公園および商店街で四団体の黒獅子舞がスタートし、各所で演技が始まった。公園では上伊佐沢の伊佐沢神社と十日町の白山神社の黒獅子舞が二十五分の時間差でスタートし、やがて公園を出て市街地で演じて回り（「道中振り」という）、それぞれ約五十分後に再び公園内の「お宮」に戻った。寺泉の五所神社と久野本の八雲神社の黒獅子舞は、商店街のビジネスホテル長井屋前で二十五分の時間差でスタートし、各所で道中振りを行ってそれぞれ約五十分かけて公園内のお宮に到着した。

午後五時十五分には記念イベントとして「やまがた愛の武将隊」の演舞が公園でおこなわれ、さらに小出白山神社黒獅子舞が公園お宮から出発する「出御」の儀式が披露された。

(2)　五月十八日（土）夜まつり

夕方から、黒獅子十団体による披露が始まった。まず午後五時三十分から以下の七団体が商店街をスタートして各所を演じて回り（「道中振り」）、最終的に公園内のお宮に到着する行程である。

○川原沢の巨四王神社黒獅子舞は、錦屋十字路から始めて約五十分かけて各所で演じて回り（道中振り）、午後六時二十分に公園お宮に到着。

○森の津島神社黒獅子舞は、桑島記念館から始めて約七十分かけて各所で演じて回り（道中振り）、午後六時四十分に公園お宮に到着。

○九野本の稲荷神社黒獅子舞は、阿達医院前から始めて約九十分かけて各所で演じて回り（道中振り）、午後七時に公園お宮に到着。

○歌丸の歌丸神社黒獅子舞は、中央十字路から始めて約百十分かけて各所で演じて回り（道中振り）、午後七

写真65　まつり会場で披露して回る各団体の獅子舞

写真66　まつり会場周辺に立ち並んだ売店

時二十分に公園お宮に到着。
○河井の若宮八幡神社黒獅子舞は、長井駅から始めて約百三十分かけて各所で演じて回り（道中振り）、午後七時四十分に公園お宮に到着。
○草岡の津嶋神社黒獅子舞は、高野町高野会館前から始めて約百五十分かけて各所で演じて回り（道中振り）午後八時に公園お宮に到着。
○泉の羽黒神社黒獅子舞は、十日町公民館一から始めて約百七十分かけて各所で演じて回り（道中振り）、午後八時二十分に公園お宮に到着。

次に、以下の三団体は午後五時四十五分から十五分おきに商店街をスタート。各所を演じて回って（道中振り）、最後は公園のお宮に到着している。
○勧進代の総宮神社黒獅子舞は、十日町公民館二から始めて約百七十五分かけて各所を演じて回り（道中振り）、午後八時四十分に公園お宮に到着。
○宮の総宮神社黒獅子舞は、十日町公民館三から始めて約百八十分かけて各所を演じて回り（道中振り）、午後九時に公園お宮に到着。
○小出の白山神社・皇大神社黒獅子舞は、十日町公民館四から始めて約百八十五分かけて各所を演じて回り（道中振り）、午後九時二十分に公園お宮に到着。

以上、これら十団体の獅子は波文様や水玉文様をあしらった長幕の胴体をくねらせて中心商店街を練り歩くが、伝えられているようにまさに龍（大蛇）が川を泳ぐ姿を連想させ、荒々しさとともに神々しい雰囲気を醸

写真67　まつり会場の外でも獅子を待ち構える人々

し出している。獅子は時おり小刻みで軽快な足取りで動き回る。獅子は門付して回りながら、家々や商店から差し出されるお神酒を大きな口の中に注ぎ込まれて飲み干す。その後は御礼として警護が発する「御信心」の声に合わせて大きな口を開けながら天を仰ぎ、ゆっくり下へ降ろして歯と歯を打ち鳴らす。いわゆる「歯打ち」である。そのたびに、バコーン、バコーンと大きな音が街なかに響き渡る。「歯打ち」に対して、人々はみな頭を垂れてそのありがたみを全身で受ける。一方その傍らで、獅子の恐ろしい形相や「歯打ち」の音の響きに、思わず泣き出す子どももたくさんいる。

時折、軌道をはみ出して周辺で見守る観客側へ近づこうとする獅子を警護が制止しながらコントロールし、それに従おうとしない獅子は警護と争いとなり、結局は警護に強引に押さえつけられる。このときの両者の力比べ、一騎打ちが「警護掛かり」といわれる見せ場であり、じつに見応えがある。観客は声をかけ手を叩いて両者を応援する。まつりは最も興奮する場面

写真68　会場近くの会社従業員に向けて歯打ちをする獅子

を迎えるが、観客からは一斉に「ガンバレー」と大きな声援が飛ぶ。この最高潮に達した場所は幾重にも観客の輪が出来上がって周辺は人だかりとなり、警護と獅子の格闘場面は見ようにも見えないときがしばしばあるほどである。

獅子には常に太鼓と笛のお囃子集団が付くが、近年は各神社がある地域に住む小中学生や若者が多数参加している。特に若い女性の参加者が目につくが、彼女らは、お揃いの半纏を着ながら黙々と笛を吹く姿はじつに凛々しい。

(3)「お宮入り」

先に記したとおり、商店街をスタートした黒獅子舞の白つつじ公園お宮への到着は、早い団体で午後六時二十分頃であり、遅い団体では午後九時二十分頃になる。公園内では、早めにかがり火が燃え始める。奥に設営された「お宮」の左右には特設の栈敷席が設けられている。その周辺にも大勢の観客が取り囲み、時間をおいて次々と到着する黒獅子舞を待ち構えて、その姿が見えると大きな拍手で迎える。長時間にわたり「道中振り」を終えて公園に入ってきた獅子のすべては、すんなりと「お宮入り」を果たさない。まだまだ辺りの悪魔払いは済んでいないので「お宮入り」を果たすのは早いとする獅子と、そろそろお宮に導こうとする警護との間で、またまた力比べの激しい攻防戦が繰り広げられるのである。ここでも、観客は大声援を送り続ける。

数分の激闘を終えて、獅子はようやく警護の導きに従って「お宮入り」となるのであるが、獅子と警護の力比べや闘い方は団体ごとに違いがあり、またそれが一番の見どころでもある。例えば、ある団体では二人の警護が獅子の両足に力づくで警護棒を入れ込んで、獅子の足を浮かせながらようやくお宮へと導くのである。この日は両者の攻防が街の路上や公園広場など多くの場面で展開されて歓声と拍手が鳴り止まない。

(4) 五月十九日（日）昼まつり

白つつじ公園内では、「三〇周年特別記念企画」として午後〇時十五分からよさこい系踊りとして東北地方では名の知れた村山市「むらやま徳内ばやし」の演技が披露された。出演は鼓動天眞「眞組」、踊り手は大久保櫟龍会・村山まとい連・十日町徳内ばやし・本郷徳内ばやし・百花繚乱踊「眞組」の合同演舞であった。

午後一時からは、沖縄県金武町並里区伝統芸能保存会の「金武町並里区獅子舞」が出演し、長井地域の黒獅子舞とはまったく姿かたちの異なる獅子芸能が披露された。午後二時からは今年の「特別招待神社」として、長井市東五十川地区の「生僧観音」の黒獅子舞が登場、初めての黒獅子まつり参加ということで観客の注目を浴びた。この黒獅子舞は毎年八月十六日の東五十川区にある生僧観音祭礼で舞われている。「荒獅子」といわれているように、獅子のカシラも足も激しく動くのが特徴である。

生僧観音黒獅子舞が地区外に出たのは近年では昭和六十二年（一九八七）で、東京での地元出身者の会合で依頼されて舞ったのが最後であり、それ以来地区外で獅子舞を演じることはなかった。今年の黒獅子まつりでの披露は地区外では三十二年ぶりであるが、これが最初にして最後であるとのことで、再びまつりに参加することはないという。

長井市内の黒獅子舞団体では、生僧観音黒獅子舞以外にも「ながい黒獅子まつり」には参加しないという団体がある。黒獅子舞は本来地区の社寺に祀る鎮守神や仏に奉納する芸能であり、イベントなどや他所で演じるということは御法度であるという考え方によるものである。このことについては、再度後段で触れる。

次に、午後一時四十分からは二十分の時間差で商店街から以下の黒獅子舞団体がスタートして、各所を演じて回りながら（道中振り）公園の到着を目指した。

○白兎の葉山神社黒獅子舞は、午後一時四十分にビジネスホテル長井屋前一から始めて各所を演じて回り（道中振り）、午後二時三十分に公園鳥居入り口に到着。

○今泉の稲荷神社黒獅子舞は、午後二時にビジネスホテル長井屋前二から始めて各所を演じて回り（道中振り）、午後二時五十分に公園鳥居入り口に到着。

○時庭の豊里神社黒獅子舞は、午後二時二十分にビジネスホテル長井屋前三から始めて各所を演じて回り（道中振り）、午後三時十分に公園鳥居入り口に到着。

○小出の白山神社・皇大神社黒獅子舞は、午後二時四十分にビジネスホテル長井屋前四から始めて各所を演じて回り（道中振り）、午後三時三十分に公園鳥居入り口に到着。

○宮の総宮神社黒獅子舞は、午後三時にビジネスホテル長井屋前五から始めて各所を演じて回り（道中振り）、午後三時五十分公園鳥居入り口に到着。

表２　長井市の社寺祭礼と黒獅子団体一覧（令和元年現在）

地区	社寺名（地区）	祭礼日	子供獅子有無
宮	白山神社（十日町）	５月11日・12日	○
	古峰神社（清水町）	７月27日	○
	熊野神社（横町・新町）	８月14日	○
	番神宮（中道）	９月７日・８日	○
	總宮神社（横町）	９月15日・16日	
小出	虚空蔵様（東町）	７月27日・28日	○
	薬師寺（あら町）	８月１日	○
	十王堂（本町・ままの上）	７月27日	○
	熊野神社（花作町）	８月15日	○
	白山神社（小出）	９月14日	
	皇大神社（小出）	９月15日	
致芳	若宮八幡神社（成田）	５月３日 ９月７日・８日	
	蘊安神社（五十川）	５月５日 ９月７日・８日	
	津嶋神社（森）	５月５日	
	善明院文殊尊（成田）	８月14日・15日	○
	地蔵様（五十川・八反田）	８月14日	○
	森観音（森）	８月15日	
	生憎観音（東五十川）	８月16日	
	葉山神社（白兎）	９月14日	
西根	總宮神社（勧進代）	５月３日 ８月15日・16日	
	津嶋神社（草岡）	５月５日 ８月15日・16日	
	文殊様（草岡新町）	７月28日	○
	見渡神社（草岡仁府）	７月28日	○
	五所神社（寺泉）	８月14日・15日	
	巨四王神社（川原沢）	８月16日・17日	
	古峰神社（草岡大沖）	８月14日	○
平野	熊野神社（平山）	８月14日・15日	
	天満宮（平山中里桜町）	８月16日	○
	文殊様（九野本川窪）	８月24日	
	見渡神社（平山北向）	８月25日	
	八雲神社（九野本）	９月７日・８日	
	稲荷神社（九野本）	９月14日・15日	
豊田	稲荷神社（今泉）	８月14日・15日	
	豊里神社（時庭）	８月24日・25日	
	羽黒神社（泉）	９月６日・７日	
	歌丸神社（歌丸）	９月７日・８日	
	若宮八幡神社（河井）	９月７日・８日	
	金刀比羅神社（今泉）	９月８日	
伊佐沢	伊佐沢神社（上伊佐沢）	５月３日	

以上が、昼まつりの概要である。昼といっても最後の総宮神社黒獅子舞がお宮入りを果たしたのは午後四時過ぎとなり、ほぼ夕方近くまでまつりは続いた。令和元年の記念すべき特別なまつりは、このようにして二日間演じ続けられたのである。

二　「ながい黒獅子まつり」の特徴とそのゆくえ

(1)　鎮守の神と黒獅子舞

長井市および周辺の黒獅子舞は、集落の鎮守の神または仏が祀られる神社や寺に奉納することを基本としている。獅子芸能が広域エリアで社寺単位で継承されている事例は、おそらく稀有な民俗現象と言えよう。先述したように、長井市東五十川地区の「生僧観音」の黒獅子舞が初めて今年度の黒獅子まつりに参加したことが話題となった。黒獅子まつりに参加しない団体は、そのほかにもある。成田若宮八幡神社と五十川地区の黒獅子舞は、他地区へ出て演技をすることはできないという考え方を堅持している。

このように、黒獅子まつり参加の可否はともかく、それほどの厳格さを持った黒獅子舞も現に存在するのである。このことは、獅子舞が鎮守の神（集落によっては観音・地蔵・文殊などの仏）に対して、祈りと願い・感謝の気持ちをもって奉じる神事芸能の性格を持っていることを明確に示している。発生経緯を考えれば、長井市の黒獅子舞は念仏踊り・シシ踊り・田植踊りのようないわゆる民間型「風流《ふりゅう》」の芸能ではない一面をもって

写真69　五十川の蘊安神社の祭礼と獅子舞

いたと考えられる。誤解を恐れずにいえば、中世寺社でおこなわれた延年や田楽、神楽などとある種似通った側面をもつ芸能だったといえるかも知れない。

さらに、この地方の畏れ多い獅子をコントロールする警護は、一般にみられる赤い鼻高面の「猿田彦神」のような祭りの先頭に立って案内役をする神ではなかった。それは各神社でおこなわれた相撲（角力）の代々のチャンピオン力士であった。このことは、黒獅子舞が一方では地域の民衆文化とともに歩んで継承されてきたことを示すものであろう。

(2)　地域一体感の醸成

長井市さらに西置賜地方では、各神社祭礼と黒獅子舞の奉納について、少なからぬ人々の参加協力体制が実現されている。「お獅子さま《おしっさま》」ともいわれる獅子への崇敬の念を通じて、演じる者と観客を含めて地区住民の一体感が醸成されている。獅子舞そのものが「ムカデ獅子」であるから、多人数を必要とする。若者や学生からなる太鼓や笛などのお囃子集団も多い。さらに、氏子総代・祭典委員などの世話役も含めれば構成上ほぼ総参加型の芸能といえる。獅子連という組織は各団体とも三十人から四十人以上で成り立っている。この地域共同体的祭礼は、そうした背景をもって創出されている。集落の人々は、獅子舞を演じることをきっかけに、神または仏と人々がつながり合い共同体の一員として気持ちを一体化させようとするのであろう。その意味において、今なお社寺（鎮守の神・仏）は地域コミュニティーの精神的支柱の役割を果たしている。

(3)　祭礼文化の創出と地域振興

西置賜地方の各神社例大祭でおこなわれている黒獅子舞は、人間である警護と神（龍・大蛇）である黒獅子がときに激しく対峙するシナリオやそれを演じる場が設定されており、祭りの見せ場づくりとして観客が熱狂できる演出がほどこされている。見せ場では、警護の屈強な男性としての魅力が発揮される。同時に悪魔払いを本領とする獅子がもつ「荒々しさ」の摩訶不思議な魅力もいかんなく発揮される。エネルギッシュな祭りの醍醐味は、黒獅子舞の奉納がおこなわれる各社寺例祭でさまざまに味わうことができる。

このような中で、毎年十数団体が一堂に集まって黒獅子の芸能を披露し合っているのが「ながい黒獅子まつり」である。各団体が演じる人間（警護）と神獣（獅子）の対決・攻防（警護掛り）は双方の駆け引きでもあり、この闘いを通して二面性を持つ獅子、つまり「悪魔払いの獅子」と「猛々しい獅子」とが要所要所で姿を替えて観客の前に立ち現れるのである。この二面性が西置賜地方の黒獅子舞の特徴であり、観客を魅了してやまない。黒獅子まつりは各獅子舞団体のそれぞれの違いも見ようと長井市中心街に観客が集う。この祭りは賑わいづくりと地域振興にも寄与している。平成二十二年度に長井市は「ふるさとイベント大賞奨励賞」、まつ

写真70
カレンダー表紙「ながい黒獅子まつり」
（令和元年）

写真71
DVD「ながい黒獅子まつり」
（第29回）

り実行委員会は第十五回「地域づくり総務大臣表彰」に輝いていることはそれを証明している。「ながい黒獅子まつり」は、個性的で躍動的な長井市近隣の獅子芸能が集結して創出する祭礼文化といえるだろう。

(4)「まつり」のPR活動

㈠ 多様なグッズ販売

「ながい黒獅子まつり」は令和元年（二〇一九）で三十回を数えたが、それまで各社寺や地区の限定的な黒獅子舞の祭りであったものを長井市全体の文化的価値として捉え直した結果、市内外に広く認知されるようになった。その価値がいっそう高まりさらなる理解が深められるよう、現在様々な取組みがなされている。

長井市では、黒獅子舞に関連する多くのグッズが販売されている。二種の褌、獅子幕布、バッグ、絵皿、風呂敷、のれん、団扇などがあり、販売業者はそれぞれである。長井市観光協会では、「ながい黒獅子まつり」が終わればその年度ごとDVDを作成・販売している。また、「獅子暦」として毎年五月から翌年四月までのカレンダーを作成・販売もおこなっている。カレンダーの上段部分には、各黒獅子舞を象徴する場面の写真が大きく掲載されており、下段の暦部分には各社寺の例祭日が記入されている。「長井市内各神社例祭日」の一覧表もあって、黒獅子舞がいつどこでおこなわれるのか一目瞭然である。数々のグッズは獅子愛好者を広め、DVDなどの媒体は黒獅子舞への再認識や興味・関心を惹起し、観光客を呼び込むのに効果的であることは言わずもがなである。

(二) 黒獅子MAP

黒獅子舞のPRとして面白い一つの事例は、長井市致芳地区のパンフレットである。そこには「勧進元　致芳地区文化振興会」とあり、一枚のパンフレット表側左右に「致芳黒獅子めぐり」および「致芳地区黒獅子MAP」が掲載さている。黒獅子めぐりには「御朱印を集めよう！」という呼びかけがあり、MAPには八か所の社寺の黒獅子舞がイラスト入りの絵地図で紹介されている。パンフレット裏側には、八か所の社寺の祭礼日時やみどころなど詳細な黒獅子情報が見やすく掲載されている。それらの社寺祭礼日の黒獅子舞を見て回り、それぞれ御朱印を押してもらうための空欄十か所が用意されている。五か所以上御朱印をもらった人には「縁起物を贈呈いたします！」とあり、十か所す

写真72
パンフレット「致芳黒獅子めぐり」

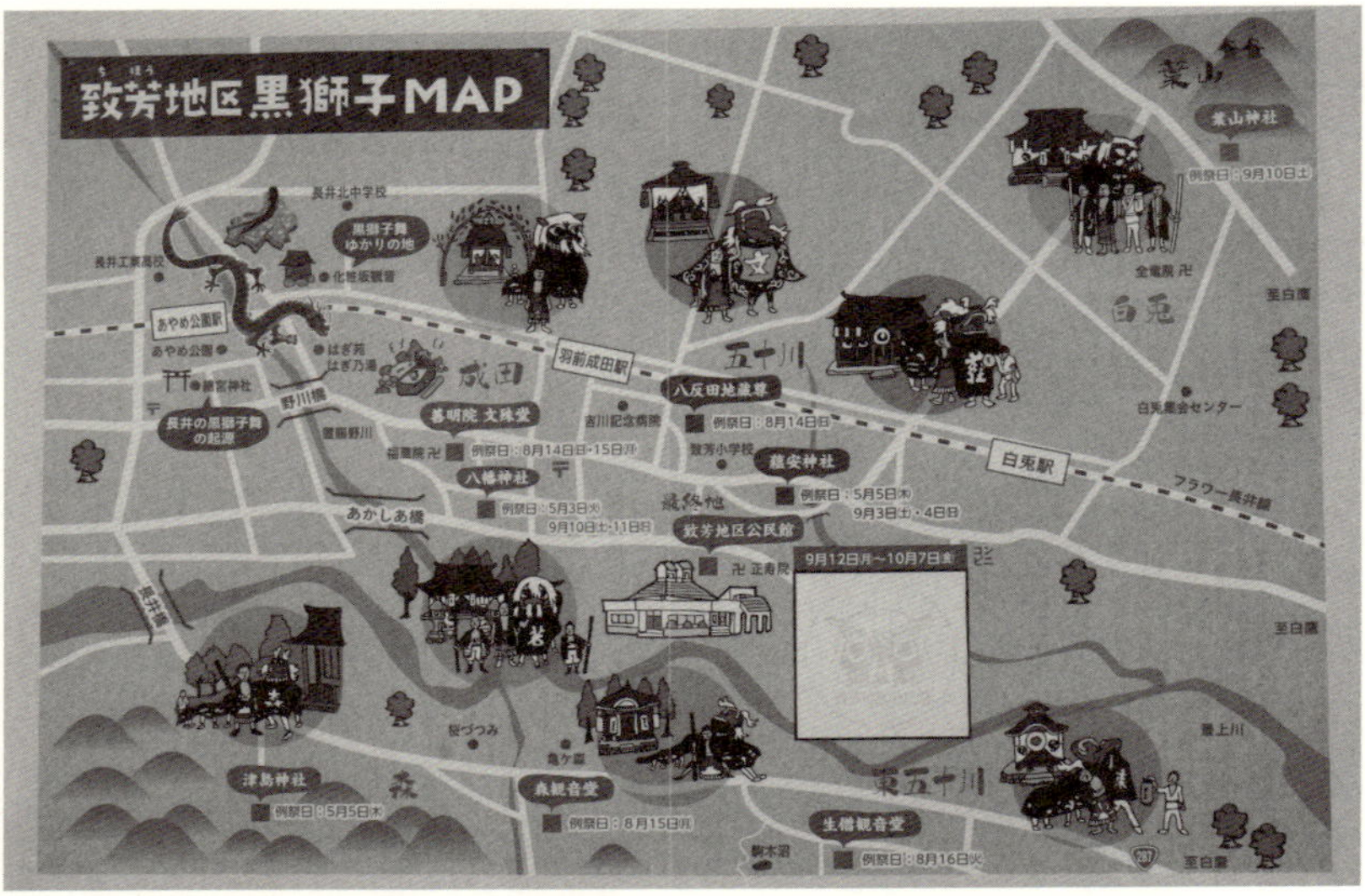

写真73　「致芳地区黒獅子マップ」

べて（二か所で祭日が二回ある）を見て御朱印をもらった人には「さらに縁起物を贈呈いたします！」と、いっそうの観賞意欲をそそる手だてが講じられている。

三　「まつり」と民俗芸能と地域振興策

(1) メディアの指摘

令和元年（二〇一九）におこなわれた第三十回目「ながい黒獅子まつり」について、あるメディアは「高まる観光資源の役割」と題する論説を掲載している[89]。「初夏の風物誌としてすっかり定着し、県内外での知名度も着実に上がっている」「市観光協会によると東京や大阪など県外からの観光客も年々増えているという。今年は二日間開催で天候に恵まれたこともあり十万人余りの人出でにぎわった」と記す。その一方で

「それに伴いさまざまな課題も見えてきた。」として、いくつか傾聴すべき指摘が目にとまる。それを以下に簡潔にまとめてみる。

一つ目は、「獅子振りは神事であり、観光イベントではない」という考えで黒獅子まつりに一度も参加していない団体がある。神事という考え方は尊重しなければならないが、「本番」である各社寺の例大祭と、イベントである黒獅子まつりは別物だ、と割り切る考え方もあっていいのではなかろうか。

二つ目は、市外からの見物客が増えるにつれ駐車場不足も課題になってきた。今年は会場近くの最上川河川敷に臨時駐車場を設けたものの、ゴール地点から徒歩十分ほどの市役所や道の駅「川のみなと長井」なども使わざるを得なかった。

三つ目は、遠方からのさじき席の予約も現状は電話予約のみで、県外客からは「インターネット予約はできないのか」との声が寄せられている。

四つ目は、黒獅子まつりを機に、長井市の観光資源である白ツツジ・アヤメ等の花や、旧長井小第一校舎・桑島記念館等の歴史的建造物など、訪れた人々に長井の魅力を知ってもらえればリピーターを増やし通年観光の可能性が広がるのではないか。

五つ目は、黒獅子の迫力を実物大で展示するなど、まつりの時期以外に訪れた人にもアピールするような工夫があれば、観光資源としての価値はより高まるのではないか。

以上のような指摘である。一つ目の指摘について、黒獅子舞は各地域の社寺祭礼に奉納する芸能であることは確かである。すでに長井市東五十川地区の生僧観音の黒獅子舞と同じ五十川地区の蘊安神社の黒獅子舞、および成田若宮八幡神社の黒獅子舞の三団体は、他地区での演技はおこなわないことを原則としていることを述べた。それに対するこの指摘は、地区外で舞うことについて、「イベントとして別物」という割り切りも必要ではないかとの主張である。五つ目の指摘にある黒獅子の「観光資源としての価値」という捉え方とも繋がってくるが、黒獅子を価値ある観光的資源とみなすが故に、その集合体としてのイベント「ながい黒獅子まつり」に参加することの意義を述べているのである。考えさせられる指摘であることは間違いないが、この問題については、以下に述べる文化に対する国の施策、それに伴う社会全体の流れの中で捉え直すことがポイントと思われる。

(2)　おまつり法の制定

ここで、国の文化行政に対する考え方について振り返ってみることにする。平成四年（一九九二）に、国は観光及び商工業の振興を目的として、地域の民俗芸能や行事などを活用することに対する支援をおこなうために、「地域伝統芸能等を活用した行事の実施による観光及び特定地域商工業の振興に関する法律」を制定している。この法律は、俗に「おまつり法」ともいわれた。運輸省・通産省・農水省・自治省・文部省（文化庁）の五省が関与して制定されたのも特徴的であるが、従来の文化財保護法が文化財の「保護」に重点を置いたものであるのに対し、この「おまつり法」は地域の民俗芸能の「活用」を意図したものであることが話題をよんだ。

当時、この「おまつり法」の功罪についていろいろな議論がなされている。民俗芸能研究者や民俗学者たちは、おおよそ反対もしくは懸念を表明した。その理由とは、①この法律は民俗芸能の観光資源化を眼目としており、「おまつり法」の対象が当の芸能の演者・伝承者たちではなく、観光業者とそれにまつわる商工業者たちであること、②観光を目的とした民俗芸能のイベント化、それをプロデュースする観光業者・商工業者・旅行業者とそれを実際に演じる芸能者に分化してしまい、民俗芸能が観光の材料にされること、③民俗芸能が舞台で演じる「ステージ芸能」となれば、民俗芸能が地域の祭り行事や村人の日常生活と切り離されて、たんに観光ショーや見世物となってしまうこと、などであった。このことを考える当時の議論としては、「シンポジウム　民俗芸能とおまつり法」（『民俗芸能研究』）の報告書がある。[90]

(3) 観光と芸能

前述の「おまつり法」で焦点となったのは主として観光と芸能の関係であったが、実は観光の観点から民俗芸能に目を向けたのは、戦前の旅に関する雑誌だったという事実も忘れてはならない。そのことについて、「シンポジウム　民俗芸能とおまつり法」では、山路興造が次のように述べている点が注目される。[91]

民俗芸能の研究の歴史を振り返りますと実は戦前は結局、土俗だとか風俗だとか風景だとかそういうものをいかに観光として活用させるか、という戦前の運輸省及び鉄道省、そういうところが一生懸命になったのが実は民俗芸能研究の始まりなんです。『旅と伝説』等の研究史も全部そういう地方の資源をどう観光的に使っていくかというところから実は民俗芸能の研究は始まっているんです。

以上のように、雑誌の『旅と伝説』は、旅行を扱いながらも次第に地方の民俗に目を向けて取り上げるようになった経緯がある。民俗芸能の研究は、観光と民俗芸能が深い関わり合いを持ちながら進んできたことを知るのである。かつて郷土芸能といわれた民俗芸能は、都市部から観光として訪れた人々の目に晒されることに

写真74　チラシ「神楽の日」（岩手県花巻市大迫）

よって、その存在意義の確認や自己認識が図られた歴史がある。また、そこに埋もれた民俗芸能の発掘もあったり、そのなかで民俗文化財の指定に繋がったケースもある。このようなことを考えれば、「おまつり法」において観光と芸能を二律背反・二項対立的に捉えることは有益ではないことになる。

㈠　大迫町の「神楽の日」

観光資源と芸能を考える一つの事例として、岩手県花巻市内の神楽公演がある。毎年八月と十二月を除く毎月第二日曜日の「神楽の日」には、花巻市大迫町の大迫交流活性化センターを会場に、大償神楽、岳神楽、八木巻神楽の三団体が大償神楽をスタートとして月替わりで公演している。開演は十一時からで、途中休憩十二時から十三時をはさんで十五時まで、一団体三時間の公演が続く。主催は「大迫神楽の日実行委員会」であり、入場券は前売り八〇〇円（当日一、〇〇〇円）で、小学生以下は無料である。神楽の日は平成二十三年（二〇一一）の大償神楽と八巻神楽の二団体による特別公演から始まっている。

大償神楽と岳神楽の両団体は、「早池峰神楽」として国の重要無形民俗文化財の指定（昭和五十一年）を受け、さらにユネスコ無形文化遺産登録（平成二十一年）も受けて、全国でも技量的に最高レベルに数えられる団体である。これらの神楽によるイベントが毎年開かれているが、これはまさにステージに特化した「神楽ショー」であり、今や地域資源・観光資源となり早池峰神楽自体も全国の観客による熱い視線が注がれて成長をとげている。

かつて、岩田勝は「全国神楽フェスティバル」にちなんで次のように問題提起していたことが思い起こされる。(92)

そこには民俗芸能研究などという、客観的で冷静な態度などはありようがない。あえて学問としてというならば、おそらくこれから本格的に取り組まれるべきなのは、祭りの場から離れた民俗芸能の社会学（あるいは経営学）であり、祭祀組織の基盤を失ってもなお一人歩きさせるための民俗芸能保護行政学であるであろう。

岩田の指摘は、重要である。民俗芸能が村の祭祀や地域生活の場を離れて、舞台の上で大勢の観客に観賞されることが日常化した昨今、「民俗芸能の社会学（経営学）」「一人歩きさせるための保護行政学」など含蓄ある表現で示されているように、観光と芸能の関係を今日的課題としてあらためて検討してみることが必要であろう。

(二)　江刺区の鹿踊り

岩手県奥州市江刺区では、毎年五月四日に「江刺甚句まつり」がおこなわれる。区内ではシシ踊り（鹿踊

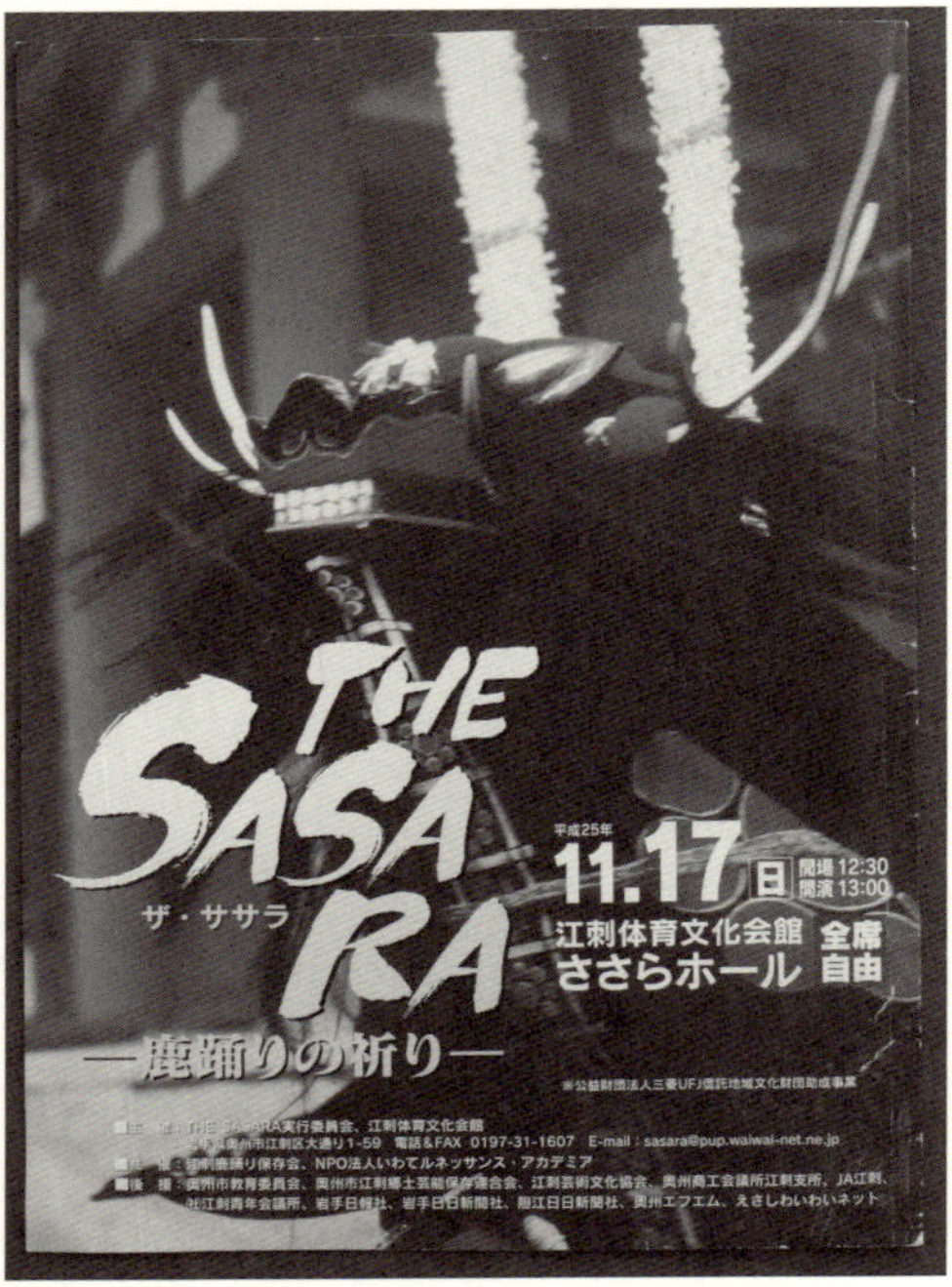

写真75
パンフレット表紙「THE　SASARA（ザ・ササラ）—鹿踊りの祈りー」（岩手県奥州市江刺区）

り）十五団体が活動しているが、まつり当日、中央商店街通りの路上で「百鹿大群舞」と称して、一斉に百二十人ほどが一糸乱れず創作した共通の踊りを披露する。同じく八月十六日は盂蘭盆まつりと称して、観光の名所「えさし藤原の郷」で百鹿大群舞を演じている。大勢のシシ踊りファンが全国から集まって大規模で勇壮な踊りを楽しんでいるが、早池峰神楽と同様に観光資源として絶大な力を発揮しているのが現実である。

先にあげた「おまつり法」に関して、民俗芸能学会の「シンポジウム　民俗芸能とおまつり法」では小島美子は次のような問題点について発言していたことも注目される。[93]

例えば一時間やらないとその演目が成り立たないというような演目の時に、そんな一時間もやられたら観光には役立たない、十分間でやれとか、一五分でやれとか、それならば補助金を出してやるとかいうのでもいいいんですか？

以上の小島の指摘にも、耳を傾ける必要がある。現実に民俗芸能の演目は、十五分や二十分では済まない長さのものが多く、一演目が六十分などという長さはめずらしくない。しかし、「ステージ芸能」となればやはり十五分前後の演技が要求されて、それ以上の長さではイベントは時間内に終われない、何よりも観客が見飽きる恐れがある、などと主催者側から主張されるのが現実である。

この問題を考える一つの方法として、かつて江刺区鹿踊り十五団体保存会の意欲的試み・挑戦があった。それは、「THE　SASARA（ザ・ササラ）」という公演であるが、通常のイベントではカットされる演目をこの公演ではノーカットで演じようという大胆な実践であった。それは平成二十一年（二〇〇九）、平成二十二年（二〇一〇）、平成二十五年（二〇一三）の三回試みられて大変な反響をよんだ(94)。

この公演は、毎年交替制で十五団体の半分ほどが出演し、一演目六十分以上から九十分ほどをまったく省略なしで演じ切るのを目的とした。これをこなすには、あらためて演目の全行程を思い起こし、学習し直して、練習を積み重ねて公演にのぞまなければならない。逆に言えば、近年はそれほど「ステージ芸能」に慣らされており、演目内容のカットは当然であり、見せ場を中心に「いいとこ取り」で内容を再構成するのが常態化していた。各団体は、そういう反省を迫られたことが大きな成果となったのである。

このような江刺区の事例は、多くの芸能団体に共通の課題となって胸に突き刺さるものであり、鋭い教訓を含んでいると思われる。先の小島が提起した危惧は「THE　SASARA（ザ・ササラ）」のような取組みを行うことを通して乗り越えられることを示している。演技団体は、本来の集落の祭礼や定期公演の場では、省略なしで全演目を演じることを旨とすべきであろう。そうでなければ観光化による弊害を乗り越えることはかなり難しいと思われる。

幸いなことに、長井市の黒獅子は各集落でおこなわれる社寺祭礼の折りに長時間におよんで舞われているのが現状であり、「ステージ芸能」における短時間の「いいとこ取り」の悪習には陥っていない。それ故に、「観光と芸能」の問題については積極的に提言できる立場にあるといえるのではなかろうか。

まとめ

国（文化庁）は、平成二十九年六月に「文化芸術基本法」を改正した。その改正の趣旨について、「文化芸術の振興にとどまらず、観光、まちづくり、国際交流、福祉、教育、産業その他の関連分野における施策を本法の範囲に取り込むとともに、文化芸術によって生み出される様々な価値を文化芸術の継承、発展及び創造に活用しようとするもの」と述べている。つまり、「社会を発展させる手段として文化を活用し，新たに生まれた価値を文化芸術に循環させるねらい」（文部科学省文化庁機能強化検討室）であるとしている。本質は「おまつり法」と同じように、文化芸術を観光やまちづくり等において積極的に「活用する」ことを推奨している点は同じである。

国の動きをうけて、山形県でも平成三十年三月に「山形県文化基本条例」を公布・施行している。その基本理念では「本県の文化が国内外に広く周知されることが地域及び経済の活性化にとって重要である」（第六条）、「文化により生み出される多様な可能性を地域及び経済の活性化に生かすこと」（第七条）をあげ、第四節「文化を活用した社会づくり」では、第二十七条「文化の活用による地域の活性化」第二十八条「文化の活用による経済の活性化」第二十九条「二文化の活用による観光振興」をあげている。さらに平成三十一年三月作成の「山形県文化推進基本計画」の第四章「施策の展開」では、文化の活用による地域の活性化・経済の活性化・観光振興のそれぞれについて取組みの具体的事例を示している。今や国・地方の行政レベルの動きとして、祭礼や芸能などの地域文化については、地域社会の活性化や観光振興を図るために積極的に「活用」すべきであるという考え方がいっそう強く打ち出されている。

長井市の「ながい黒獅子まつり」は、この時代の流れを先取りしたかちで地域社会の活性化、観光および商工業の振興を目指して積極的に「活用」されている好例といえるのではなかろうか。そういう意味においても、各黒獅子舞および「ながい黒獅子まつり」の果たしてきた役割は大きいと考えられる。少子高齢社会のなかで今後もこれらを途切れなく継承していくためには、基本的に各集落単位において祭礼と黒獅子舞を衰退させない方策を講じる必要がある。その鍵となるのは、小学生を含めた若年層が意欲的に参加できるしくみづくりと、そのための実効性ある年次計画の取り組みである。それと同時に、行政を中心に長井市全体が黒獅子舞の芸能文化を地域振興の重要政策の一つと位置づけて、今まで以上に人的・財源的にバックアップする体制を構築することが求められる。

一方、演じ手側の課題として、およそ四十もの各黒獅子団体は今後の厳しい社会情勢を見据えて、団体どうしの連絡網の形成つまり「ネットワークづくり」を試みるべきだろう。難局に協働対処していくためのゆるやかな連帯意識や共同意識を共有しながら、ネットワークを活かして日頃から情報交換や切磋琢磨し合うことが黒獅子団体全体にとって有益となるはずである。

本章が長井市はもとより置賜地方の黒獅子舞の歴史と文化を理解することに役立ち、多くの人々によってその存在意義が再認識されることを願っている。

[注]

（1）（4）（6）長井市『長井市史』（昭和版）第二巻　近世編　長井市史編纂委員会　一九八二年。
（2）『平野郷土誌』平野村郷土史編集委員会　一九六八年。
（3）（5）『野川の郷』　国土交通省東北地方整備局長井ダム工事事務所　一九九〇年。
『ふるさとの歴史』　長井市平野地区文化振興会　ふるさとの歴史編集委員会　一九八六年。
（7）（8）（9）「ふるさとの歴史と伝承―三渕によせて―」上『館報　上郷山』　上郷公民館　二〇一〇年。
（10〜12）青木慶一「西根の村社展」第四四回西根地区文化祭郷土資料企画展『五所神社の資料』二〇一六年。
（13）注（1）に同じ。
（14）（15）（19）（21）（48）（49）（56）（57）（59）（60）（61）（62）（72）（80）（83）（84）安部義一『総宮神社略誌』私家版　一九五六年。
（16）（73）（85）（86）長沼牛翁『牛の涎』「宮邑昔はなし」竹田市太郎『近世文書郷土資料集』一　発行年代不詳。
（17）（64）長井市『長井市史』（昭和版）第四巻　長井市史編纂委員会　一九八五年。
（18）（22）長沼牛翁『牛の涎』（角大本）巻九―一七　竹田市太郎『近世文書郷土資料集』六　発行年不詳。
（20）（70）『長井遍照寺史』宥日上人奉賛会　遍照寺史編纂委員会　一九七三年。
（23）長沼牛翁「牛の涎」巻一五―四八　竹田市太郎『近世文書郷土資料集』二　発行年不詳。
（24）（49）（69）（81）（82）（87）菅　徹次郎『長井郷一の宮　總宮神社縁起』総宮神社　二〇〇三年。
（25）長岡幸月「朝日岳岩上由来記」『朝日岳の歴史をたずねて』　私家版　一九八五年。
（26）武田正『やまがたの伝説一　置賜の伝説』東北出版企画　一九七九年。
（27）菊地和博『シシ踊り―鎮魂供養の民俗―』岩田書院　二〇一二年。
（28）宮家準『熊野修験』吉川弘文館　一九九二年。
（29）五来　重「吉野・熊野修験道の成立と展開」『吉野熊野信仰の研究』山岳宗教史叢書四　名著出版　一九七五年。

(30)(74)『熊野信仰と東北』　東北歴史博物館　二〇〇六年。
(31)(36)『山形県史』第一巻　原始・古代・中世編　山形県　一九八二年。
(32)豊田武「東北中世の修験道とその史料」『山岳宗教史研究叢書』五　名著出版　一九七五年。
(33)高橋正「熊野信仰の東北への伝播―北部出羽国を中心として―」『秋田県立博物館研究報告』第三二号　二〇〇七年。
(34)新城恵美子『本山派修験と熊野先達』　岩田書院　一九九九年。
(35)横山昭男・誉田慶信・伊藤清郎・渡辺信『山形県の歴史』　山川出版社　一九八八年。
(37)黒江太郎　『宮内熊野の獅子祭り』古典と民俗学叢書Ⅱ　白帝社　一九七八年。
(38)『蔵王山調査報告書』　上山市教育委員会　一九七一年。
(39)『青森県史民俗編　資料下北』青森県史編さん委員会　二〇〇七年。
(40)川端修二「目名不動院のこと」『東北の熊野信仰』東北歴史博物館　二〇〇六年。
(41)門屋光昭「黒森権現と黒森神楽」岩手県立博物館研究報告　一九八四年。
(42)『東北の仮面』　秋田県立博物館　一九八一年。
(43)「日本神楽之巻物」　大償神楽別当佐々木家所蔵文書。
(44)『獅子頭―東日本を中心に―』東京都町田市立博物館　一九九六年。
(45)『本海番楽―鳥海山麓の修験の舞―』　秋田県鳥海町教育委員会　二〇〇〇年。
(46)『鶴岡の民俗芸能』　鶴岡市教育委員会　一九九九年。
(47)黒江太郎　『宮内熊野大社史』　熊野文化研究所　一九七六年　および　注三七に同じ。
(50)『南陽市史』民俗編　南陽市史編さん委員会　一九八七年。
(51)『祭ネットワーク報告　シシマイ×シシマイ』独立行政法人国立文化財機構　東京文化財研究所　二〇一九年。
(52)南谷美保『四天王寺聖霊会の舞楽』東方出版　二〇〇八年。

(53)『神と旅する太夫さん―国指定重要無形民俗文化財　伊勢太神楽』岩田書院　二〇〇八年。
(54)「伊勢講太神楽（村山地方）」『山形博物誌』　高陽堂書店　一九七九年。
(55)『近世諸国えびす御神影札頒布関係史料集』西宮神社文化研究所編　西宮神社　二〇一一年。
(58)長沼牛翁『牛の涎』巻三四―四〇　竹田市太郎『近世文書郷土資料集』二。
(63)『牛の涎』巻四四の四六　竹田市太郎『近世文書郷土資料』四。
(65)長沼牛翁『牛の涎』巻九―一七　竹田市太郎『近世文書郷土資料集』六。
(66)長沼牛翁『牛の涎』巻九および注一四『総宮神社略誌』。
(67)長沼牛翁『牛の涎』巻七―二七　竹田市太郎『近世文書郷土資料集』一。
(68)長沼牛翁『牛の涎』巻三四―四〇　竹田市太郎『近世文書郷土資料集』三。
(71)長沼牛翁『牛の涎』巻五六―五　竹田市太郎『近世文書郷土資料集』六。
(75)『朝日町史』上巻　朝日町史編集委員会　二〇〇七年。
(76)『長井市史』（昭和版）第一巻　長井市史編纂委員会　一九八四年。
(77)『朝日町史編集資料』第一五号　朝日町教育委員会　一九八一年。
(78)「朝日町エコミュージアムの小径・第三集」『名勝　大沼の浮き島』朝日町エコミュージアム研究会　一九九四年。
(79)「朝日町エコミュージアムの小径・第七集」『よみがえれ大沼浮島の響き』朝日町エコミュージアム研究会　二〇〇〇年。
(88)『長井の人々　特集おしっさま』第一二・一三集合併合　長井市地域文化振興会　一九九七年。
(89)「ながい黒獅子まつり三〇周年　高まる観光資源の役割」山形新聞社説　二〇一九年六月六日。
(90)(93)『民俗芸能研究』一七　民俗芸能学会編集委員会編　民俗芸能学会　一九九三年。
(92)岩田勝「〝神々の乱舞〟全国神楽フェスティバル」『民俗芸能学会会報』第二一号　一九九一年。

（94）「THE　SASARA—鹿踊りのはじまり—」二〇〇九年三月八日。
「THE　SASARA—鹿踊りのちから—」二〇一〇年十一月二十八日。
「THE　SASARA—鹿踊りの祈り—」二〇一三年十一月十七日。

第四章　東北地方三県の夏祭りの根源

はじめに

東北地方はいうまでもなく、寒冷地であり多雪地帯である。このような厳しい気候風土は、冬場に限ったことではない。とりわけ夏場に目を向けると、太平洋北東方面の海上から陸地に向かって寒冷で霧雨混じりの「ヤマセ」という風が吹きつける（地図1）。この風が七・八月の稲の成長期および開花期に吹き続けると、稲

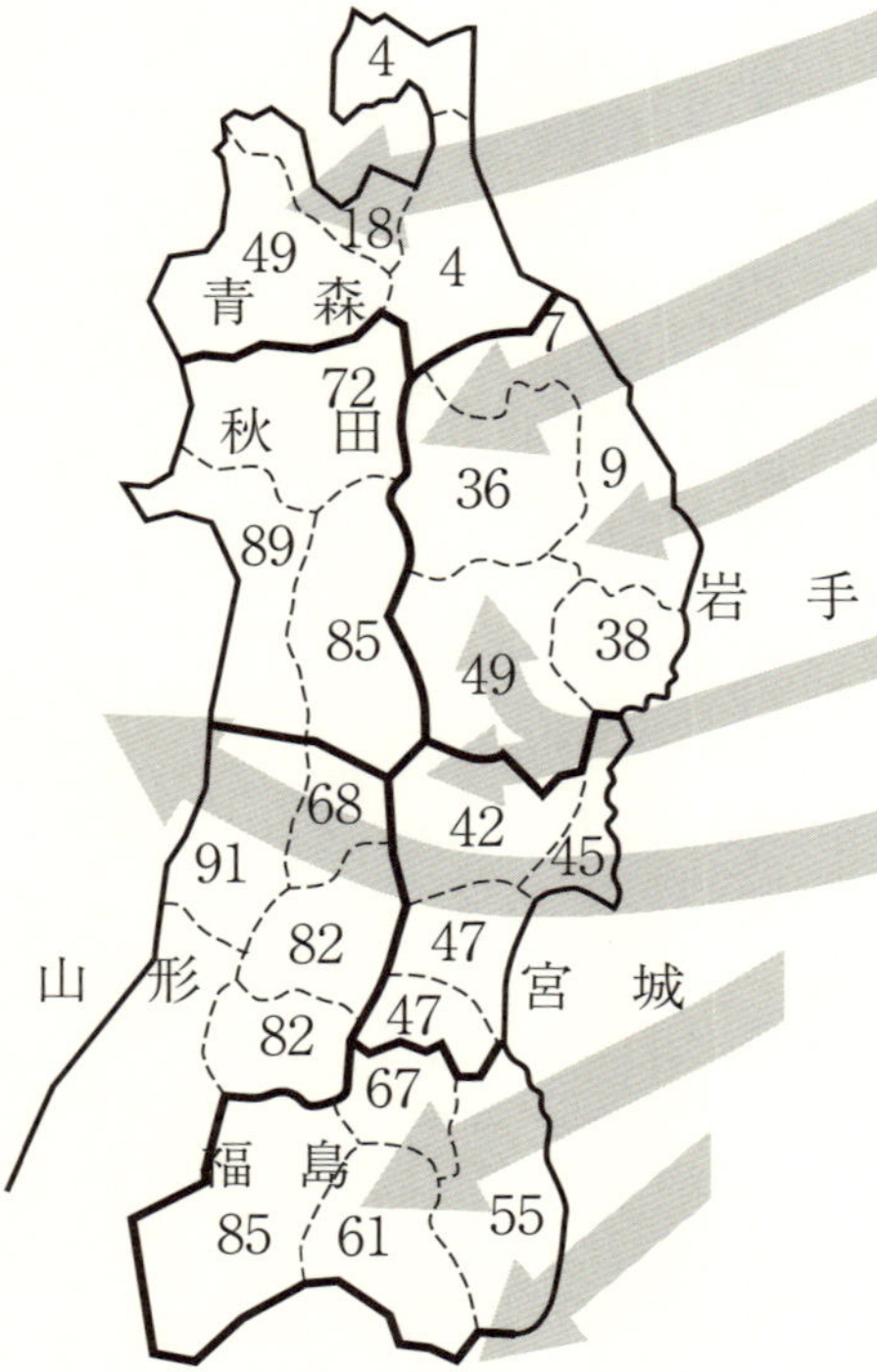

地図1　ヤマセのコースと作況指数
平成5年（1993）8月8日午後3時
典拠：仙台管区気象台観測

穂の成長が止まって米が収穫できず、いわゆる冷害をもたらす。特に太平洋側の沿岸地域が多くの被害を受けてきたのであるが、奥羽山脈を超えて日本海側方面へも吹き付けて、その結果東北地方全域に被害をもたらすことも多かった。ヤマセは「餓死風」とか「凶作風」などともいわれて恐れられた。特に、悲惨な江戸時代の大飢饉は主としてこのヤマセが原因で起っている。そのため、餓死と疫病などの災厄除去と五穀豊穣のためには餓死者への丁重な「怨霊鎮魂」が必要とされ、祈りと供養の意を込めた祭り行事が稲の開花期の夏場におこなわれた。それが東北地方のとりわけ三県の夏祭りの根底にあるものである。

余談になるが、筆者の知人から令和五年（二〇二三）六月下旬の午前九時に、三陸沿岸一帯にサイレンが鳴って「ヤマセ警報」が発令されたと聞いた。夏至だというのにどんよりとした天候に驚いたとのことである。このように、「ヤマセ」は今日的現象であることを改めて感じている。

第一節　青森県の「ねぶた・ねぷた」

現在、青森県内の「ねぶた・ねぷた」といわれる祭りは、津軽地方一円と下北地方の一部など四十数か所で盛んにおこなわれている。さらに、秋田県北地方の一部（例えば能代市の「能代七夕・ねぶながし」など）でもおこなわれていて二県にまたがる広範囲な祭り行事といえる。現在は八月一日から八日にかけておこなわれる東北の代表的な夏祭りである。『青森県史』では、「本来は旧暦七月七日（ナヌカビ）に人形（ひとがた）や灯籠を川や海に流すネブタ流しという行事が、青森市のネブタや弘前市のネプタに代表される祭りになったものである」と記している[1]。

江戸時代における「ねぶた・ねぷた」の原初的な姿は、次に紹介する三つの史料が参考となる。

まず、天明六年（一七八六）～寛政九年（一七九六）工藤白龍が著した『津軽俗説選』がある[2]。

　「後拾遺」里俗七夕祭のとうろふをねぶたと云う。秋田城下にて是を眠り流しと言子ブタは、眠たいの略語にして立秋より長夜なれば、短夜の眠たきを流しゐる里諺なるべし

ここでは七夕祭の灯籠を「ねぶた」といい、「子《ね》ブタ」と書いている。秋田城下では「眠り流し」といって「眠たきを流しいる」の諺からきていると記している。

さらに、天明八年（一七八八）弘前藩士の比良野貞彦が著した『奥民図彙』に「子ムタ祭之図」がある[3]。この図では長方形や四角形の大きな燈籠（田楽提灯）が人々によって山車のように担がれて行列をなしている。燈籠には、「七夕祭」の文字も見える。「ねぶた流し」の行事は、七夕の夜に短冊を結びつけた笹竹などを川や海に流したことが根源にあり、このとき燈籠も一緒に流したのである。川や海に流すのは、ケガレや災厄などを払い清める、さらに鎮魂の意味も込められている。

次にあげるのは、江戸時代の菅江真澄が著した『外浜奇勝（前編第一部）』に記された木作（現つがる市木造）の七月四日・五日の行事である[4]。筆者の意訳であるが、次のような内容が読み取れる。

　日が暮れると、笛やつづみで囃子どよめいて、子どもたちは　一人ひとり手ごと、思い思いに作った燈の器（燈籠）を持ち、それを照らし振りかざしながら、宵から夜ふけまで群がって歩くのは、例のねぶた

流しであろう。ねぶたも流れよと囃子ながら歩いてかまびすしいほどである。

この文から、人々が手にする「燈の器」つまり燈籠のようなものが現在の「ねぶた（ねぷた）」の原型と考えられる。この「燈の器」を川や海に流して厄払いや先祖（ホトケ）を供養する行事が、いわゆる「ねぶた流し」なのである。それは、短冊を結びつけた笹竹や燈籠などを毎年七月上旬に川や海に流す行事であり、「七夕まつり」の要素も含んでいる。つまり、川や海に流すのはケガレや災厄などを払い清める意味をもつが、一方では先祖（ホトケ）の鎮魂供養の意味をもっている。

時代が進むと、この「ねぶた流し」は弘前城下から青森方面に伝播し、大型の「人形燈籠」が出現するようになる。それが今では「青森ねぶた祭り」に発展し、東北の夏祭りを代表するものになっている。「青森ねぶた祭り」は青森市内中心部の大通りで繰り広げられるが、最終日には浜町埠頭からいくつかのねぶたを載せた台船が青森港内を航行する「ねぶた海上運行」がある。それはかつて行われた「ねぶた流し」の名残りともいえるのである。

他方、弘前市でおこなわれる「弘前ねぷた祭り」は、青森のねぶたの形態とは異なって小型であり、おおよそ扇形が多いので「扇ねぷた」「扇燈籠」といわれる特徴をもっている。大小六十台前後の「ねぷた」の後ろに歩きながら演奏するお囃子集団がついているのが「青森ねぶた」とは異なっている点である。また、五所川原市では平成十四年（二〇〇二）に製作された高さが二十二メートルの巨大な「立佞武多（たちねぷた）・白神」など三台が市内を運行して彩りを添えている。

柳田國男は、「人形燈籠」の本質に関わって「毛坊主考」で次のように記している。(5)

写真１　弘前市の「ねぷた」

津軽其他のねぶたが聖霊送りの燈籠と、通例之に伴ふ犠牲の人形との合體したものであるらしいことは、説明不十分ながら右の事例で想像し得られよう。而して其の目的の何であったかは、秋田能代の苧殻の枕などに由って、凡そ人の身に属する災害即ち流行病などの御霊を攘ふものと見て置かう。

引用文の中の「聖霊送りの燈籠」とは、死者の霊魂（死霊）を供養して流す燈籠を表している。また「犠牲の人形」とは、人間の身代わりとなって災厄を背負わされた人形のことであるが、それがまさに青森のねぶたのなかの「人形燈籠」が代表例なのである。「御霊を攘ふ」は、餓死者や疫病死者などの「怨霊」（ここでは御霊）を払うことである。柳田によって、ねぶた流しは怨霊を鎮魂する祭り行事の意味をもつことが明らかにされている。

ここで、参考事例として秋田県北秋田郡小阿仁村の「七夕のネブ（ネブタ）流し」を紹介する。[6]

写真２　青森市の「ねぶた」

ネブ流しの燈籠の上には二、三十センチメートルのネムノキ・カヤ・萩の花を付ける。その灯籠を長さ一メートルほどの棒の先につけてワカゼ（青年）が持って、集落を一周する。笛と太鼓をワカゼが鳴らし、子どもたちは燈籠を持って歩きながら、「ネーブタも流れて、ケガゼ（ケガッ・不作）も流れて、あーとの福はつとまれ、ほーいほい」と歌う。集落を一周すると、灯籠の上に付けていたネノムノキカヤ萩の花を外して川に流す。

青森県と秋田県を通じて、このような「ねぶた流し」の行事は「ケガゼ」を流す、つまり凶作・飢饉を流して（厄払いして）先祖（ホトケ）に豊作を約束してもらう、という切実な心と一緒であったことを知るのである。

写真３　秋田県の「竿燈」（先端部に「御幣」を立てている）

第二節　秋田県の「竿燈」

秋田県の夏祭りとして名高い「竿燈《かんとう》」は、現在は八月三日から六日までおこなわれている。その古い姿は、まず寛政元年（一七八九）の津村淙庵著『雪の降る道』[7]に記された「ねむりながし」に見出される。そこには竿を十文字に組み、それにたくさんの灯火をつけて練り歩く様子が示されている。

次に、文化十一年（一八一四）の『奥州秋田風俗問状答』[8]には以下のようなことが記されている。

六日夜、眠り流しと申事、風俗にて候。長き竹に横手を幾段にも結、大なる燈籠三十四十五十も付る也。児童十才ばかりまでは手ごとに品々の燈籠を持ちて遊び、家ごとに門に燈籠を掛る。此夜麻がらを己が年の数折て草のかつらにてからげ、枕の下へひしきて七日の朝とく川へ流すなり。これを眠りながしと云う。

ここにみられるように、秋田の竿燈とは本来は旧暦七月六日夜におこなわれる「眠りながし」がもとである。長い竹に横手を何段にも組んで、そこに大きな灯籠をたくさん掛ける。子どもはそれぞれ手にいろいろな灯籠を持って遊んだり、それを家ごとの門に掛けたりする行事でもある。人々が、その周辺で踊りながら練り歩く姿が描かれている。文中にある「麻がら」とは盆に焚いて死霊の「迎え火」とするものである。灯籠をかかげるのは、お盆で死霊を招き入れるためである。この祭り行事は、七夕行事とお盆との習合した姿なのである。このことから、秋田県の竿燈と青森県の「ねぶた流し」の根源はほぼ同じと考えられる。

現在は十メートルの太い竹に横竹を九本を結え、四十六個の大提灯を下げ火を灯して立て竿芸を演じている。祭りが明けた八月七日は、「御幣流し」と称して竿灯の最先端に付けた御幣を旭川に流す。青森県のねぶたと同じように災厄やケガレなどの「流し」習俗が続いているのは、竿燈の古い姿をとどめているといえる(9)。

第三節　宮城県の「仙台七夕」

仙台の七夕を記録した嘉永二年（一八四九）頃の『奥州仙臺年中行事大意』には、「七月七日棚機祭、六日夜より篠竹に式紙、短冊、くさぐさの形を切て歌をかき、又はちょうちんをともし、七日の朝評定川または支倉川、澱川へ流す」とある(10)。また文政十年（一八二七）前後の『仙府年中往来』にも七月七日の東雲には七夕

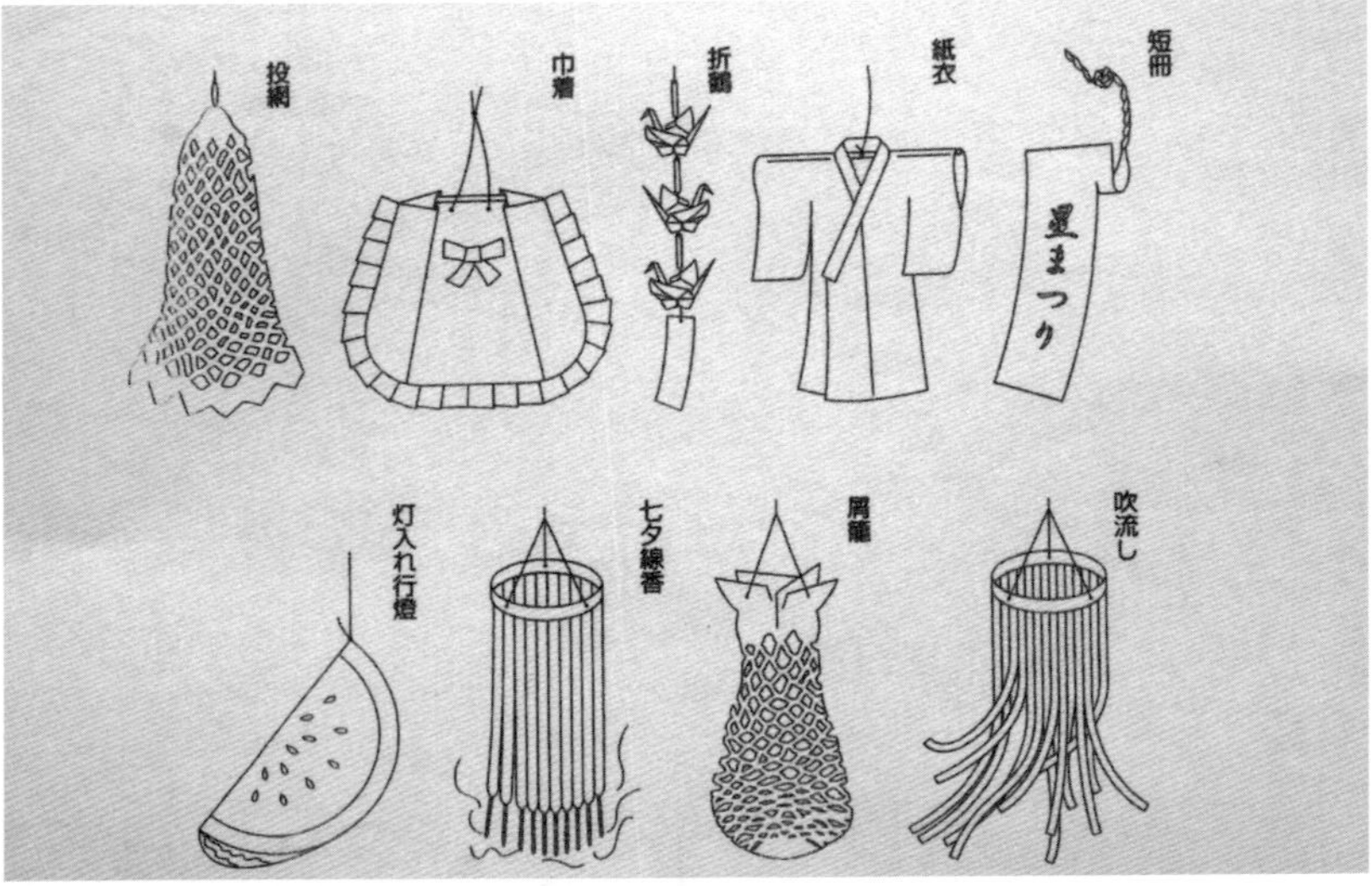

図１　「七つ飾り」および「七夕線香」「灯入れ行燈」
（近江恵美子『仙台七夕　伝統と未来』より引用）

流しとて川々賑ふ」とある。[11] この頃は七月六日夜から七日早朝にかけて、仙台の多くの川では「七夕流し」がおこなわれていることがわかる。

近江恵美子『仙台七夕　伝統と未来』では、「この時期は稲の開花期にあたり、水害、害虫が心配な時期でもあり、田の神まつりとしての位置付けもあって、七夕の飾りを畠に立てる地方もあった」という。[12] また、仙台七夕のメインである竹飾り、つまり七つ飾りに関わることが詳細に述べられている。七つ飾りとは、「短冊」「紙衣」「折鶴」「巾着」「投網」「吹き流し」「屑籠」である。これは竹飾りの基本で、明治期に確立されたという。さらに注目すべきは、このほかに「灯入れ行燈」と「七夕線香」が伴っていることである。

「灯入れ行燈」とは、西瓜などの野菜をかたどったといわれるものである。それは、お盆の先祖迎えを意味する「迎え火」を示すものであるという。さらに西瓜という農作物をかかげる意味から、豊作祈願を願うものとされている。もう一つが、「七夕線

写真４　宮城県の「仙台七夕」

香」といわれるものである。これは線香になぞらえた十数本の棒状を円形に束ねたかたちで吊したものであり、先祖（ホトケ）の霊を供養する意味をもつといわれている。

このほかに『仙台市史』によれば、次のような事例があった。[13] かつては豊作祈願に七夕飾りを大根畑に立てた地域もあったという。また麦藁で「七夕馬」が作られていたことから、田の神様がそれに乗って訪れるという伝承があったということである。

以上から、仙台七夕は「農業生産への祈り」や「ホトケ供養」が結びついたものと考えられているのである。町をあげての七夕祭りは江戸では廃れたが、仙台藩では民俗信仰を根底に独自の発展をとげて今に続いていることが注目される。

高谷重夫『盆行事の民俗学的研究』によれば、そもそも七夕の笹竹と施餓鬼の幡は同種のものという捉え方があり、施餓鬼とは元来死者供養のことだという観念があったとのことである。[14] つまり、日本の七夕行事にはホトケ供養や鎮魂供養の意味合いが垣間見えるということである。

まとめ

東北の人々の鎮魂供養・豊作祈願の切実さは、稲の開花期である夏場の祭りを生み出した。現在ではあの盛大で華やかさをともなっている東北地方三県の夏祭りは、その根源には切実な祈りと願いの心がある。近年は観光化が著しいが、歴史を遡れば怨霊鎮魂・先祖供養をねらいとしている側面が少なくない。拡大・発展した今日の祭りの姿は、人々の生きる知恵や逞しさが生み出したものといえよう。一方、西日本の夏祭りは「疫病払い」のねらいが強いといえるだろう。その代表例は、京都祇園祭をあげることができる。

以上、観光資源として絶大な集客力をもち、地域活性化にも貢献しているのが東北地方三県の夏祭りの現状である。繰り返すが、その歴史をさかのぼればじつに切実な祈りと鎮魂の祭礼行事だった。賑やかさ・華やかさの陰に隠れて、見えにくくなりつつある歴史・民俗を掘り起こすことは、祭礼行事がもつ奥深さと東北の人々の暮らしの実態をあらためて認識することにつながるだろう。

［注］

（1）『青森県史』民俗編　資料津軽　青森県史編さん民俗部会　二〇一四年　二九二頁。

（2）工藤白龍「津軽俗説選」『青森県叢書』第一編　青森県立図書館編　一九五一年。

(3)比良野貞彦「奥民図彙」『日本庶民生活史料集成』十巻　農山漁民生活　三一書房　一九七〇年。
(4)『菅江真澄全集』第三巻　未来社　一九七二年　一二五～一九一頁。
(5)柳田國男「毛坊主考」『定本　柳田国男集』第九巻　筑摩書房　一九六九年　三六〇頁。
(6)野本寛一『人と樹木の民俗世界』大河書房　二〇一四年　一六四～一六五頁。
(7)津村淙庵「雪の降る道」『日本庶民生活史料集成』第二十巻　探検・紀行・地誌（補遺）三一書房　一九七二年　七三五～八一一頁。
(8)「奥州秋田風俗問状答」『日本庶民生活史料集成』第九巻　風俗　三一書房　一九七二年　四九二～五三二頁。
(9)『秋田ふるさと紀行ガイドブック』秋田県教育委員会　一九九七年　四七頁。
(10)十返舎一九「奥州仙臺年中行事大意」一八四七年『仙台年中行事絵巻解説附仙台年中行事大意』一九四〇年六・七頁。
(11)燕石斎薄墨「仙府年中往来」『仙台市史』通史編三　近世一　仙台市史編さん委員編　二〇〇一年。
(12)近江恵美子『仙台七夕　伝統と未来』大崎八幡宮　仙台・江戸学叢書　二〇〇八年　四〇～四一頁・六〇～六一頁。
(13)『仙台市史』特別編六　民俗　仙台市史編さん委員会　一九九八年　四三〇頁。
(14)高谷重夫『盆行事の民俗学的研究』岩田書院　一九九五年　一一一～一一八頁。

［初出一覧］

第一章　東北地方の大黒信仰儀礼の研究は、『東北文教大学紀要』第十二号（二〇二二年三月）における「東北の大黒信仰儀礼の基礎的研究―文献史料や統計データを活用した民俗的試論―」の論文をもとにしている。

また、「［補遺論考・その一］　東北の大黒信仰儀礼・習俗の事例」は、『村山民俗』第三十二号（二〇一八年六月）に「東北地方の大黒さま行事・習俗を考える」と題して執筆したものである。

さらに「［補遺論考・その二］　大黒信仰儀礼と菅江真澄日記」は、『村山民俗』第三十六号（二〇二二年七月）に「東北の大黒信仰儀礼の基礎的研究―菅江真澄『粉本稿』および『つがろのつと』より」と題して執筆したものである。

第二章「酒田山王例祭図屏風」三つの図像の民俗学的研究は、『東北文教大学紀要』第十一号（二〇二一年三月）に「江戸後期『酒田山王例祭図屏風』図像をめぐる民俗学的考察」と題する論文をもとにしている。

第三章　黒獅子の芸能とまつりの研究は、『長井市史』各論第二巻（二〇二一年三月）の「水と文化編　第一章　祭礼と黒獅子の芸能」の論文をもとにしている。

第四章　東北地方三県の夏祭りの根源は、『アジア文化造形学会誌』第十七号（二〇一九年九月）の「東北の祭り・芸能と祈りの文化」と題する論文の中で、特に「東北の夏祭り」部分をとりあげ加除修正をおこなったものである。

あとがき

令和二年（二〇二〇）から新型コロナウイルス禍が全国に広まり、思うように現地に赴いての調査ができない状況が続いた。したがって、聞き取りによる地域のなまの声や現況が得られないまま従前の文献記録等に依存した側面があったことを述べなければならない。しかしこれを言い訳とはせずに、今後はそれらを補うべく調査を続けていかなければならないと肝に銘じている。

「大黒信仰儀礼」は、『奥州秋田風俗問状答』から江戸後期には十二月九日におこなわれていることがわかったが、なぜこの日であったのか。大黒天の「年取り（お歳夜）」は、大黒信仰単独ではなく他の神仏の「年取り」と庶民信仰とを一体的に解明していかなければならないと思っている。

「獅子舞」について、一つは酒田山王祭で述べた「十二段の舞」であるが、「お頭舞」「御宝頭の舞」も含めて、その伝承は鳥海山を挟んで北麓の秋田県側と南麓の山形県側のいずれも日本海沿岸地域に広がっていて、鳥海修験と深く関わった芸能なのではないかと考えている。じつのところ、このエリア特有のものであるのかどうかわからない。地域に伝承されている数多くの事例を踏まえての本格的な調査研究はこれからである。もう一つは長井市の「黒獅子舞」についてである。この独特のスタイル・芸態をもつ多人数獅子舞（ムカデ獅子舞）は山形県南部方面の置賜地方のみ分布していて、伝承エリアとしては限定的である。類似する多人数獅子舞は全国に散見されるが、特に富山県南西部方面や石川県などに集中的にみられる。さて長井市を中心とするの黒獅子舞のスタイル・芸態について、これらの獅子舞と同根なのか、伝播して変容したのか、これらのことも課題である。

東北地方三県の「夏祭り」に関して、本書では筆者が在住する山形県の「山形花笠まつり」を取りあげなかった。近年の観光コースには、夏の「東北四大まつり」として組み込まれている。しかし、「山形花笠まつり」は、昭和三十八年（一九六三）に観光開発としておこなわれた「蔵王夏祭り」の一環である「花笠音頭パレード」をきっかけとしている。二年後の昭和四十年に「山形花笠まつり」として単独で実施されたことが、事実上の始まりである。このように、青森・秋田・宮城の三県の夏祭りの伝統性や根源性においてはまったく異なっている。しかしながら、「山形花笠まつり」も今や東北地方の夏まつりとしては欠かせない重要な役割を担っていることは否めない。

話は変わるが、東日本大震災後はこれら四県の夏まつりに加えて、平成二十三年（二〇一一）から岩手県の「盛岡さんさ踊り」と福島県の「福島わらじみこし」が一緒になった「東北六魂祭」が行われ、毎年順番に各県を回ってすでに六県を一巡した。平成二十九年（二〇一七）からは名称を「東北絆まつり」に変えて引き続き行われている。このことは震災で亡くなった方々を弔い、なおも厳しい日常生活を強いられている東北地方の人々を大いに励まし勇気づけるものとして、今やなくてはならない祭りになっている。これからも東北固有の祭りとして継承・発展していってもらいたいと念願している。

本書は『東北の民俗芸能と祭礼行事』（清文堂　二〇一七年刊）に続く二冊目の出版となる。最後になったが、このたびも清文堂出版の取締役社長前田博雄氏には大変お世話になり、とりわけ編集者の松田良弘氏には原稿チェックをはじめとしてご難儀をおかけし、またお力添えをいただいた。記して心より御礼を申し上げる。

令和六年（二〇二四）十一月吉日

菊地　和博（きくち　かずひろ）

〔略　歴〕
1949年　山形県東根市生まれ
1972年　法政大学文学部哲学科卒
1973年　山形県立高等学校社会科教諭（27年間）
2000年　東北芸術工科大学工科大学東北文化研究センター助教授
2008年　博士（文学）東北大学より学位授与
2011年　東北文教大学短期大学部総合文化学科教授
現　在　東北文教大学人間科学部人間関係学科特任教授
［著　書］
〈単　著〉
『庶民信仰と伝承芸能』岩田書院　2002年
『手漉き和紙の里やまがた』東北出版企画　2007年
『やまがた民俗文化伝承誌』東北出版企画　2009年
『シシ踊り―鎮魂供養の民俗』岩田書院　2012年
『やまがたと最上川文化』東北出版企画　2013年
『民俗行事と庶民信仰』岩田書院　2015年
『東北の民俗芸能と祭礼行事』清文堂出版　2017年
『若宮八幡神社太々神楽』阿古屋書房　2023年
〈編著書〉
『講座　東北の歴史』第五巻「信仰と芸能」清文堂出版　2014年
『東北学への招待』角川書店　2004年
〈共　著〉
『最上川と羽州浜街道』吉川弘文館　2001年
『民俗芸能探訪ガイドブック』国書刊行会　2013年
『山・鉾・屋台の祭り研究事典』思文閣出版　2021年
その他

東北の民俗歴史論
―儀礼・祭礼・芸能―

2025年１月29日　初版発行

著　者　菊 地 和 博©
発行者　前 田 博 雄
発行所　清文堂出版株式会社
〒542-0082　大阪市中央区島之内2-8-5
電話06-6211-6265　FAX06-6211-6492
ホームページ＝https://www.seibundo-pb.co.jp
メール＝seibundo@triton.ocn.ne.jp
振替00950-6-6238

印刷：西濃印刷株式会社　　製本：株式会社渋谷文泉閣
ISBN978-4-7924-1530-3　C3039